Wolfgang Pensold

Schöne neue Medienwelt

Zur Geschichte der Mediengesellschaft
im digitalen Zeitalter

Böhlau Verlag Wien Köln

Der vorliegende Text entstand im Rahmen der Forschungsarbeit zum Thema digitale Medien im Technischen Museum Wien.

Mein besonderer Dank gilt meiner Kollegin Martina Wriesnig sowie meinen Kollegen Mirko Herzog und Otmar Moritsch für ihre fachliche Expertise und ihr akribisches Lektorat.

Bibliografische Information der Deutschen Bibliothek:
Die Deutsche Nationalbibliothek verzeichnet diese Publikation in der
Deutschen Nationalbibliografie; detaillierte bibliografische Daten
sind im Internet über https://dnb.de abrufbar.

© 2023 Böhlau, Zeltgasse 1, A-1080 Wien, ein Imprint der Brill-Gruppe
(Koninklijke Brill NV, Leiden, Niederlande; Brill USA Inc., Boston MA, USA;
Brill Asia Pte Ltd, Singapore; Brill Deutschland GmbH, Paderborn, Deutschland;
Brill Österreich GmbH, Wien, Österreich)
Koninklijke Brill NV umfasst die Imprints Brill, Brill Nijhoff, Brill Hotei, Brill Schöningh,
Brill Fink, Brill mentis, Vandenhoeck & Ruprecht, Böhlau, V&R unipress und
Wageningen Academic.

Alle Rechte vorbehalten. Das Werk und seine Teile sind urheberrechtlich geschützt.
Jede Verwertung in anderen als den gesetzlich zugelassenen Fällen bedarf der vorherigen
schriftlichen Einwilligung des Verlages.

Umschlagabbildung: © Syaibatul Hamdi auf Pixabay
Umschlaggestaltung: Michael Haderer, Wien
Korrektorat: Constanze Lehmann, Berlin
Satz: le-tex publishing services, Leipzig
Druck und Bindung: Hubert & Co, Göttingen
Printed in the EU

Vandenhoeck & Ruprecht Verlage | www.vandenhoeck-ruprecht-verlage.com
ISBN 978-3-205-21800-5

Inhalt

Einleitung 7

Eine Art Prothesengott 9

Im Anfang war der Personal Computer – *Apple* und *Microsoft* 14

Eine Adresse im Netzwerk: vom E-Mail zu Social Media 29

Smartphone und Selfie, also bin ich 42

Das Konsumparadies Amazonien 63

Big *Google*, oder die Macht der Daten 78

Leben im Internet: das Sharing-Prinzip 88

Digitale Audiovision zwischen *iTunes*, *Netflix* und *World of Warcraft* 105

Von Consumern und Prosumern, oder *YouTube* 119

Wikipedia, das Wissen der Welt online 129

Widerstand gegen die Staatsgewalt: von *Anonymous* zu *Wikileaks* 139

Shitstorm und Hatespeech, oder die virtuelle Meute 151

Dramamaschine: Trump und *Twitter* 161

Datenschutz, Datendiebstahl, Datenkrieg 175

Gegen den Kontrollverlust – New Deal on Data 189

Schöne neue Medienwelt: Paradies *Metaverse* und Gott *Google* 202

Abbildungsnachweise 211

Literatur 215

Einleitung

Unsere Lebenswelt verändert sich in einem Ausmaß wie kaum je zuvor. Die rasant voranschreitende Digitalisierung lässt nichts, wie es war. Das gilt auch und vor allem für die Medienlandschaft. Davon ist die Art, wie wir arbeiten, ebenso betroffen wie unser Privatleben; das betrifft unsere Informations- wie unsere Unterhaltungsgewohnheiten, ganz zu schweigen von unserem Kommunikationsverhalten, das in den Sozialen Medien eine eigene Medienlandschaft zutage gebracht hat. Die Digitalisierung teilt die Gesellschaft in junge Menschen, die mit den neuen Medien aufwachsen und ganz selbstverständlich damit umgehen, und in ältere, die es als kaum zu schaffende Herausforderung erleben, viele gewohnte Abläufe völlig neu erlernen zu müssen. Die Folgen sind mehr oder weniger gravierende Anpassungsschwierigkeiten an den digitalen Alltag, an das Diktat des Algorithmus und die Omnipräsenz von Tracking und Profiling.

Bei allen positiven Effekten der Digitalisierung, die enorme Rationalisierungspotenziale eröffnet, zeitigt die digitale Revolution auch sehr problematische Konsequenzen. Eingespielte gesellschaftliche Ordnungssysteme wie der Datenschutz, das Arbeitsrecht oder Marktregulierungen werden ausgehebelt. Umfassende Neuregelungen sind nötig. Darüber hinaus wird der Ressourcen- und Energieverbrauch der modernen Gesellschaften von einem ohnehin schon hohen Niveau aus weiter in die Höhe getrieben und deren Mitglieder, die schon bisher in einer hektischen Welt gelebt haben, geraten noch stärker unter Druck. Die unerbittliche Logik der Online-Medien entfaltet immensen Zeitdruck, weil sie die Menschen rund um die Uhr begleiten und die Erwartungshaltung entstehen lassen, dass alle jederzeit erreichbar sind. Als Soziale Medien prägen sie zunehmend den gesellschaftlichen Alltag. Auch, weil sie versprechen, allen alles zu bieten, was das Netz zu bieten hat. Dies birgt auch Gefahren, etwa, wenn sie Kinder und Jugendliche in Kosmen entführen, die viel Unerwünschtes bereithalten. Zweifellos müssen Fehlentwicklungen bekämpft, der sichere Umgang in der digitalen Medienlandschaft erlernt werden. Enthaltsamkeit empfiehlt sich aus psychischen, aber auch ökologischen Gründen, nicht aber Verweigerung. Es geht um eine Rückkehr in die physische Welt, ohne der virtuellen den Rücken zu kehren. Ein Zurück zur Ära vor der Digitalisierung gibt es sinnvollerweise wohl nicht.

Im Hinblick auf die erklärten Vermittlungsziele des Technischen Museums Wien wie ökologische und soziale Nachhaltigkeit ist die Auseinandersetzung mit der digitalen Medienlandschaft unumgänglich. Aus der Aktualität des Themas resultiert ein Auftrag für die Pädagogik, ob in Schulen, wo Medienkompetenz zum Unterrichtsfach geworden ist, oder in Institutionen wie dem Museum mit seinen verschiedenen Vermittlungsangeboten. Im Dauerausstellungsbereich *medien.welten* bietet das TMW unter anderem eine neue, multimedial aufbereitete Medienstation, die sich dieser jüngsten Epoche der Mediengeschichte widmet, der Transformation der Gesellschaft in die digitale Mediengesellschaft. Das vorliegende Buch bildet den passenden Rahmen dazu.

Peter Aufreiter, Generaldirektor des Technischen Museums Wien

Eine Art Prothesengott

Am Anfang der Mediengeschichte steht bekanntlich das Wort. Sprache eröffnet dem Menschen Zugriff auf die Dinge seiner Lebenswelt: Indem er die Dinge benennt, holt er sie in seinen Verfügungsbereich. Es ist ein menschlicher Schöpfungsakt, wenn die Dinge der Welt mit Namen versehen, bedeutet, also noch einmal erschaffen werden. Dadurch kann mit den Dingen nicht mehr nur realiter, sondern auch symbolisch umgegangen werden, was die menschlichen Möglichkeiten beträchtlich erweitert. Steinzeitliche Menschen können ihre Jagdbeute beschwören und über die anstehende Jagd beraten, ohne dass das zu jagende Wild auch nur in der Nähe wäre. Sie können mithilfe der Sprache ihre Nahrungssammlung wie auch den Ackerbau planen, um ihr Auskommen zu verbessern. Und sie können ihr Zusammenleben organisieren. Die gemeinsame Sprache stiftet Zusammengehörigkeit und erlaubt, die gesammelten Erfahrungen an die nächste Generation weiterzugeben, sie gibt der Population kulturelle Identität.

Um die flüchtige Botschaft des Gesprochenen zu konservieren, entstehen Bilder, in denen der Mensch die Wesen seiner Umwelt etwa auf Höhlenwänden verewigt. Nach Jahrtausenden des Bildermalens beginnt er aus seinen Bildern heraus zu schreiben.[1] Die geschriebenen Zeichen weisen in ihren frühen Formen starke Ähnlichkeit mit den Dingen auf, die sie benennen. Nach und nach entwickeln sich die Bildzeichen zu abstrakten Schriftzeichen, die für bestimmte Laute stehen. Damit wird das System unvergleichlich effizienter, weil mit wenigen Buchstaben unzählige Begriffe zum Ausdruck gebracht werden können. Vor allem aber überwindet die Schrift die Flüchtigkeit der auf das Hier und Jetzt angewiesenen Sprache. Sie dokumentiert Botschaften, macht sie über größere Räume vermittelbar und über lange Zeiträume tradierbar. Die Schrift bewahrt kollektive Erfahrungen, schafft Tradition und Stabilität, indem sie Überlieferungen buchstäblich festschreibt. Sie ermöglicht aber auch Fortschritt, weil sie die Voraussetzung dafür schafft, dass Wissen kulminiert und Generation für Generation erweitert werden kann.

Dass die Überwindung von Zeit und Raum elementare Funktionen von Medien darstellen, hat der kanadische Medienwissenschaftler Harold A. Innis in *The Bias of Communication* postuliert.[2] Dabei verweise die Materialität der Träger auf die Funktion: Eine manifestierte Botschaft, dem vermeintlich ewigen Felsgestein anvertraut, trotzt dem Augenblick und versucht, den Inhalt weit über die eigene Lebenszeit hinaus zu bewahren; sie löst sich von ihrem Schöpfer und wird Teil

---

1 Haarmann: Universalgeschichte der Schrift, S. 22.
2 Innis: The Bias of Communication, a. a. O., S. 95.

Abb. 1 Höhlenmalerei: Steinzeitlicher Cyberspace (Höhlenmalerei aus der Chauvet-Höhle, Nachbildung) © Wikimedia Commons, CC BY-SA 2.0, Thomas T.

des kulturellen Erbes. Felszeichnungen sollen ein Stück Unendlichkeit erschließen. Die Kehrseite bildet die geringe Mobilität dieser schweren Materialien. Um diese zweite Grenze, die des Raums, zu überwinden, kommen leichtere Träger zum Einsatz. Eine in einen handlichen feuchten Tonklumpen gedrückte Botschaft in Keilschriftzeichen kann leicht an einen anderen Ort gebracht werden.

Während der sprachliche Austausch von Nachrichten gleichzeitige Anwesenheit der Sprechenden voraussetzt und dadurch räumlichen Einschränkungen unterliegt, ist ein Schriftstück zeitungebunden und mobil. Die Überwindung des Raums kostet jedoch Zeit, und zwar verhältnismäßig viel Zeit, je nach den Transporttechniken der jeweiligen Epoche. Dagegen wird der technische Fortschritt in Stellung gebracht. Die elektrische Telegrafie des 19. Jahrhunderts etwa verspricht Nachrichten augenblicklich zu übermitteln.³ Es ist faktisch die Aufhebung des Raums.⁴ Dank kontinentaler Leitungsnetze und interkontinentaler Seekabel wird die Welt „online" verfügbar; ein Umstand, der Reichweite und Geschwindigkeit gesellschaftlicher Abläufe drastisch erhöht. Im Sinne des kanadischen Philosophen Herbert Marshall McLuhan, der in seinem Buch *Die magischen Kanäle* von der Vorstellung ausgeht, „dass alle Techniken Ausweitungen unserer Körperorgane und unseres Nervensystems sind",⁵ bildet das Kabelnetzwerk das Nervensystem der modernen Gesellschaft.

Gleichzeitig entstehen Massenmedien zur Bewahrung erworbenen Wissens, zur Speicherung von Information. Der Buchdruck entfaltet sich, der Texte in Büchern festhält, die ihrerseits in Bibliotheken gesammelt und für die Nachwelt bewahrt werden. Die Vervielfältigung dient als Garant gegen das Verlorengehen.⁶

In der Prothesenmetaphorik bilden Bücher und Bibliotheken das Gedächtnis der Gesellschaft. Dazu gesellen sich Gemälde und Fotografie, die helfen sollen, der Welt nicht nur für den flüchtigen Augenblick des Sehens, sondern dauerhaft ein Bild abzugewinnen und ein Bildgedächtnis zu schaffen. Der Film, schreibt der Regisseur Georg Wilhelm Pabst um 1950, mache die Menschen schlicht „gottähnlich", nämlich „allwissend und allgegenwärtig": „Wochenschau und Television gestatten uns von allen Geschehnissen Zeuge zu werden; die arktischen wie die tropischen Gebiete, die Skyline von New York wie die vom Eiffelturm beherrschte Silhouette von Paris sind jedem Kinobesucher vertraut."⁷ Das Fernsehen fungiert in weiterer Folge als ein den menschlichen Sehsinn erweiterndes gesellschaftliches Nervensystem, das, einem Fenster gleich, die Welt in Echtzeit zeigt. Mithilfe von Satelliten trägt es seine Bilder instantan um den Globus und treibt damit das „Wechselspiel zwischen Bild und Augenblicklichkeit zur Perfektion",⁸ wie Neil Postman es ausdrückt.

Mit dem Computer schließlich schafft sich der Mensch ein Instrument, mit dem sich die Welt nicht mehr nur abbilden, sondern neu erschaffen lässt. Der Computer ist nicht bloß Spiegel, sondern auch Portal, durch das die Neugierigen hindurchtreten können in eine aus Bits gebaute Welt des Internets,⁹ in eine andere Welt als die physische und trotzdem reale Welt.¹⁰ Die Verdoppelung der Welt hat den Zweck, die Verfügbarkeit zu erhöhen – wie einst bei den an die Höhlenwände gemalten Tieren. Ziel ist es, alle Orte erreichbar zu machen, die nicht erreichbar

---

3 Standage: Das Viktorianische Internet, S. 165.
4 Postman: Das Technopol, S. 77.
5 McLuhan: Die magischen Kanäle, S. 109.
6 Eisenstein: Die Druckerpresse, S. 73.
7 Pabst: Der Film der Zukunft, a. a. O., S. 8.
8 Postman: Wir amüsieren uns zu Tode, S. 99.
9 Turkle: Leben im Netz, S. 9.
10 Wertheim: The Pearly Gates of Cyberspace, S. 231.

sind. Der „Cyberspace" eröffnet virtuellen Zugang zu realen Orten der Welt und verbindet sie, wie McLuhan feststellt, zum „Global Village". Er bietet aber auch künstlich hergestellte, virtuelle Welten, die die physische Welt hinter sich lassen. Hier wird der Mensch zum Schöpfer seines Himmels auf Erden, wo es an nichts fehlt und es auch keinen Tod gibt. Hier haben Alle Zutritt, ungeachtet ihres Geschlechts, ihrer Rasse oder Nationalität, sofern sie über einen Computer und einen Internetanschluss verfügen.[11] Margaret Wertheim schreibt: „It is a repackaging of the old idea of Heaven but in a secular, technologically sanctioned format. The perfect realm awaits us, we are told, not behind the pearly gates, but beyond the network gateways, behind electronic doors labeled „.com', „.net', and „.edu'."[12] Wertheim erkennt im Aufstieg des digitalen Cyberspace einen Zusammenhang zum Zustand der US-amerikanischen Gesellschaft, der sie mit Umberto Eco am Ende der „Pax Americana" im ausgehenden 20. Jahrhundert eine schwere Identitätskrise attestiert.[13]

Dem Computer wird auch die Fähigkeit zur künstlichen Intelligenz, zur „Artificial Intelligence" (AI), zugeschrieben. Ein Disput kreist in der zweiten Hälfte des zwanzigsten Jahrhunderts um das Ausmaß. Der am *Massachusetts Institute of Technology* (MIT) tätige Informatikprofessor Joseph Weizenbaum präsentiert 1966 das Computerprogramm ELIZA, das einen Psychologen simuliert, mit dem Probanden via Computerbildschirm ein Gespräch führen. Viele von ihnen bemerken nicht, dass sie mit einer Maschine sprechen. Weizenbaum sieht darin aber weniger einen Erfolg der Künstlichen Intelligenz als eine Gefahr für Menschen, die sich dem vermeintlichen Experten gegenüber allzu gutgläubig öffnen.[14] Er hält es im Übrigen für einen grundsätzlichen Irrglauben, Maschinen seien zu menschlichem Verstehen fähig.[15] Er meint, dass auch die komplexesten Computerprogramme immer nur Programmiertes abarbeiten und nie selbstständig denken würden. Ein anderer Pionier hält dagegen. Marvin Minsky, der Gründer des *AI Lab* am *Massachusetts Institute of Technology*, geht davon aus, dass Computer lern- und damit zu mehr fähig seien als nur zur monotonen Abarbeitung von vordefinierten Arbeitsschritten. Er sagt, die künftigen Menschen müssten hoffen, von den intelligenten Robotern ihrer Zeit noch als Haustiere akzeptiert zu werden.[16]

---

11 Ebd., S. 24.
12 Ebd., S. 23.
13 Ebd., S. 22.
14 https://de.wikipedia.org/wiki/Joseph_Weizenbaum (17. Februar 2023).
15 Turkle: Leben im Netz, S. 166.
16 Heinz Nixdorf Forum: Computer.Gehirn, S. 272.

Im Zeichen des „Transhumanismus" werden Zukunftsszenarien entworfen, in denen der menschliche Körper mehr und mehr durch eine Maschine ersetzt wird.[17] Am Ende bliebe einzig das Gehirn bestehen, eingebettet in einen Computer, angeschlossen an Kameras und Sensoren, um auf äußere Reize reagieren und mit der Umwelt kommunizieren zu können. Solche radikalen Ansätze laufen auf eine Überwindung natürlicher Beschränkungen des menschlichen Körpers hinaus. Die Verwandlung zum „Cyborg" (von „Cybernetic Organism"), der Körperteile durch technische Teile ersetzt,[18] begegnet der Endlichkeit des Fleisches, macht den Menschen als reinen Geist unsterblich. Offen lässt dieser technoreligiöse Ansatz, wie die Verschmelzung vor sich gehen soll, und bis wann ein Mensch noch Mensch ist. Es bleibt eine Glaubensfrage.

Im Amerika der Computerära herrscht ein weites Spektrum an Meinungen: von der Euphorie der Affinen, die durch Digitaltechnik eine Erlösung ersehen, bis zur Sorge der Zweifler, dass die immer weiter entwickelten Maschinen irgendwann ihre menschlichen Schöpfer unterdrücken könnten. Die Wahrheit liegt wohl dazwischen. Bruce Mazlish, Historiker am *Massachusetts Institute of Technology*, meint, dass die Zukunft einer Kreuzung aus Computer und Roboter gehöre, dem „Comboter".[19] Es sei davon auszugehen, dass dieser den Menschen nicht ersetzen, ihn aber zum „Homo comboticus" verändern werde; zu einem Wesen, das sich durch eine der Maschine zugewandte Geisteshaltung charakterisiert und seine technischen Prothesen gut einzusetzen weiß, aber im Kern Mensch bleibt; ein in Ungewissheit und Irrtum und in einer realen Umwelt lebendes, sterbliches Geschöpf.

Tatsächlich weist die gesellschaftliche Entwicklung, die sich in den vergangenen Jahrzehnten vollzogen hat, in diese Richtung. Zur Kompensation seiner Defizite perfektioniert der Mensch seine Werkzeuge und nähert sich jener Idealvorstellung von Allmacht und Allwissenheit an, die seine Vorfahren schon früh in ihre Götter projiziert haben. Er wird, wie Sigmund Freud sagt, selbst „eine Art Prothesengott".[20] Zu Beginn des dritten Jahrtausends erreicht er in der digitalen Mediengesellschaft einen Status, der stark an dieses Diktum gemahnt. Mit Computer, Internet und Smartphone macht er sich die Welt untertan. Von der Entwicklung dahin soll im Folgenden die Rede sein.

---

17 Mazlish: Faustkeil und Elektronenrechner, S. 339–340.
18 https://de.wikipedia.org/wiki/Cyborg (19. Januar 2023).
19 Mazlish: Faustkeil und Elektronenrechner, S. 348.
20 Freud: Das Unbehagen in der Kultur, S. 221–222.

Im Anfang war der Personal Computer – *Apple* und *Microsoft*

Ausgehend von saalfüllenden Computeranlagen in speziellen Rechenzentren der Nachkriegszeit erfährt die Medienlandschaft im ausgehenden 20. Jahrhundert eine nachhaltige Veränderung. Es kommt eine digitale Revolution in Gang, die die westlichen Gesellschaften ähnlich umfassend zu verändern beginnt, wie die industrielle Revolution dies zu ihrer Zeit getan hat. Getragen wird diese Entwicklung von einem kompakten Gerät, einem Tischgerät, dem „Personal Computer". Er verdankt sein Entstehen miniaturisierten Bauteilen wie dem „Integrated Circuit" (IC), später schlicht „Chip" genannt, der es ermöglicht, kompakte leistungsfähige Computer zu bauen.

Der Ursprung dieser Entwicklung liegt in Kalifornien, wo während des Kalten Krieges gezielt Mittel aus dem Militärbudget in moderne Technologie investiert werden[1] und ein Innovationszentrum entsteht. Inspiriert vom Zeitgeist der Friedens- und Hippiebewegung verbreitet sich in den 1970er-Jahren jedoch auch ein Klima des geistigen Aufbruchs. Die in der kalifornischen Stadt Menlo Park gegründete *People's Computer Company* (PCC) formuliert einen zentralen Gedanken: Bisher seien Computer gegen Menschen eingesetzt worden, fortan sollten sie für sie arbeiten. Die *People's Computer Company* macht es sich zur Aufgabe, Laien, vor allem Kinder und Jugendliche, an die unbekannte Technik heranzuführen, um ihnen neue Ausdrucksmöglichkeiten zu geben.[2] Geistige, technische und nicht zuletzt wirtschaftliche Impulse gehen von der in der Nähe von Palo Alto gelegenen *Stanford University* aus. Viele Universitätsangehörige gründen Firmen und bringen in der Küstenregion südlich von San Francisco, dem so genannten „Silicon Valley", eine neue Industrie zum Erblühen.

Als eine der Keimzellen gilt der Taschenrechnerhersteller *Hewlett Packard* mit Sitz in Palo Alto. Eine andere ist die mächtige *Xerox Corporation*, die Kopiermaschinen herstellt und mit ihrem *Palo Alto Research Center* (PARC) eine Entwicklungsabteilung betreibt. Beide Unternehmen sind aktiv an der Entwicklung des Personal Computers beteiligt, der als zukunftsträchtige Technologie gilt. *Xerox* stellt 1973 den Prototyp *Alto* fertig, der bereits über alle relevanten Komponenten späterer Erfolgsmodelle verfügt: über einen Prozessor, ein Plattenlaufwerk, einen Grafikbildschirm, der verschiedene Zeichen darstellen kann, eine an der Schreibmaschine

---

1 https://www.spiegel.de/netzwelt/web/fast-wie-ein-mafia-clan-historikerin-ueber-die-erfolgsformel-des-silicon-valley-a-1294501.html (19. Januar 2023).
2 Kaerlein: Smartphones als digitale Nahkörpertechnologien, S. 105.

orientierte Tastatur und ein zukunftsweisendes Gerät, das schlicht „Mouse" genannt wird. Dabei handelt es sich um ein kleines quaderförmiges Plastikteil mit Druckschaltern obenauf, das per Kabel mit dem Computer verbunden ist und optisch an eine Maus erinnert. Wird das Gerät am Tisch verschoben, wandert auf dem Bildschirm ein „Cursor" mit, der auf diese Weise an jede Stelle des Schirms bewegt werden kann, um bestimmte Aktionen auszulösen. Auch die Anbindung des *Alto* an Netzwerke ist bereits vorgesehen. Dieser Computer ist allerdings nur als experimenteller Prototyp gedacht und nicht dafür, in nächster Zeit auf den Markt gebracht zu werden.[3] Doch scheint klar, dass der Tischcomputer das Büro der Zukunft sein wird. George E. Pake, Gründer des *Palo Alto Research Centers*, prophezeit für das Jahr 1995 ein Büro ohne Papier: Schreiben, Lesen, Korrespondenz und Organisation – alles werde EDV-gestützt erfolgen; Ausdrucke, Papierkopien und Aktenordner würden der Vergangenheit angehören. Platz für die Aufbewahrung von Unterlagen würde ebenso obsolet wie das Personal für dieserart zeitfressende Tätigkeit. Die Arbeitszeit könne effektiver genutzt werden als mit der Ablage und Suche nach Papier in unüberschaubaren Archiven.[4]

Anfang 1975 erfolgt die Markteinführung eines ersten Heimcomputers. Das Modell *Altair 8800* wird von der in Albuquerque in New Mexico sitzenden Firma *Micro Instrumentation Telemetry Systems* (MITS) um 395 Dollar als Bausatz zum Selberzusammenbauen angeboten. In fertigem Zustand kommt es auf knapp 500 Dollar.[5] Es verfügt weder über eine Tastatur noch über einen Bildschirm. Die Daten werden über eine Reihe von Kippschaltern eingegeben und auf winzigen Lämpchen angezeigt. Bald schon tauchen in den Fachzeitschriften Anzeigen auf, die einschlägiges Zubehör wie Tastaturen und Monitore bewerben. Der *Altair* verfügt auch noch nicht über Software, doch über einen modernen Mikroprozessor der Firma *Intel Corporation*, der Programmierbarkeit und damit vielfältige Anwendungsmöglichkeiten verspricht. Dies ruft einen Harvard-Studenten namens William („Bill") Gates und dessen Studienkollegen Paul Allen auf den Plan. Den beiden ist klar, dass Mikroprozessoren bald viel billiger zu haben und sehr viel leistungsfähiger sein werden, was die Kosten eines Computers senken und seine Verbreitung erhöhen werde. Auf jedem Tisch und in jedem Heim werde künftig ein Computer stehen,[6] was einen großen Bedarf an Software entstehen lasse; so ihre Vision. Sie beginnen für den *Altair* ein Programm zu schreiben, was schwierig ist, da sie keinen *Altair* besitzen; auch über einen *Intel*-Mikroprozessor verfügen sie nicht. Paul Allen besorgt sich

---

3 Friedewald: Der Computer als Werkzeug und Medium, S. 261, S. 273, S. 286.
4 https://start.docuware.com/de/papierloses-buero (19. Januar 2023).
5 Friedewald: Der Computer als Werkzeug und Medium, S. 365–367; https://de.wikipedia.org/wiki/Altair_8800 (3. Februar 2023).
6 Inside Out, S. 73.

ein Handbuch, um danach zu arbeiten. Am Ende steht die Programmiersprache *BASIC*.[7]

Eine digitale Revolution kommt ins Laufen, getragen wesentlich von Studenten – jungen Männern in der Regel, die sich als echte „Computerfreaks", als „Nerds" erweisen. 1975 gründen der kaum zwanzigjährige Gates und der um zwei Jahre ältere Allen die Firma *Micro-Soft* (für „Microcomputer-Software"). Die kleine Firma ist in Albuquerque angesiedelt, wo auch der *Altair*-Hersteller *MITS* seinen Sitz hat. Um ihr Geschäftsfeld zu schützen, wendet sich der junge Gates in einem offenen Brief in der Zeitschrift *Computer Notes* gegen die verbreitete Gewohnheit, Software einfach zu kopieren, anstatt zu kaufen. Wer dies tue, verhindere die Entstehung guter Software.[8] In diesen mahnenden Worten ist schon der Geschäftsmann vernehmbar, der sein Feld absteckt.

Doch auch andernorts beschäftigt man sich mit der Entwicklung von Computern. In Menlo Park existiert ab März 1975 der *Homebrew Computer Club*, ein Verein von Elektrobastlern, der es sich zum Ziel setzt, Computertechnik allgemein zugänglich zu machen.[9] Einer der Teilnehmer ist der 26-jährige Stephen Gary Wozniak, der für *Hewlett-Packard* arbeitet. Inspiriert von einem Clubtreffen, beginnt er einen Tischcomputer zu konstruieren.[10] Er bietet seine Konstruktion seinem Arbeitgeber zur Vermarktung an, doch lehnt dieser ab.[11] Eine glückliche Fügung, denn nun nimmt die erfolgreiche Geschichte einer nach einem Apfel benannten Computerfirma ihren Lauf, die Wozniak, Steven („Steve") Paul Jobs und Ronald Wayne 1976 in Palo Alto gründen. Die Firma *Apple Computer*, die ihren Anfang in einer Garage nimmt, wird maßgeblich von Jobs geprägt, der zu diesem Zeitpunkt gerade einmal 21 Jahre alt ist. In den folgenden Jahren wird er das Gesicht der Computerrevolution.

Jobs denkt sogleich an Vermarktung von Wozniaks Schöpfung, und tatsächlich gibt ein lokaler Händler 50 Geräte in Auftrag.[12] Aus Kostengründen verfügt das *Apple I* genannte Gerät weder über eine Tastatur noch über einen Monitor, ja nicht einmal über ein Gehäuse. Das Modell besteht eigentlich nur aus dem Motherboard. Der Händler lässt es für den Verkauf in ein Holzgehäuse einbauen und mit einer Tastatur versehen. Er bietet es um 666 Dollar 66 Cents[13] an und kann bis zum Jahresende rund zweihundert Exemplare absetzen.[14]

---

7 Ebd., S. 10.
8 Friedewald: Der Computer als Werkzeug und Medium, S. 368–369.
9 Gartz: Die Apple-Story, S. 41.
10 Blumenthal: Steve Jobs, S. 65; https://de.wikipedia.org/wiki/Steve_Wozniak (20. Januar 2023).
11 Blumenthal: Steve Jobs, S. 68–69; Erdmann: „One more thing", S. 11.
12 Friedewald: Der Computer als Werkzeug und Medium, S. 371.
13 Erdmann: „One more thing", S. 14.
14 Friedewald: Der Computer als Werkzeug und Medium, S. 372.

Der Erfolgt ist bescheiden, dennoch hat Jobs, dem von Wozniak attestiert wird, nicht besonders viel von Elektronik zu verstehen,[15] die ehrgeizige Vision, einen riesigen Markt zu erobern, und er wird Recht behalten.[16]

Die Unterstützung durch Kapitalgeber macht eine professionellere Entwicklung des Folgemodells *Apple II* möglich.[17] Das Modell, das 1977 herauskommt, verfügt über ein Kunststoffgehäuse, eine Tastatur und kann an ein Fernsehgerät angeschlossen werden, was einen eigenen Monitor anzuschaffen erspart. Der *Apple II* basiert wie sein Vorgänger *Apple I* auf einem kostengünstigen Chip der Firma *MOS Technology* und ist dank der von *Microsoft* entwickelten Programmiersprache *Applesoft Basic* programmierbar.[18] In der Programmierbarkeit spiegelt sich eine wichtige Eigenschaft der frühen Geräte. Sie repräsentieren lediglich Hardware, für die dann individuelle Anwendungsprogramme geschrieben werden, und zwar in Form von abstrakten Programmierbefehlen, was die Klientel stark selektiert.

Um den Preis von anfangs 1298 Dollar[19] verkauft sich der *Apple II* in tausenden Exemplaren. Dabei spielt Werbung eine hervorragende Rolle. Die junge Firma verpflichtet den Werbeprofi Regis McKenna, der den Slogan „Byte into an Apple" kreiert wie auch das ungewöhnliche Logo des angebissenen Apfels in Regenbogenfarben.[20] Die Firma erhält ein frisches Image und ist mit ihrem Produkt am Markt überaus erfolgreich. Sie übersiedelt in ein Gebäudeensemble in Cupertino, wenngleich der Arbeitsstil auch dort noch eher an einen Campus als an ein Wirtschaftsunternehmen erinnert.[21] Es sind junge Leute aus dem Universitätsmilieu, die hier in einer stark erfolgsorientierten Weise zusammenarbeiten. Sie entwickeln eine zukunftsträchtige Technologie, getrieben vom Rückenwind des kapitalistischen Wirtschaftssystems, das ihre Produkte mit hohen Renditen zu vermarkten erlaubt. Sie sind Angehörige einer Gründergeneration inmitten eines neuen kalifornischen Goldrausches.

1980 beschäftigt *Apple Computer* bereits 1000 Angestellte und macht 100 Millionen Dollar Umsatz. Im gleichen Jahr geht die Firma an die Börse und repräsentiert danach einen Börsenwert von nahezu 1,8 Milliarden Dollar.[22] Es ist ein Gründermärchen, wie es in der Ära der digitalen Revolution noch mehrere geben wird. Am Horizont ziehen allerdings dunkle Wolken auf. Abgesehen davon, dass Chefentwickler Wozniak die Firma verlässt, stockt der Absatz. Im Gegensatz zum *Apple II*,

---

15 Gartz: Die Apple-Story, S. 122.
16 Erdmann: „One more thing", S. 16.
17 Blumenthal: Steve Jobs, S. 83–84.
18 Erdmann: „One more thing", S. 21; Gartz: Die Apple-Story, S. 63.
19 Gartz: Die Apple-Story, S. 63.
20 Ebd., S. 62.
21 Erdmann: „One more thing", S. 26.
22 Gartz: Die Apple-Story, S. 73, S. 75.

der als privates Gerät für daheim gedacht ist, ist der Nachfolger, der *Apple III*, der 1980 herauskommt, ein kompletter Bürocomputer. Er verfügt über einen integrierten monochromen Monitor des japanischen Herstellers *Sanyo*, der 12 Zoll misst und 80 mal 24 Zeichen in grün oder weiß phosphoreszierender Schrift anzeigen kann.[23] Doch der hohe Preis zwischen 4300 und 7800 Dollar sowie viele technische Mängel machen den *Apple III* zum Ladenhüter.[24]

Um seine Computer in der Bevölkerung zu verbreiten, versucht Jobs in den frühen 1980er-Jahren beim amerikanischen Kongress ein Gesetz zu erwirken, das es ihm ermöglichen würde, 100.000 Computer an Schulen zu spenden und diese steuerlich abzusetzen. Er spricht vom „Kids Can't Wait-Gesetz". Doch er scheitert auf Bundesebene. Lediglich Kalifornien stimmt zu und *Apple* stiftet 10.000 Computer an Schulen des Bundesstaates.[25]

Schwierigkeiten bereitet Jobs auch der Umstand, dass die *International Business Machines Corporation* (IBM), die seit den 1950er-Jahren Großrechner baut, auf dem Markt erscheint. Unter Zugzwang geraten, entwickelt „Big Blue", wie der mächtige Büromaschinenkonzern genannt wird, ebenfalls einen Computer für den individuellen Gebrauch. Das Modell, das 1981 herauskommt, wird, um es von den billigeren Heimcomputern zu unterscheiden, die bereits am Markt sind, „Personal Computer" genannt.[26] Anders als bisherige Computerterminals, die an einem Zentralrechner hängen, stellt es eine eigenständige, vollwertige Arbeitsstation dar, die überall genutzt werden kann – im Büro, im Labor, zu Hause oder im Klassenzimmer. Die elektronische Datenverarbeitung, die in großen Rechenzentren begonnen hat, findet nun auf einem Schreibtisch Platz. Für unterschiedliche Anwendungen stehen verschiedene Programme zur Verfügung. Bezüglich des monochromen Bildschirms wird im Prospekt hervorgehoben, dass er in 25 Zeilen mit jeweils 80 Zeichen insgesamt 256 verschiedene Zeichen – Buchstaben, Ziffern, Sonderzeichen – scharf anzuzeigen erlaubt, die auf der Tastatur mit ihren insgesamt 83 Tasten eingegeben werden. Der Computer bietet darüber hinaus die Möglichkeit, Daten von einem anderen Computer über Telefonleitung abzurufen. Diese Funktion wird vor allem leitenden Angestellten empfohlen, die sich auf diesem Weg Unterlagen aus Unternehmensniederlassungen auf der ganzen Welt holen könnten. Die Bedienung erfolgt mithilfe von Textmenüs, worin die zur Verfügung stehenden Operationsbefehle in geschriebener Form aufgelistet sind. Die gewünschte Aktion wird aus der Liste am Bildschirm ausgewählt und durch Drücken der Entertaste gestartet. Der

---

23 https://en.wikipedia.org/wiki/Apple_Monitor_III (19. Januar 2023). https://en.wikipedia.org/wiki/Apple_displays (19. Januar 2023).
24 Erdmann: „One more thing", S. 32–33.
25 Blumenthal: Steve Jobs, S. 130.
26 Friedewald: Der Computer als Werkzeug und Medium, S. 375.

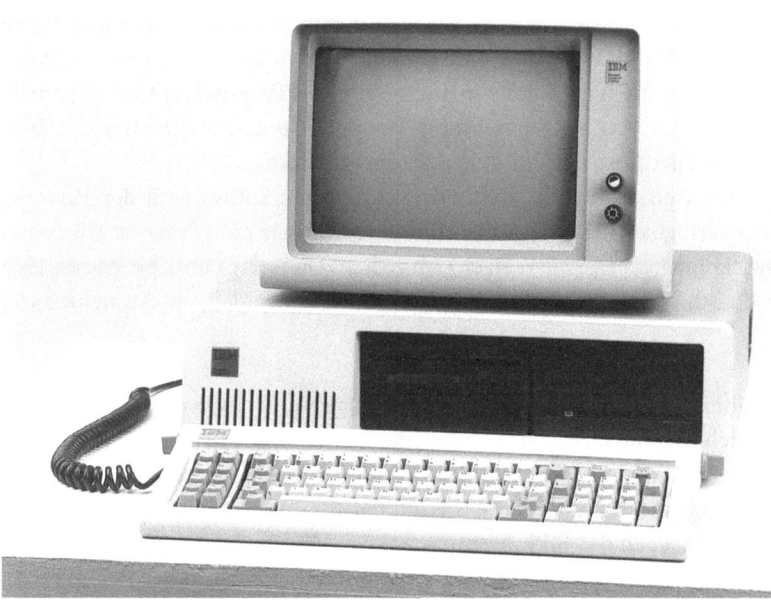

Abb. 2   Der Personal Computer von *IBM* © Technisches Museum Wien.

Hersteller lobt sein System als sehr eingängig. Selbst völlig unerfahrene Personen würden schnell lernen, die gewünschten Befehle zu geben.[27]

Dank der gigantischen Marktmacht von *IBM* und des großen Vertrauens in die Traditionsmarke wird der technisch wenig aufregende Computer zum Preis von 3000 Dollar ein Verkaufserfolg.[28] Daran ändert auch der Umstand nichts, dass *Apple* die neue Konkurrenz herunterspielt und sich selbst als Pionier der Computertechnik und *IBM* als Nachzügler darstellt.[29]

Der *IBM*-Computer hat zudem eine ganze Reihe an Nachkommen, die nach seinem Vorbild entstehen. Dies wird dadurch begünstigt, dass er aus bewährten vorgefertigten Elementen zusammengesetzt ist, die auch anderen Herstellern zur Verfügung stehen: Die Rechnerarchitektur ist am Markt ebenso frei erhältlich wie die zentrale Hardware-Komponente – der Mikroprozessor des Marktführers *Intel* – wie auch das Betriebssystem *MS-DOS* (für „Microsoft Disk Operating System") von

---

27   IBM Personal Computer. For the home, office, classroom, IBM 1982.
28   Friedewald: Der Computer als Werkzeug und Medium, S. 376; https://de.wikipedia.org/wiki/IBM_Personal_Computer (19. Januar 2023).
29   Gartz: Die Apple-Story, S. 105–106.

Microsoft. IBM erwirbt für einmalig 80.000 Dollar das dauerhafte Nutzungsrecht an *MS-DOS*, verabsäumt es aber, sich ein Exklusivrecht zu sichern.[30] Das erlaubt *Microsoft*, das Betriebssystem auch vielen anderen Geräteherstellern günstig zu verkaufen, was *MS-DOS* letztlich zum dominierenden Betriebssystem am Markt machen wird. Letztlich wird der von *Microsoft* und *IBM* geprägte Gerätetyp zum Standard, für den sich die Bezeichnung Personal Computer einbürgert.[31] *IBM* selbst verliert allerdings den Anschluss an die Entwicklung.[32]

Eine Erfolgsspirale beginnt sich zu drehen: Je mehr Software für den Personal Computer verfügbar ist, umso größer wird die Nachfrage nach ihm, was wiederum die Entwicklung neuer Software nach sich zieht.[33] Dieser dynamische Prozess lässt nach und nach Konkurrenzsysteme vom Markt verschwinden, mit Ausnahme von *Apple*.

Die Annäherung des Publikums an das neuartige Gerät des Personal Computers vollzieht sich zögerlich. Dies liegt vor allem daran, dass die Bedienung in den Anfängen durch Eintippen abstrakter Befehlszeilen erfolgt und deshalb Spezialisten vorbehalten bleibt. Der amerikanische Informatikprofessor Nicholas Negroponte fühlt sich dabei an das Bildungsmonopol der Mönche im Mittelalter und ihre religiösen Rituale erinnert.[34] Eine Nutzung in breiten Kreisen der Bevölkerung erscheint ausgeschlossen. Doch ändert sich dies mit einer revolutionären Neuerung, die die *Xerox Corporation* in ihrem Entwicklungslabor *Palo Alto Research Center* realisiert: das so genannte „Graphical User Interface". Damit ist eine grafisch gestaltete Benutzungsoberfläche gemeint, die aus eingängigen Bildsymbolen besteht anstatt aus mysteriösen Codezeilen. Ihr Schöpfer Alan Kay hat als Anforderung formuliert, dass sie selbsterklärend, intuitiv bedienbar und durch eigenständiges Erkunden erlernbar sein müsse.[35] Die von ihm entwickelte Grafik löst dies dann auch ein. Sie stellt die zur Verfügung stehenden Programme durch „Icons" in fensterartigen Rahmen am Bildschirm dar. Bedient werden sie mittels der nicht weniger revolutionären „Mouse" durch Anklicken. Das mühsame Erlernen und die Eingabe von abstrakten Programmierbefehlen wird obsolet. Die Grafik schiebt sich zwischen den Menschen und die Maschine. Sie verschiebt den Schwerpunkt in der Computerkultur von Spezialisten zu Anwendern, von Nerds zu Nutzerinnen und Nutzern.

---

30 Ebd., S. 109–110.
31 Gates: Der Weg nach vorn, S. 79–80, S. 82.
32 https://spectrum.ieee.org/how-the-ibm-pc-won-then-lost-the-personal-computer-market (19. Januar 2023).
33 Inside Out, S. 5.
34 Negroponte: Total digital, S. 113.
35 Friedewald: Der Computer als Werkzeug und Medium, S. 327.

Doch die Firmenleitung von *Xerox* sieht von einem Marktgang ab, da die gebauten Modelle mit geschätzten 30.000 Dollar ein kleines Vermögen kosten und sich deshalb, wie man meint, kaum verkaufen würden.[36] Diese Fehlentscheidung führt dazu, dass Jahre ungenützt verstreichen und man 1981, als mit der *Xerox 8010 Workstation*, auch *Xerox Star* genannt, endlich ein zukunftsweisendes Modell auf den Markt kommt, gegenüber dem billigen *Apple II* bereits ins Hintertreffen geraten ist. Gründe sind, dass der *Xerox Star* mit einem Preis von 16.596 Dollar nach wie vor sehr kostspielig ist und zudem auf unbedarfte Kundschaft trifft, die seine weitreichenden Möglichkeiten noch nicht zu schätzen weiß.[37]

Einer freilich erkennt die Möglichkeiten der grafischen Benutzeroberfläche sofort: der *Apple*-Gründer Steve Jobs. Er vergleicht die am Markt befindlichen Computer mit Autos, die noch mit Handkurbeln gestartet werden müssten, während der *Xerox Star* das einzige kurbellose Modell darstelle. Aufgrund seines Preises sei er jedoch ein „kurbelloser Rolls Royce".[38] Jobs macht sich über den von „Toner-Köpfen" geleiteten *Xerox*-Konzern lustig, der es verabsäumt habe, das revolutionäre System, über das er verfügt, entsprechend zu vermarkten.[39] Dies will er besser machen. Er will die grafische Menüführung für sein neues Computermodell *Lisa* adaptieren, das als „Apples kurbelloser Volkswagen"[40] deutlich billiger angeboten werden soll. Zur Umsetzung wirbt Jobs kurzerhand eine Reihe von *Xerox*-Mitarbeitern ab.[41] Für den hochauflösenden Schwarz-Weiß-Bildschirm entsteht der „Desktop Manager",[42] der die Programme als Grafiksymbole darstellt. An Software stehen das Tabellenkalkulationsprogramm *LisaCalc*, das Präsentationsprogramm *LisaGraph*, das Zeichenprogramm *LisaDraw*, das Textprogramm *LisaWrite*, das Projektmanagementprogramm *LisaProject* sowie das Datenverwaltungsprogramm *LisaList*[43] zur Verfügung. Es ist ein umfassendes Softwarepaket, das viele Anwendungen abdeckt. Eine Besonderheit bildet der „Drag & Drop"-Modus, mit dem man beispielsweise eine Datei löschen kann, indem man sie mit der Maus anklickt, den Schalter auf der Maus gedrückt hält und auf diese Weise die Datei auf das Symbol des Papierkorbs („Wastebasket") zieht und sie dort buchstäblich hineinfallen lässt. Mit einer Verfahrensweise, die „Copy & Paste" genannt wird, ist es zudem möglich, Dokumente in eine Zwischenablage zu speichern und in einem anderen Programm zum Weiterbearbeiten zu öffnen; etwa eine im Kalkulationsprogramm erstellte

---

36 Ebd., S. 338.
37 Ebd., S. 350.
38 Gartz: Die Apple-Story, S. 114.
39 Blumenthal: Steve Jobs, S. 103–104.
40 Gartz: Die Apple-Story, S. 115.
41 Friedewald: Der Computer als Werkzeug und Medium, S. 381.
42 Ebd., S. 385.
43 Gartz: Die Apple-Story, S. 86.

Tabelle im Grafikprogramm.[44] Begriffe wie „Drag & Drop" und „Copy & Paste" werden in den allgemeinen Sprachgebrauch eingehen, auch wenn ein unmittelbarer Erfolg des Modells *Lisa* ausbleibt.

Das Modell *Lisa* wendet sich an Geschäftskunden, verkauft sich wegen seines noch recht hohen Preises von 9998 Dollar aber schlecht.[45] Ein deutlich günstigeres und kommerziell erfolgreiches Modell bringt *Apple* mit *Lisa 2* auf den Markt. Doch ein Durchbruch gelingt erst mit der neuen Gerätegeneration *Macintosh*. Der *Mac* verspricht als „Werkzeug für jeden Manager" die Produktivität zu erhöhen und bietet, laut Jobs, „das automatisierte Büro mit einem minimalen Einsatz von Zeit und Geld".[46] Um *Lisa* nicht ganz aus dem Rennen zu werfen, wird der *Mac* als Einstiegsgerät für den Manager präsentiert, der im Falle einer Beförderung mit Übernahme eines größeren Aufgabengebietes auf das höherwertige Modell *Lisa* umsteigen könne. Der Sekretärin ermögliche der *Mac*, sich mit der Computertechnik vertraut zu machen und „interessantere Aufgaben und mehr Verantwortung" zu übernehmen, was auch ihrem vorgesetzten Manager zugutekomme.[47] So modern Jobs in seinen Produkten erscheinen will, so rückständig scheint sein Weltbild, das eine überkommene Büroordnung mit männlichen Managern und dienenden Sekretärinnen bemüht.

Mit dem *Mac* versucht *Apple* über die Bürowelt hinaus breite Bevölkerungskreise anzusprechen. Das Modell soll zu einem geringen Preis auf den Markt kommen, tragbar und so nützlich sein, dass es seine Besitzer sofort vermissen sollen, wenn es nicht zur Stelle ist.[48] Nach dem Vorbild von Henry Ford, der die Bedeutung des Automobils erkannt und es durch moderne Serienfertigung von einem Luxusgut zu einem Gebrauchsgegenstand gemacht habe, will Jobs den Computer durch Massenproduktion erschwinglich und populär machen.[49] Der Preis des in jeder Hinsicht abgespeckten *Mac*, der mit seiner charakteristischen Würfelform äußerst kompakt ist und kaum zehn Kilo wiegt, beträgt letztlich aber noch deutlich mehr als die ursprünglich angepeilte Summe von 1000 bis 1500 Dollar. Er kommt auf 2495 Dollar. Die großzügige hunderttägige Werbekampagne, die insgesamt 15 Millionen Dollar verschlingt, trägt ohne Zweifel ihren Teil zum hohen Preis bei.[50] Als Höhepunkt der Kampagne lässt Jobs von dem renommierten Hollywood-Regisseur Ridley Scott einen Werbespot drehen, der auf den dystopischen Roman *1984* von George Orwell rekurriert. In diesem spielfilmartigen Clip läuft eine athletische junge Frau

---

44 Friedewald: Der Computer als Werkzeug und Medium, S. 388–389.
45 Erdmann: „One more thing", S. 41.
46 Gartz: Die Apple-Story, S. 103.
47 Ebd., S. 104.
48 Friedewald: Der Computer als Werkzeug und Medium, S. 393.
49 Gartz: Die Apple-Story, S. 148.
50 Ebd., S. 124; Friedewald: Der Computer als Werkzeug und Medium, S. 400.

Abb. 3 Der *Mac* von *Apple* © Technisches Museum Wien.

in roten Shorts, mit weißem Shirt und einem langstieligen Vorschlaghammer in den Händen durch eine große Halle, in der gräuliche Arbeitssklaven auf den riesigen Monitor an der Stirnwand starren. Wie hypnotisiert lauschen sie den Worten von Big Brother, der in Großaufnahme zu sehen ist. Verfolgt von bewaffneten Wachsoldaten, wirft die Athletin den Hammer in den Monitor, der daraufhin explodiert. Ein stürmischer frischer Luftzug durchströmt die Halle. Gleichzeitig kündigt eine Stimme das Erscheinen des Modells *Macintosh* an: „And you'll see why 1984 won't be like ‚1984'".[51] Die Anspielung gilt einer verkrusteten grauen Bürowelt, für die *IBM* stehe, und der das lebendige Konzept von *Apple* entgegengestellt wird.[52]

Die Herstellung des spektakulären Werbespots kostet 750.000 Dollar, seine Ausstrahlung Anfang des Jahres 1984 während der Superbowl-Übertragung vor einem

---

51 Erdmann: „One more thing", S. 45.
52 Gartz: Die Apple-Story, S. 125.

Publikum von fast 100 Millionen weitere 800.000.[53] Es ist eine mehr als unkonventionelle Werbekampagne. Nach anfänglichen Zweifeln zeigt sich, dass der Spot die in ihn gesetzten Erwartungen erfüllt. Er macht den *Mac* weltberühmt.[54]

Bill Gates beschreibt den *Mac* im Rückblick als Meilenstein der Computerentwicklung, als ein Produkt, das *Apple Computer* als Schlüsselunternehmen etabliert und die grafische Benutzeroberfläche verbreitet habe, obwohl sie anfangs auf wenig Resonanz in der Öffentlichkeit gestoßen sei. *Apple* habe zu Recht auf diese Innovation gesetzt. Von der Richtigkeit dieses Weges überzeugt, habe er, Gates, mit *Microsoft* Software dafür zu entwickeln begonnen.[55] Eine Entscheidung, die ein weiteres Gründermärchen wahr werden lässt und Gates zum reichsten Mann der Welt machen wird.

Microsoft bringt 1985 die grafische Benutzeroberfläche *Windows 1.0* heraus, die eine fensterartige Grafik benutzt, die „Windows" genannt wird.[56] Um die Attraktivität zu erhöhen, liefert *Microsoft* spezielle Programme dazu – zum Verfassen von Texten das Schreibprogramm *Write* und ein Zeichenprogramm unter der Bezeichnung *Paint*, das Grafiken zu erstellen und zu verarbeiten erlaubt, wenngleich noch schwarz-weiß. Der anfangs schleppende Erfolg am Markt hat wohl damit zu tun, dass zur Bedienung teures Zubehör wie die Maus angeschafft werden muss.[57] Außerdem kommt es zum Streit mit *Apple* um die Urheberschaft der Fenster. Bei *Apple* meint man, man habe schon früher Fenstersymbole benutzt. Jobs wirft seinem Gegenüber Gates vor, abgekupfert zu haben. Eine Vielzahl an Elementen seien aus seinem System übernommen worden. Gates weist die Vorwürfe zurück und kontert, dass wohl beide, *Microsoft* und *Apple*, bei *Xerox* abgekupfert hätten: „Ich würde sagen, es ist eher so: Wir hatten beide diesen reichen Nachbarn Xerox. Ich bin bei ihm eingebrochen, um seinen Fernseher zu stehlen, und musste feststellen, dass du ihn bereits gestohlen hattest."[58]

Als *Microsoft* mit *Windows 2.0* die nächste Generation lanciert, reicht *Apple* 1988 Klage ein. Gates verweist auf eine Vereinbarung aus dem Jahr 1985, die ihm erlaubt, eine Reihe von *Apple*-typischen Elementen zu nutzen. *Apple* hält dem entgegen, das habe sich lediglich auf die erste Version von *Windows* bezogen. Doch

---

53 Blumenthal: Steve Jobs, S. 136.
54 Gartz: Die Apple-Story, S. 129.
55 Inside Out, S. 68.
56 Gates: Der Weg nach vorn, S. 85; https://de.wikipedia.org/wiki/Microsoft_Windows_1.0 (19. Januar 2023).
57 Inside Out, S. 23; https://de.wikipedia.org/wiki/Microsoft_Windows_1.0 (19. Januar 2023).
58 Zit. n.: Blumenthal: Steve Jobs, S. 129; Inside Out, S. 68.

Apple verliert den Prozess und obwohl die Software von *Microsoft* längst nicht so benutzerfreundlich ist,[59] setzt sie sich durch.

Mit *Windows 3.0* kommt 1990 eine Version auf den Markt, die zwar nur auf einem PC mit einem leistungsstarken *Intel*-Prozessor läuft, dafür aber unvergleichlich besser als ihre Vorgänger.[60] Sie verfügt über ein Menü „Program-Manager" zum Anzeigen von Programmen und einen „File-Manager" für Dateien.[61] Um die digitale Arbeitswelt mit der realen bestmöglich zu verbinden und den im Büro Arbeitenden den Übergang von der einen in die andere Welt zu erleichtern, empfindet die Grafik den bisherigen Bürobetrieb in intuitiver Symbolik nach. Aus dem ehemals papierenen Dokument früherer Tage wird ein digitales „Document", aus dem Aktenordner im Schrank ein digitaler Ordner, genannt „Folder". Das lang ersehnte Büro am Bildschirm nimmt Gestalt an. Einem ersten Bürosoftwarepaket namens „Office" für *Apple*-Geräte 1989 folgt 1991 eine Version für das MS-DOS-Betriebssystem.[62] Diese Software beginnt die Welt des Büros nachhaltig und unwiderruflich zu verändern.

Die aufstrebende Firma *Microsoft*, die ihre Zentrale mittlerweile nach Redmont, nahe Seattle, verlegt hat und Niederlassungen in Dutzenden Ländern mit zigtausenden Angestellten betreibt, dominiert im ausgehenden Jahrhundert den Markt. Mit ihrer Software stellt sie elaborierte Werkzeuge für die Schlüsseltechnologie der Zeit her. Die Spirale dreht sich immer schneller: Um die immer komplexer werdende Software am Laufen zu halten, bedarf es immer mehr Prozessorleistung und immer größerer Arbeitsspeicher beim Personal Computer, dem die Rolle einer Kraftmaschine zukommt. Ganz in diesem Sinn bringt *Apple* auf der Basis eines leistungsstarken Mikroprozessors, der gemeinsam mit *IBM* und *Motorola* entwickelt wird, die Generation der Power PCs heraus.[63] Die im Frühjahr 1994 eingeführten *Power Macs* werden allerdings so stark nachgefragt, dass die Produktion nicht nachkommt, gleichzeitig aber die anderen Produkte von *Apple Computer* in den Läden liegen bleiben. Das Weihnachtsgeschäft des Jahres endet deshalb mit hohen Verlusten und das Unternehmen gerät wieder in die Krise.[64]

In technischer Hinsicht steht der *Power Mac* für den Wettlauf um Kapazität, der zwischen den Herstellern beginnt. Von Gordon E. Moore, dem Mitbegründer der Firma *Intel*, stammt eine Prognose, die durchschnittlich alle 18 Monate eine Verdoppelung der Zahl an Transistoren auf einem Computerchip postuliert. Diese Prognose geht als „Moore'sches Gesetz" in die Computergeschichte ein. Praktisch meint es, dass Computer immer kleiner, immer schneller und immer „smarter",

---

59 Gartz: Die Apple-Story, S. 185.
60 Friedewald: Der Computer als Werkzeug und Medium, S. 406.
61 https://de.wikipedia.org/wiki/Microsoft_Windows_3.0 (19. Januar 2023).
62 Inside Out, S. 46; https://de.wikipedia.org/wiki/Microsoft_Office (19. Januar 2023).
63 Erdmann: „One more thing", S. 80, S. 96.
64 Ebd., S. 103.

also intelligenter werden.⁶⁵ Um die Jahrtausendwende sind Prozessoren in der Lage, hunderte Millionen Rechenoperationen pro Sekunde auszuführen. Das entspricht der Leistung eines Menschen, der jede Sekunde seines Lebens mit einer Kopfrechnung zubringt. Die Festplatte eines Computers kann sämtliche Gespräche speichern, die ein Mensch im Laufe eines langen Lebens zu führen vermag.⁶⁶ Tendenz stark steigend.

Auch wenn mancher Chef lautstark verkündet, ein solches Ungetüm komme ihm nicht auf den Schreibtisch, prägen Personal Computer mit ihren klobigen Röhrenmonitoren alsbald die Büroarbeitsplätze. Diese sind traditionellerweise von Frauen besetzt, nachdem die Büroarbeit lange Zeit als untergeordnete Zuarbeit verstanden wurde. Gemäß dem herrschenden Frauenbild ist das Berufsbild der Sekretärin das der dienenden Kraft, die ihrem Chef, einem Mann in aller Regel, Routinearbeiten abnimmt. Genau das verspricht man sich auch von den elektronischen Sekretärinnen. Sie sollen Schreib-, Rechen- und Buchungsmaschinen ersetzen und Verwaltungsabläufe rationalisieren. Korrespondenz am Bildschirm zu schreiben, hat den unschätzbaren Vorteil, Korrekturen einfach durchführen zu können, ohne den ganzen Brief neu tippen zu müssen. Kalkulationsprogramme haben den Vorzug, dass die Veränderung eines einzelnen Zahlenwerts automatisch zur Korrektur aller daran hängenden Werte der betreffenden Spalte führt. Und die Ablage digitaler Dokumente eröffnet wie nie zuvor die Möglichkeit rascher Suche in umfangreichen Archiven. Es sind enorme Rationalisierungspotenziale, die hier erschlossen werden. Die Prophezeiung der papierlosen Verwaltung bleibt dennoch unerfüllt. Vielerorts werden auch weiterhin Ausdrucke auf Papier gemacht und in herkömmlichen Aktenordnern abgelegt. Dafür stehen neueste Bürodrucker unterschiedlicher Bauart und Hersteller zur Verfügung, die mit einer Geschwindigkeit von einigen hundert Zeichen pro Sekunde auf Endlospapier oder auf Einzelseiten drucken.⁶⁷ In letzter Konsequenz ist es doch sicherer, über eine Papierakte zu verfügen, die nicht plötzlich verschwinden kann, was bei immateriellen Computerdateien nie ganz auszuschließen ist.

Der als Büromaschine erfundene Computer hält nach und nach auch Einzug ins Privatleben der Menschen. Dies hat seinen Ursprung vor allem darin, dass er dank seiner stetig wachsenden Kapazitäten neben der Schrift auch andere Medien verarbeiten kann. Zunächst sind dies Bilder. Die Anzeige von Bildern macht möglichst hochauflösende und hochwertige Bildschirme nötig. *Apple* bringt Farbbildschirme

---

65 https://www.wikiwand.com/de/Mooresches_Gesetz (19. Januar 2023).
66 Ritter: Die Evolution der Künstlichen Intelligenz, a. a. O., S. 39.
67 Elektronik im Büro, S. VI.

mit Trinitron-Röhren in Größen von 14, 17 und 20 Zoll und einem Seitenverhältnis von vier zu drei heraus.[68] Mit diesen Bildschirmen können nicht mehr nur einfarbige Leuchtbuchstaben angezeigt werden, sondern komplexe Farbmotive. Die Software *Quick Time* eröffnet ab Anfang 1992 die Möglichkeit, am Computer Bilder, Laufbilder und Ton zu verarbeiten und sogar Animationen zu erstellen.[69] Die Software stößt das Tor auf zur künstlerischen Verarbeitung der realen Welt und erlaubt zunehmend auch die Erschaffung einer animierten.

Gemeinsam mit *Kodak* arbeitet *Apple* an einer erschwinglichen Digitalkamera für den Massenmarkt, die 1994 unter dem Titel *Quick Take 100* herauskommt. Die Kamera verfügt über eine kleine, monochrome LCD-Anzeige auf der Rückseite, die jedoch nur den Batteriestatus, die Anzahl der gemachten Aufnahmen, die gewählte Auflösung und den gewählten Blitzmodus zeigt. Gemachte Aufnahmen zu betrachten, ist noch nicht möglich. Allerdings kann die Kamera über eine serielle Schnittstelle mit dem *Macintosh* verbunden werden, um die Aufnahmen auf den Rechner zu überspielen. Auf diese Weise können sie in Ruhe und in allen Details betrachtet und bearbeitet werden. Der *Quick Take 100* folgt das Modell *Quick Take 150* und danach gemeinsam mit *Fujifilm* auch noch ein Modell *Quick Take 200*. Trotzdem wird das Projekt von Steve Jobs nach seiner Rückkehr zu *Apple Computer* eingestellt,[70] weil es technisch noch unbefriedigende Ergebnisse liefert.[71] Ungeachtet dessen kündigt sich in der Idee, einem breiten Publikum Multimedia zugänglich zu machen, ein kommender Paradigmenwechsel an, der aber noch auf sich warten lässt.

In der Zwischenzeit erschließt Steve Jobs ein neues Gebiet von Multimedia: die Computeranimation. Nach seinem erzwungenen Ausscheiden bei *Apple Computer* 1986 hat er nicht nur die Computerfirma *NeXT* gegründet, sondern auch um 10 Millionen Dollar von dem Filmregisseur George Lucas die Animationsabteilung *Graphics Groups* der *Lucasfilm* erworben. Daraus entsteht die Produktionsfirma *Pixar Animation Studios*, die dreidimensional modellierte Animationsfilme herstellt. *Pixar* verwendet dazu die Software *Render Man* und zur Verarbeitung der enormen Datenmengen einen speziellen Supercomputer, den *Pixar Image Computer*. Überzeugt davon, dass die digitale Bildbearbeitung in absehbarer Zeit „explodieren" werde, will Jobs die kostspielige Spezialhardware vermarkten.[72] Er beauftragt deshalb den Animationspionier John Lasseter damit, ein Demo-Produkt herzustellen. Das Ergebnis ist *Luxo Jr.*, ein rührender Film über eine kleine, mit einem

---

68 https://en.wikipedia.org/wiki/Apple_displays (19. Januar 2023).
69 https://de.wikipedia.org/wiki/QuickTime (19. Januar 2023).
70 https://de.wikipedia.org/wiki/Apple_QuickTake (19. Januar 2023).
71 Erdmann: „One more thing", S. 145.
72 Gartz: Die Apple-Story, S. 221–222.

Ball spielende Schreibtischlampe, der deutlich macht, wie viel Emotionalität computergenerierte Animation zu wecken fähig ist. Der Kurzfilm wird für den Oscar nominiert. Doch die Nachfrage nach dem Supercomputer hält sich in Grenzen, lediglich die *Walt Disney Company* nimmt einige Anlagen ab.

Nach dem Motto „computerpower to the people"[73] überlegt Jobs in der Folge, *Pixars* Software am Consumer-Markt zu vermarkten, doch erweist sich dieses Werkzeug als viel zu komplex dafür. Am Ende versucht er, die ganze Firma, die jahrelang defizitär arbeitet, zu verkaufen, doch findet sich kein Käufer.[74] Zum Glück für ihn, denn ein Angebot der Disney-Studios, abendfüllende Animationsfilme für sie zu produzieren, bringt die Wende. In den 1990er-Jahren entstehen unter der Leitung von Lasseter animierte Kinofilme wie *Toy Story*, in dem zum Leben erwachte Spielzeuge die Hauptrollen spielen.[75] Noch vor der Premiere legt Jobs den Börsengang von *Pixar* fest, wofür er in Finanzkreisen belächelt wird.[76] *Toy Story* wird jedoch ein riesiger Erfolg und dadurch auch der Börsengang. Jobs wird über Nacht zum Milliardär.[77] Computeranimierte Filme weisen den Weg in die Kinozukunft und lassen ihre Vorgänger, den Zeichentrick- und den Puppentrickfilm, buchstäblich alt aussehen.

---

73 Gartz: Die Apple-Story, S. 223.
74 Blumenthal: Steve Jobs, S. 187.
75 Gartz: Die Apple-Story, S. 221–224.
76 Blumenthal: Steve Jobs, S. 190–192.
77 Gartz: Die Apple-Story, S. 225.

Eine Adresse im Netzwerk: vom E-Mail zu Social Media

Neben dem Personal Computer erwächst das globale Netzwerk zur zweiten Säule der digitalen Revolution; ein Netz, dessen Anfänge weit zurückliegen. Ab den 1960er-Jahren nimmt unter der Leitung des *Massachusetts Institute of Technology* und des US-Verteidigungsministeriums das *ARPA-Net* (für „Advanced Research Project Agency Network") Gestalt an. Es verbindet verschiedene amerikanische Universitäten, die für das Verteidigungsministerium forschen, über Telefonleitungen miteinander: zunächst das *Stanford Research Institute*, die *University of Utah*, die *University of California, Los Angeles* und die *University of California, Santa Barbara*.[1] Dahinter steht die Idee, ein Netzwerk zu schaffen, das ständig aktiv ist und sich dabei anstatt auf einen kostspieligen großen Computer auf mehrere kleine stützt, wobei es dynamisch immer auf jene zurückgreift, die gerade gering ausgelastet sind.[2] Das Netz wächst allmählich und bildet die Keimzelle eines viel größeren Netzwerks, das sich ab den 1970er-Jahren entfaltet, wenngleich es zunächst nicht allgemein zugänglich ist.

Vor diesem Hintergrund entsteht ein von Spezialisten getragenes, anarchisches Hackertum, das es sich zur Aufgabe macht, über das öffentliche Telefonnetz in alle möglichen angeschlossenen Computersysteme einzudringen – oft nur, um zu zeigen, dass dies möglich ist. Da mit Vorliebe in die Netzwerke von Regierungsbehörden eingebrochen wird, landet manch einer für Jahre im Gefängnis.[3] Der Journalist Steven Levy beschreibt in seinem 1984 erschienenen Buch *Hackers: Heroes of the Computer Revolution* einige Regeln der „Hacker-Ethik". Vorweg steht die Forderung nach unbegrenztem Zugang zu Computern und zu freier Information. Autoritäten wird misstraut, Dezentralisierung gefordert. Computer werden als Instrumente verstanden, die Kunst und Schönheit schaffen und das Leben zum Besseren wenden können. Seitens des Gründers des deutschen *Chaos Computer Clubs* Wau Holland (eigentlich Herwart Holland-Moritz) kommen zwei weitere Regeln hinzu: Nicht in die Daten anderer Leute müllen und öffentliche Daten nützen, private aber schützen.[4] Tatsächlich nimmt die Schutzbedürftigkeit privater Daten im rasch wachsenden Netzwerk zu. Schadsoftware verbreitet sich, die Computer angreift. Hinter der Verbreitung solcher „Viren" stehen mitunter kriminelle Motive. Zu ihrer Bekämpfung entwickeln der Amerikaner Fred Cohen, der sich mit

---

1 https://de.wikipedia.org/wiki/Arpanet (19. Januar 2023).
2 Friedewald: Der Computer als Werkzeug und Medium, S. 224.
3 Aust/Amann: Digitale Diktatur, S. 211.
4 Stöcker: Nerd Attack! S. 87.

Internetsicherheit beschäftigt und den Begriff des Computervirus einführt, sowie der Russe Jewgeni Walentinowitsch Kasperski und der Amerikaner John McAfee Software, die Viren aufspürt und unschädlich macht.[5]

Angesichts dieser Entwicklung geraten Hacker, die zu den ersten Privatpersonen zählen, die die digitale Terra incognita durchstreifen, ins Visier der Behörden. Als im Januar 1990 das gesamte Telefonnetz der großen amerikanischen Telefongesellschaft *AT&T* ausfällt, werden Hacker verdächtigt, dafür verantwortlich zu sein, obwohl der Zusammenbruch – wie sich später herausstellt – auf fehlerhafte Software zurückgeht. Das *United States Secret Service* geht landesweit gegen Hacker vor. Neben anderen wird der Songtexter John Perry Barlow befragt – von einem Beamten ohne jede Fachkenntnis, wie Barlow konstatiert. In der Folge formiert Barlow eine Bürgerrechtsbewegung des „Cyberspace", wie der digitale Raum in Anlehnung an den amerikanischen Science-Fiction-Autor William Gibson genannt wird.[6] Gemeinsam mit dem ebenfalls betroffenen Softwareentwickler Mitchell Kapor gründet Barlow im Juli 1990 die *Electronic Frontier Foundation*, die es sich zur Aufgabe macht, rechtliche Auseinandersetzungen zu unterstützen, die beweisen sollen, dass das Vorgehen des *Secret Service* gegen die Internetaktivisten einen verfassungswidrigen Eingriff in die Meinungs- und Publikationsfreiheit darstellt.[7] Für Barlow steht die Freiheit des Cyberspace auf dem Spiel. Er fürchtet um die gerade erst entstehende Landschaft, die er mit dem amerikanischen Wilden Westen vergleicht: riesig, nicht kartografiert, vieldeutig und sprachlich knapp, schwer zu bereisen und doch für jedermann zu haben, wenn auch von großen Institutionen für sich reklamiert, so doch von freien Individuen bevölkert, ein Nährboden für Gesetzlosigkeit wie für Freiheitsutopien.[8]

Doch wie in der Realität droht auch dem virtuellen Wilden Westen die Regulierung durch die Zivilisation. Entschieden wendet sich Barlow 1996 in seiner „Unabhängigkeitserklärung des Cyberspace" gegen staatliche Zensurversuche. Als Vertreter der Vergangenheit seien die Regierungen der industriellen Welt im Cyberspace nicht willkommen. Ihre Regeln und Normen aus der überkommenen Welt des Materiellen würden nicht mehr gelten, da hier eine „Zivilisation des Geistes" entstehe, die „humaner und gerechter" sei, als die Welt es bisher war.[9] Kapor

---

5 Stiftung Deutsches Technikmuseum Berlin (Hg.): Netz-Dinge, S. 83.
6 https://de.wikipedia.org/wiki/Cyberspace (19. Januar 2023).
7 https://de.wikipedia.org/wiki/Electronic_Frontier_Foundation (19. Januar 2023). Barlow: Wein ohne Flaschen, a. a. O., S. 103.
8 Stöcker: Nerd Attack! S. 113–114.
9 https://de.wikipedia.org/wiki/Unabh%C3%A4ngigkeitserkl%C3%A4rung_des_Cyberspace (19. Januar 2023). Palfrey/Gasser: Generation Internet, S. 342; Stiftung Deutsches Technikmuseum Berlin (Hg.): Netz-Dinge, S. 132.

skizziert ein „benutzerfreundliches Multimedia-Internet" über Glasfasernetz mit praktisch unbegrenzter Kapazität und Reichweite:

> Die Nutzungsweisen dieses Netzwerks wären wie unterschiedliche Mischungen aus Fernsehen, Radio, Telefonen, Computern, Magazinen, Massen-Mailings, CB-Funk – ein neues Medium von solcher Flexibilität und Macht, dass man tatsächlich nicht vorhersagen kann, wie es genau sein wird.[10]

Aus einer Struktur, die der junge britische Informatiker Tim Berners-Lee 1989 für das in der Schweiz angesiedelte Europäische Kernforschungszentrum *CERN* geschaffen hat, um raschen Datenaustausch zwischen unterschiedlichen Wissenschaftsstandorten zu ermöglichen, entwickelt sich ein weltweites Netzwerk. Es setzt sich aus unzähligen Computernetzen zusammen, eröffnet der breiten Öffentlichkeit Zugang und wird „World Wide Web" (WWW) genannt. Es wird von keiner übergeordneten Instanz gesteuert, beruht lediglich auf vereinbarten Standards wie dem „Hypertext Transfer Protocol" (HTTP), welches die Übertragung von Daten festlegt, der „Hypertext Markup Language" (HTML) für die Darstellung von Dateien und dem „Uniform Resource Locator" (URL) zur eindeutigen Adressierung einer Webseite.[11]

Nicholas Negroponte, Professor am *Massachusetts Institute of Technology*, prophezeit dem Netz eine rasante Ausdehnung.[12] Ein 1994 am *Massachusetts Institute of Technology* von Berners-Lee eingerichtetes „World Wide Web Consortium" schlägt allgemeingültige Standards vor, damit sich die Entwicklung nach einheitlichen Kriterien vollzieht.[13] Im selben Jahr offeriert die Firma *Netscape Communications* mit dem *Netscape Navigator* eine „Browser"-Software.[14] Es ist eine grafische Benutzeroberfläche, die neben eingefleischten Programmierern auch einem breiten Publikum den Zugang zum Internet eröffnet. Als weltweit größtes Online-Portal dieser Zeit bietet *CompuServe* die Möglichkeiten des „Online-Chats", des „Electronic Mails", der Teilnahme an „Special Interest Groups", aber auch des Speicherns von Daten in einer „Cloud",[15] also im Netz. Es bieten sich völlig neue Möglichkeiten. Howard Rheingold verweist darauf, dass man nicht einfach den Telefonhörer abnehmen und verlangen könne, mit jemandem verbunden zu werden, der über islamische Kunst reden will oder über kalifornischen Wein, oder mit jemandem, der

---

10 Zit. n.: Stöcker: Nerd Attack! S. 105.
11 Hughes: Zugang zum World Wide Web; a. a. O., S. 201, S. 203, S. 205; https://de.wikipedia.org/wiki/Hypertext_Transfer_Protocol (19. Januar 2023).
12 Negroponte: Total digital, S. 222.
13 https://de.wikipedia.org/wiki/Tim_Berners-Lee (19. Januar 2023).
14 https://de.wikipedia.org/wiki/Netscape_Navigator (19. Januar 2023).
15 https://de.wikipedia.org/wiki/Compuserve (19. Januar 2023).

eine dreijährige Tochter hat oder einen vierzigjährigen Oldtimer; im Netz könne man hingegen zu jedem dieser Themen eine Diskussionsrunde finden.[16]

Im Zeichen eines neoliberalen Zeitgeistes entpuppt sich das Netz jedoch weniger als Electronic Agora denn als Electronic Marketplace.[17] Einer der Apologeten des Marktes ist Bill Gates, der sich als profunder Visionär erweist. Im Jahr 1995 erscheint sein Buch *Der Weg nach vorn. Die Zukunft der Informationsgesellschaft*, in dem er beschreibt, wie grundlegend der „Information Highway", wie er das entstehende Netzwerk nennt, die Gesellschaft verändern werde. Ausgehend von der Tatsache, dass der Bau der Highways und die Automobilisierung in den USA der Zeit nach dem Zweiten Weltkrieg viele Menschen ermutigt habe, aus den Innenstädten in die Vororte zu ziehen, entwickelt Gates die Vision, dass der künftige Information Highway solche räumlichen Distanzen kompensiere und deshalb erhebliche Konsequenzen auf die Entwicklung der großen Städte zeitigen werde: Würden Angestellte ein, zwei Tage pro Woche von zu Hause aus arbeiten, hätte dies Auswirkungen auf den Benzinverbrauch, die Luftverschmutzung und die Verkehrslage.[18] Für Gates ist der Information Highway nicht weniger als eine vollkommen neue Art, den Alltag der Gesellschaft zu organisieren. Er werde private Anschlüsse bieten, dabei die Vorzüge des Telefonnetzes und jene des Kabelfernsehnetzes auf sich vereinigen, auf Gegensprechverkehr ausgelegt sein und eine hohe Übertragungskapazität aufweisen, sodass pro Haushalt gleichzeitig mehrere Fernsehgeräte oder Personal Computer im Netz betrieben werden könnten.[19] Dadurch würden vielfältige Anwendungen möglich:

> Eines nicht allzu fernen Tages wird es Ihnen möglich sein, Geschäfte zu betreiben, zu lernen, die Welt und ihre Kulturen zu erkunden, ein beliebiges Unterhaltungsprogramm aufzurufen, Freunde kennenzulernen, in der Nachbarschaft einzukaufen und Verwandten in der Ferne Bilder zu zeigen, ohne daß Sie Ihren Schreibtisch oder Ihren Lehnstuhl verlassen müssen.[20]

Dies fällt 1995 noch unter Science-Fiction! Und:

> Durch eine virtuelle Galerie zu navigieren wird nicht wie der Gang durch eine reale Kunstgalerie sein, aber doch eine annehmbare Annäherung – wie ein Ballett oder ein

---

16 Wertheim: The Pearly Gates of Cyberspace, S. 227.
17 Kaerlein: Smartphones als digitale Nahkörpertechnologien, S. 112.
18 Gates: Der Weg nach vorn, S. 227–228.
19 Ebd., S. 154.
20 Ebd., S. 19.

Basketballspiel im Fernsehen sehr unterhaltsam sein kann, obwohl es nicht das Live-Erlebnis im Theater oder im Stadion ersetzt.[21]

Gates skizziert eine schöne neue Medienwelt, spricht von einer neuen Zeit, aufregender als alles, was bisher gewesen sei. Er übernimmt bei *Microsoft* die Funktion eines „Chief Software Architects" und macht sich Gedanken darüber, wohin die Entwicklung gehen und welche nützlichen Software-Werkzeuge sein Unternehmen beistellen könnte.[22] Dafür investiert *Microsoft* jährlich mehr als 100 Millionen Dollar in Forschung.[23] Eine 1996 eingerichtete *Internet Platform and Tools Division* soll sich den neuen Herausforderungen stellen.[24] Erklärtes Ziel ist es, das Web zum „Everyday Web" zu machen. Es soll ein integraler Bestandteil des Alltagslebens werden. Von zentraler Bedeutung ist dabei der Zugang zu den unbekannten Weiten der neuen Welt, der durch Browser-Software geschaffen wird. Am verbreitetsten ist zunächst der *Netscape Navigator*. Ein Browser von *Microsoft* namens *Internet Explorer* erscheint im Rahmen des neuen Betriebssystems *Windows 95* und gewinnt in *Windows 98* an Bedeutung. Eingebettet in ein umfassendes Betriebssystem, kann er sich am Markt letztlich gegen den *Netscape Navigator* durchsetzen.[25] Die Versuche, die *Microsoft* unternimmt, durch Monopolisierung auf dem weitgehend noch unbestellten Feld so viel Boden wie möglich abzustecken, führen jedoch zu Gerichtsverfahren, angestrengt von Konkurrenten, die *Microsoft* zwingen wollen, an seiner Software auch ihre Browser andocken zu lassen. *Microsoft* zahlt in vielen Prozessen hohe Summen für außergerichtliche Einigungen, gewinnt aber am Ende den „Browserkrieg".[26]

Zentrale Bedeutung erhält auch das E-Mail. Ab 1997 bietet *Microsoft* das Mailprogramm *Outlook* an, das im Bürosoftwarepaket *Office* enthalten ist und neben persönlicher Zeitplanung und Adressenverwaltung elektronischen Mailverkehr abzuwickeln erlaubt.[27] Wieder ist das *Microsoft*-Produkt nicht das einzige am Markt, aber dank der Marktmacht der Firma bald das dominierende, zumal E-Mailing beim Publikum auf unerwartet große Resonanz stößt. Eine E-Mail-Adresse im weltweiten Netzwerk erlaubt dem Individuum, elektronische Post zu empfangen und zu versenden. Dabei werden die Mails nicht an Orte, sondern an Menschen – genau genommen an Geräte – gesendet, egal wo sich diese befinden.[28] Man kann sie zu

---

21 Ebd., S. 126.
22 Inside Out, S. 245.
23 Gates: Der Weg nach vorn, S. 330.
24 Inside Out, S. 159.
25 Ebd., S. 61, S. 159; https://de.wikipedia.org/wiki/Internet_Explorer (19. Januar 2023).
26 https://de.wikipedia.org/wiki/Browserkrieg (19. Januar 2023).
27 Inside Out, S. 52; https://de.wikipedia.org/wiki/Microsoft_Outlook (19. Januar 2023).
28 Negroponte: Total digital, S. 236.

Hause empfangen oder im Büro. Wo immer du gerade bist, deine Post findet dich! Das E-Mail ist persönlich, jederzeit verfügbar, funktioniert praktisch in Echtzeit, sodass eine Antwort umgehend erfolgen kann, aber nicht muss. Es kann genauso gut Stunden später beantwortet werden, weil es geduldig im Postfach liegen bleibt, bis sich jemand seiner annimmt. E-Mails sind zudem unvergleichlich preiswert, da Portokosten ebenso wie Kosten für Briefpapier und Kuverts oder Ausgaben für Telegrammgebühren entfallen. Galt ein Telegramm nach Amerika früher als Inbegriff von Luxus, so kostet ein E-Mail dorthin praktisch nichts und ist viel einfacher und rascher zu senden. Durch das billige E-Mail gewinnt die schriftliche Korrespondenz an Bedeutung, wenngleich nicht unbedingt die Rechtschreibung, die oft dem Zwang zur raschen Abwicklung nachgeordnet wird. Die Kleinschreibung setzt sich – wie es heißt der höheren Effizienz wegen – nicht vollständig, aber doch in einer Breite durch, wie dies bei der handschriftlichen Briefkorrespondenz undenkbar war. Überdies können per E-Mail neben Text- bald auch Bilddateien ausgetauscht werden, was zu seiner Verbreitung beiträgt.

Der neue Korrespondenzkanal ist aus dem Geschäftsleben, bald auch aus staatlichen Verwaltungen, vor allem aber aus dem Privatleben nicht mehr wegzudenken. Gleichzeitig treten frühere Formen der Korrespondenz in den Hintergrund. Angesichts der explodierenden Verbreitung von Texten, die auf Tastaturen entstehen, wird sogar das Ende der Handschrift prophezeit. Das ist zwar eine überzogene Prophezeiung, doch verschwinden handgeschriebene Briefe zumindest weitgehend aus dem Alltag und mit ihnen die Sensibilität für sparsames Kommunizieren im Sinne des Notwendigen. Ein händisch geschriebener Brief muss kuvertiert, frankiert und durch einen Menschen zugestellt werden und verursacht entsprechende Kosten. Dies wird im digitalen Zeitalter obsolet; Korrespondenz wird inflationär.

In Wahrheit ist aber auch das E-Mail nicht umsonst. Der Betrieb des Netzwerks verbraucht viel Energie und verursacht in Summe eine erhebliche Umweltbelastung. Außerdem zeitigt das E-Mail soziale Folgen. Kritik wird laut, dass die personale Kommunikation von den „Neuen Medien", wie der Computer und seine Peripherie genannt werden, zurückgedrängt werde und es zu einer Isolation des Individuums komme. Die elektronische Korrespondenz werde zu einem künstlichen Ersatz für zwischenmenschliche Kommunikation.[29] Die Gefahr wird beschworen, dass digitale Medien zur Vereinzelung anstatt zur Gemeinschaftlichkeit führten. Doch auch das scheint zu einfach gedacht. Denn die neuen digitalen Medien sind nicht bloß Ursache, sondern auch Symptom der gesellschaftlichen Entwicklung. Es ist eine Zeit zunehmender Individualisierung. Die Zahl an Single-Haushalten steigt, während Großfamilien immer seltener werden und Mitgliedschaften in diversen

---

29 Brückmann: Datennetze; a. a. O., S. 183.

Abb. 4   Steve Jobs und Bill Gates, Pioniere des digitalen Zeitalters (2007) © Wikimedia Commons, CC BY 2.0, Joi Ito.

Vereinigungen zurückgehen. Die Digitalisierung ist nicht die Ursache dieser Entwicklung – im Gegenteil, etablieren sich im Internet doch auch Plattformen für neue Sozialkontakte, die den Verlust der alten kompensieren.[30] Das heißt, die neuen Medien sind auch als Reaktion auf die soziale Vereinsamung in der modernen Industriegesellschaft anzusehen.

Das bald nur noch „Internet" genannte Netzwerk wächst im ausgehenden Jahrtausend schnell an. Immer mehr „Homepages" und „Websites" entstehen, mit unterschiedlichen Inhalten, erstellt von Unternehmen und Institutionen wie auch von Privatpersonen. Das „Web-Browsing", das Flanieren durch die elektronische Landschaft des Cyberspace, gewinnt an Beliebtheit. Das Internet wird zu einer öffentlichen Sphäre, bevölkert von Millionen Menschen aus aller Welt. „Digital Immigrants" werden jene Generationen an Erwachsenen genannt, die sich die neue Logik mehr oder weniger mühsam aneignen müssen. Im Gegensatz dazu stehen die „Digital Natives", die Generationen derer, die mit dem Internet aufwachsen. Sie nehmen die Angebote im Netz als selbstverständlich an, unterscheiden hinsichtlich

---

30 Turkle: Leben im Netz, S. 286.

ihrer Identität bald nicht mehr zwischen online und offline,[31] nutzen einfach die Möglichkeiten, die sich ihnen zur Erweiterung ihres Sozialllebens bieten.

Mit dem Anwachsen des Internets einher gehen Versuche, das wuchernde Angebot zu ordnen. Jerry Yang und David Filo bringen Anfang 1994 unter dem Titel *Jerry und David's Guide to the World Wide Web* einen Dienst heraus, der ein thematisch geordnetes Verzeichnis bietet, um der Öffentlichkeit die Masse an Information zu erschließen. Kurze Zeit später wird dieser Dienst umbenannt in *Yahoo! Search*. Wegen der ungeheuren Wachstumsdynamik des Internets, das seine Bestände in kurzer Zeit verdoppelt, führen solche Themenkataloge aber nicht zum Ziel.[32]

Einige Jahre danach geht eine von Larry Page und Sergey Brin entwickelte Suchmaschine der 1998 im kalifornischen Menlo Park gegründeten und danach in Palo Alto und in Mountain View residierenden Firma *Google* ans Netz.[33] Auch ihre Suchmaschine soll den Surfenden helfen, sich in den Weiten des Netzes zurechtzufinden. Aber anders als bei *Yahoo*, wo hunderte Beschäftigte an einer thematischen Gliederung der Webseiten arbeiten, legen bei *Google* eigenständig arbeitende Suchprogramme, genannt „Webcrawler", Indizes an. Auf diese Weise können im Falle einer Suchanfrage nach einem bestimmten Schlagwort in Sekundenbruchteilen seitenweise Auflistungen von Einträgen angezeigt werden, hinter denen sich zum Thema passende Dokumente verbergen. Die angezeigte Liste besteht aus „Hyperlinks",[34] das heißt, ein Klick auf den betreffenden Titel bewirkt, dass man direkt zum Dokument gelangt.

Probleme, mit denen die aufstrebende Firma *Google* anfangs kämpft, sind der rasch steigende Bedarf an Rechnern. Auch die Betriebssicherheit ist gering. Abstürze sind an der Tagesordnung, zumal in der Regel billige Geräte verwendet werden, angekauft in großer Stückzahl zum Diskonttarif, um die Ausgaben zu begrenzen. Fällt einer der als Server rund um die Uhr laufenden Rechner aus – was bei billigen Geräten häufiger der Fall ist –, haben die Mitarbeiter sogleich ins Büro zu fahren, selbst nachts, um die Panne zu beheben. Das Ausfallsrisiko der Computer stellt nicht zuletzt deshalb ein großes Problem dar, da durch jeden Ausfall Lücken in der Erfassung entstehen und dadurch nicht mehr der aktuelle Stand des Internets abgebildet wird. Diese Erfassungsprobleme wachsen mit dem Internet mit, nachdem pro Jahr Milliarden an neuen Dokumenten hinzukommen. *Google* selbst beschleunigt dieses Wachstum. Schließlich ermöglicht die Existenz einer effizienten

---

31 Palfrey/Gasser: Generation Internet, S. 4.
32 Zimmer: Die Bibliothek der Zukunft, S. 255; https://de.wikipedia.org/wiki/Yahoo_Mail (19. Januar 2023).
33 Lehmann/Schetsche (Hg.): Die Google-Gesellschaft, S. 192.
34 https://bit.ly/3yzqNK5 (20. Januar 2023).

Suchmaschine, dass selbst ausgefallenste Information im Netz gefunden wird und deshalb überhaupt erst ins Netz gestellt wird.[35]

1997 zu *Apple* zurückgekehrt, erkennt Steve Jobs, dass es angesichts des Internets künftig nicht mehr ausreichen wird, Computer zu bauen. Er präsentiert 1998 die neue Gerätegeneration der *iMacs*, der fürs Internet-Zeitalter adaptierten *Macs*. Um nur 1299 Dollar angeboten, werden sie ein großer Verkaufserfolg. In nur sechs Wochen werden 278.000 Exemplare abgesetzt.[36] Ihre Beliebtheit basiert auch darauf, dass sie elegant designt und in verschiedenen Farben erhältlich sind und damit den Computer endgültig von einer grauen Gebrauchsmaschine zu einem modischen Gegenstand machen. Jobs will Computer für Menschen und nicht für Unternehmen erschaffen.[37] Er will, dass die Menschen den Computer in ihren Alltag und in ihr Privatleben integrieren. Dasselbe gilt für die ebenfalls bunten und leicht abgerundeten *iBooks*, die in der Art einer elektronischen Aktentasche überallhin mitgenommen werden können und für Anwendungen unterwegs gedacht sind. Ein ausklappbarer Griff macht sie bequem tragbar und ein Lithium-Ionen-Akku mit sechs Stunden Laufzeit bringt zeitweilig Unabhängigkeit von Steckdosen. Abgesehen von ihren funktionalen Qualitäten dienen sie auch als Statussymbole. Wie der *iMac* wird auch das *iBook* zum Verkaufsschlager.[38] Ein Grund für den Erfolg liegt darin, dass die Geräte Zugang ins weltweite Netz eröffnen. Dahingehend bietet *Apple Computer* seiner Klientel zudem eigene Internetdienste, *iTools* genannt, an, darunter 20 Megabyte Speicher in *iDisk*, Surfempfehlungen in *iReview*, sicheren Internetzugang für Kinder in *Kidsafe*, digitale Postkarten in *iCards* und schließlich einen E-Mail-Dienst, bei dem sich jedermann und jedefrau eine Adresse mit der Endung „@mac.com" zulegen kann.[39]

Jobs trifft mit seinem Sortiment den Nerv der Zeit. In den zweieinhalb Jahren, in denen er *Apple Computer* wieder führt, erlebt das Unternehmen einen richtigen Höhenflug. Der Börsenwert steigt von knapp zwei auf sechzehn Milliarden Dollar.[40] Daran mag seine visionäre Planung ihren Anteil haben, vor allem aber wohl der allgemeine Aufschwung des Internets. Es ist Gründerzeit, eine Gründerwelle rollt. So genannte „Startups" entstehen in großer Zahl – kleine Firmen, die einen steilen Aufstieg vollziehen. Um ein boomendes Unternehmen ins Leben zu rufen, muss man nicht mehr etwas anbieten, das andere Menschen kaufen wollen. Es genügt, laut dem Wirtschaftsjournalisten Ashlee Vance, eine passable Idee für ein

---

35 Levy: Google Inside, S. 56–57.
36 Erdmann: „One more thing", S. 155, S. 157.
37 Blumenthal: Steve Jobs, S. 224.
38 Erdmann: „One more thing", S. 172–173.
39 Ebd., S. 182.
40 Ebd., S. 183.

Internetprojekt zu haben, um das Kapital von zahllosen Geldgebern einsammeln zu können, die nur auf eine Gelegenheit warten, ihr Vermögen zu investieren. Es herrscht wieder Goldrausch. Spekulanten versuchen, in möglichst kurzer Zeit größtmöglichen Profit zu machen. Gier und Egoismus, so Vance, sind die leitenden Werte. Dabei ist allgemein bekannt, dass dieser rauschhafte Zustand über kurz oder lang enden und die nüchterne Realität zurückkehren werde.[41]

Im Jahr 2000 ist es so weit. Die Internetblase platzt. Zahlreiche „Dotcom"-Unternehmen, wie sie nach der Endung ihrer Internetadresse genannt werden, gehen im Zuge einer akuten Börsenkrise zugrunde und verschwinden vom überhitzten Aktienmarkt.[42] Der Reinigungsprozess vernichtet beträchtliche Vermögen, bedeutet aber nicht das Ende der Branche. Der Markt ist schließlich noch da, ein weltweit wachsender Markt sogar, der ungeahnte Geschäftsfelder bereithält. Nach einigen Jahren des Misstrauens setzt ein neuerlicher Aufschwung der „New Economy" ein, die über die klassische „Old Economy" hinauszuwachsen beginnt. Als bevorzugte Handelsware der neuen Unternehmen kristallisieren sich Daten heraus, die bei der Nutzung des Internets durch Millionen und Abermillionen von Menschen entstehen. Daten sind die Grundlage dafür, der Klientel zielgerichtet mittels Werbung Konsumgüter anbieten zu können. Daten sind der Rohstoff der digitalen Mediengesellschaft, der künftig in rauen Mengen gefördert wird, um die Wirtschaft zu befeuern. Daten sind das Erdöl der neuen Ära, sagt Edd Dumbill von *IBM*.[43]

Die Interaktivität, die durch das Internet möglich wird, verändert auch den Charakter der Webseiten grundlegend. Sie verwandeln sich von passiven Informationsspendern in interaktive Plattformen.[44] Bezeichnend für diese neue Qualität ist eine Applikation mit dem Titel *Thefacebook*, später schlicht *Facebook* genannt. Die 2004 von Mark Zuckerberg, einem Studenten der Harvard Universität, entwickelte Plattform soll es Mitgliedern eines virtuellen Freundeskreises ermöglichen, untereinander in Kontakt zu treten und gemeinsam „Zeit zu verschwenden", wie der Gründer meint.[45] Ein solcher Kreis entsteht durch Freundschaftsanfragen, die angenommen oder abgelehnt werden können. Die Angehörigen des Kreises verfügen über einen „Account", ein Konto, und präsentieren sich einander mit Namen, Adresse, Telefonnummer, geben Auskunft über besuchte Schulen, Jobs, Hobbys, Lieblingsmusik, Lieblingsbücher, selbst über den Beziehungsstatus. Es

---

41 Vance: Elon Musk, S. 17.
42 Jergitsch: Die Geister, die ich teilte, S. 52–53; https://de.wikipedia.org/wiki/Dotcom-Blase (19. Januar 2023).
43 Herlitschka: „Push-Button", a. a. O., S. 105.
44 Stiftung Deutsches Technikmuseum Berlin (Hg.): Netz-Dinge, S. 134.
45 Frenkel/Kang: Inside Facebook, S. 34.

geht bei dieser recht banalen Anwendung vor allem um Sozialbeziehungen und Selbstdarstellung. Ich bin im Netz, also bin ich!

Verbreitet sich *Facebook* ursprünglich im studentischen Milieu von Universitäten wie *Stanford*, *Yale* und *Columbia*, so reicht die Mitgliedergemeinde bald weit darüber hinaus. Ende 2005 zählt sie bereits fünfeinhalb Millionen Menschen. Der Webdienstleister *Yahoo* zeigt sich an *Facebook* interessiert und bietet die sagenhafte Summe von einer Milliarde Dollar für das aufstrebende Unternehmen, das noch keinerlei Einkünfte erwirtschaftet. Doch Zuckerberg schlägt das Angebot aus.[46] Von dem Gedanken beseelt, das Ende der Privatheit sei gekommen, glaubt er an die Zukunft seiner Plattform, die sich für Jugendliche über 13 Jahre öffnet.[47] In weiterer Folge wird diese neue Form von Sozialkontakten im Netz zur Selbstverständlichkeit für junges Publikum auf der ganzen Welt.

Für die steigende Zahl an Mitgliedern ist *Facebook* zudem bald nicht mehr nur ein Kommunikationskanal, sondern auch ein Portal für Neuigkeiten. Ab 2006 ist die „Newsfeed" genannte Funktion aktiv. Durch sie werden jedem Mitglied auf seinem Account *Facebook*-Einträge von Personen aus seinem Freundeskreis eingespielt. Zuvor hat man noch aktiv auf der Seite eines Freundes oder einer Freundin nachschauen müssen, um zu erfahren, ob sich der Beziehungsstatus geändert hat; jetzt bekommt man solche Änderungen automatisch geliefert.[48] Dahinter steht die Absicht, das *Facebook*-Angebot insgesamt bunter und breiter zu machen, um die Mitglieder länger auf der Plattform verweilen zu lassen, was höhere Werbeeinnahmen verspricht. Schließlich zeichnet sich mit Werbung eine künftige Finanzierungsform für *Facebook* ab.[49]

Doch die Folge ist zunächst Protest hunderttausender Mitglieder, die ihr Privatleben nicht automatisch veröffentlicht sehen wollen. Unter dem Titel *Students Against Facebook News Feed* nimmt eine eigene *Facebook*-Gruppe Gestalt an, die binnen kurzer Zeit mehr als 700.000 Mitglieder zählt. Zuckerberg muss reagieren. Neue Privacy-Einstellungen werden geschaffen, damit jedes Mitglied künftig selbst entscheiden kann, wer was von ihm zu sehen bekommt.[50]

Anfang 2009 bietet *Facebook* den durch einen gehobenen Daumen symbolisierten „Like-Button" und eröffnet den Mitgliedern damit die Möglichkeit, Beiträge anderer Personen, die in ihrem Newsfeed eingelangt sind, zu bewerten. Dabei handelt es sich um persönliche Status-Updates, Kommentare, Fotos, Videos. Im Jahr danach erweitert *Facebook* die Like-Funktion auf jede beliebige Webseite. Fortan kann man mit seinen Freunden auf diesem Weg auch Links auf interessante Seiten

---

46 Ebd., S. 43–44.
47 Jergitsch: Die Geister, die ich teilte, S. 43.
48 Palfrey/Gasser: Generation Internet, S. 282–283.
49 Jergitsch: Die Geister, die ich teilte, S. 59.
50 https://en.wikipedia.org/wiki/Privacy_concerns_with_Facebook (19. Januar 2023).

teilen. Das Liken einer Seite hat zur Folge, dass sie im Newsfeed aller Mitglieder des Freundeskreises erscheint. Außerdem wird die Anzahl derer angezeigt, die den Inhalt bereits gelikt haben, samt einer Auflistung der betreffenden Mitglieder.[51] Im Newsfeed jedes Gruppenmitglieds erscheinen dann all die verschiedenen Inhalte, gereiht durch den Algorithmus entsprechend den Vorlieben des betreffenden Mitglieds, die aus seinen Freundschaftsbestätigungen oder gegebenen Likes abgeleitet werden.[52]

Facebook profitiert von den Likes, durch welche sich das Individuum in seinen Eigenschaften noch viel schärfer profilieren lässt als bisher. Neben den Daten, die die Mitglieder freiwillig geben wie Name, Geschlecht oder Teilhabe an bestimmten Gruppen und hochgeladenen Fotos, die weitere Details zur Person verraten, kann das Unternehmen aus den gesetzten Likes auf Eigenschaften wie Religionszugehörigkeit oder sexuelle Orientierung schließen, ohne dass die Urheber sich der Preisgabe dieser Daten bewusst sind.[53] Die Likes sind der Schlüssel zum individuellen Profil. Mit den Likes erschafft *Facebook* eine Popularitätswährung, in der fortan neben Privatpersonen auch Politikerinnen und Politiker sowie Markenprodukte bewertet werden können. Diese Bewertung ist für die angestrebte Kommerzialisierung des Unternehmens von essenzieller Bedeutung. Sie erlaubt Rückschlüsse auf die Vorlieben der Menschen, was sich werbetechnisch ausgesprochen gut verwerten lässt.

Ende 2009 zählt die Plattform 350 Millionen Mitglieder, doch hat sie einen entscheidenden Nachteil im Konkurrenzkampf um Werbekundschaft. Ihre Mitglieder sind noch immer in mehr oder weniger abgeschlossenen Freundschaftskreisen organisiert, die sich hauptsächlich mit privaten Zuwendungen bedenken, während beispielsweise der 2006 gegründete Kurznachrichtendienst *Twitter*, der, für aktuelle und schnelle Kommunikation konzipiert, telegrammartige Nachrichten, so genannte „Tweets", zum Weltgeschehen an eine Gemeinde von angemeldeten „Followern" verbreitet. Die *New-York-Times*-Reporterinnen Sheera Frenkel und Cecilia Kang vergleichen das *Facebook* dieser Tage mit einem „Versammlungsort für Diskussionen unter Freunden hinter verschlossenen Türen", während *Twitter* als „lauter, lärmiger und zunehmend überfüllter Marktplatz" beschrieben wird.[54] Die viel kleinere Plattform *Twitter* hat – zum Ärger von Zuckerberg – weitaus mehr gesellschaftliche Relevanz. Als im Juni 2009 überraschend der „King of Pop" Michael Jackson stirbt, ist dies die Stunde von *Twitter*. Der Tod des Superstars ist

---

51 https://de.wikipedia.org/wiki/Like_(Button) (19. Januar 2023).
52 Jergitsch: Die Geister, die ich teilte, S. 61.
53 Stiftung Deutsches Technikmuseum Berlin (Hg.): Netz-Dinge, S. 124.
54 Frenkel/Kang: Inside Facebook, S. 81.

weltweit Thema und bringt das Internet an seine Leistungsgrenzen.[55] Über *Twitter* kursieren in Spitzenzeiten tausende Nachrichten pro Minute. Aus aktuellem Anlass schafft *Twitter* unter dem Begriff „Hashtag" überdies die Möglichkeit, Nachrichten zu einem bestimmten Thema zu bündeln.[56]

Um gegenüber dem aufstrebenden Konkurrenten bestehen zu können, versucht Zuckerberg neuerlich, die *Facebook*-Konten seiner Mitglieder gegenüber dem Internet zu öffnen. Waren deren Posts bisher grundsätzlich privater Natur, so sollen sie künftig öffentlich sein. Zuckerberg erntet neuerlich Protest. Viele Mitglieder wollen ihr Privatleben nicht öffentlich ausgebreitet sehen, sondern unter sich bleiben, zumindest aber die Kontrolle behalten.[57] Auch die *Electronic Frontier Foundation* meldet sich besorgt zu Wort. Sie befürchtet, dass Mitglieder infolge der neuerlichen Änderungen mehr von sich preisgeben müssten, als sie zu tun beabsichtigten.[58] Die Freiheit des Internets stehe auf dem Spiel.

Zuckerberg muss einlenken, auch wenn er die Problematik Datenschutz grundsätzlich anders sieht. Er gibt sich überzeugt davon, dass Menschen der Gegenwart mehr Information miteinander teilen und damit offener umgehen wollen. Davon ausgehend, dass diejenigen, die nicht im Netz sind, der sozialen Isolation anheimfallen würden, denkt er sogar darüber nach, ob man Konnektivität, also die Möglichkeit, online zu sein, als Menschenrecht ansehen müsse.[59]

Zuckerberg, ein Humanist? Wohl kaum. Seine Mission von der Vernetzung der Welt scheint eher vom Wunsch inspiriert, zu den großen Repräsentanten der digitalen Revolution wie Bill Gates und Steve Jobs, den Ölbaronen des 21. Jahrhunderts, aufzuschließen.

---

55 https://www.focus.de/digital/internet/michael-jacksons-tod-legt-internet-lahm-twitter-wikipedia-co_id_1758813.html (19. Januar 2023).
56 Stöcker: Nerd Attack! S. 216–217.
57 Frenkel/Kang: Inside Facebook, S. 81–82.
58 Brodnig: Übermacht im Netz, S. 8.
59 Frenkel/Kang: Inside Facebook, S. 208.

Smartphone und Selfie, also bin ich

In der Zeit des Wirtschaftswunders nach dem Zweiten Weltkrieg verbreitet sich das Telefon. Lange Zeit sozial exklusiv, erobert es sich allmählich seinen Platz im Eigenheim und bringt Erreichbarkeit in den privaten Alltag. Zeitliche Unabhängigkeit erlaubt der Anrufbeantworter, der in Abwesenheit Sprachnachrichten aufzeichnet. Telefaxgeräte ermöglichen Briefe über Telefonleitungen rasch und mitunter auch an Privathaushalte zu übermitteln. Die Mobilfunktechnik macht das Telefon schließlich draht- und ortsunabhängig. Wie die Taschenuhr vor Jahrhunderten das bürgerliche Individuum von der Kirchturmuhr unabhängig gemacht und seinen Aktionsradius erweitert hat, so befreit das Mobiltelefon die Menschen seiner Epoche von den räumlichen Zwängen der drahtgebundenen Telefonie.[1] Jeder soll künftig immer und überall mit allen sprechen können.

Die Anfänge der Mobiltelefonie in den 1980er-Jahren im so genannten „C-Netz" sind noch durch hohe Kosten und voluminöse Akkumulatoren gekennzeichnet. Die schwerfälligen Apparate müssen wie ein Koffer mit sich getragen werden, was der Mobilität schwere Bürden auferlegt. In den 1990ern kommt im leistungsfähigeren „D-Netz" das handlichere „Handy", wie das Mobiltelefon hierzulande bald genannt wird, zum Einsatz. Es verbreitet sich rasch, was neben sinkenden Gerätepreisen und Nutzungstarifen vor allem an technischen Verbesserungen liegt. Es benötigt immer weniger Sendeleistung, wodurch der Stromverbrauch sinkt. Dadurch kann der Akku immer kleiner dimensioniert und ein leichteres Gerät konzipiert werden. Das Handy wird seinem Namen zusehends gerecht. Vergleichsweise kompakt, kann es in jede Jackentasche gesteckt werden. Es heftet sich an den Körper seines Trägers, seiner Trägerin, wird praktisch zu einem Körperteil, auch funktional, indem es nicht nur zur Kommunikation dient, sondern ebenso als externalisiertes Gedächtnis, das beispielsweise das persönliche Telefonnummernverzeichnis auf Abruf bereithält.[2] Es ist eine blasse Vorahnung auf das, was noch kommt.

Um seine Dienste leisten zu können, bedarf das Handy allerdings eines Mobilfunknetzes im Hintergrund. Ein solches Netzwerk besteht aus zahlreichen nebeneinanderliegenden Funkzellen und Sendemasten, so genannten „Handymasten", die die Funktion der Kirchtürme, als Landmarken die Landschaft zu dominieren, übernommen haben und heute für den Griff des Menschen nach dem Himmel stehen. Jede Zelle empfängt unentwegt Funksignale von allen in ihrem Bereich eingeschalteten Handys, wodurch diese ihre Empfangsbereitschaft signalisieren.

---

1 Kaerlein: Smartphones als digitale Nahkörpertechnologien, S. 19.
2 Ebd., S. 55.

Abb. 5 Handymasten schaffen Verbindung (hier: Berlin-Lichtenrade) © Wikimedia Commons, CC BY 3.0, Srittau.

Jeder eingehende Anruf wird von einer zentralen Computeranlage an die Zelle geleitet, in der sich das Handy der angerufenen Person befindet, und dort vom örtlichen Sender ausgestrahlt.

Im Zeitalter fortschreitender Marktliberalisierung werden solche Netzwerke auch in Ländern wie Österreich, in denen der Staat traditionellerweise eine zentrale Rolle spielt, nicht mehr durch die Post- und Telegrafenbehörde, sondern durch private Unternehmen betrieben. Sie ersteigern um Milliardenbeträge das Nutzungsrecht für bestimmte Frequenzen, um darauf ein Mobilfunknetz zu installieren. Es ist ein profitables Geschäftsfeld, das sich den Unternehmen eröffnet, vorrangig in städtischen Gebieten, wo eine hohe Nutzungsdichte hohe Rentabilität erzeugt. Nach und nach machen flächendeckende Netze mobiles Telefonieren auch in ländlichen, dünn besiedelten Regionen möglich. Dadurch ist man sogar unterwegs erreichbar, ob beruflich im Außendienst oder in der Freizeit beim Wandern am Berg, sofern es in der Gegend „Handy-Empfang" gibt. Man gewöhnt sich daran, immer und überall telefonieren zu können.

Die ständige Konnektivität hat aber eine Kehrseite. Der Aufenthaltsort von jedem aktivierten Handy ist evident und eine Ortung durch den Netzbetreiber technisch jederzeit möglich. Dies mag in Fällen der Suche nach einer vermissten Person sehr hilfreich sein, birgt jedoch die Gefahr der ungewollten Überwachung. Bewegungsdaten, wie sie vom Handy geliefert werden, verraten sehr viel über die Person dahinter. Daran entzündet sich eine Debatte bezüglich des Schutzes der

Privatsphäre.[3] Die losbrechende Lawine der Geräteverbreitung kann dies aber nicht ansatzweise aufhalten.

In den 1990er-Jahren werden die nationalen Netze auf der Basis des gemeinsamen Standards „Global System for Mobile Communication" (GSM) zu einem gesamteuropäischen Netzwerk verbunden. Der neue Standard erlaubt Sprechverbindungen über Staatsgrenzen hinweg herzustellen und bietet darüber hinaus mit dem „Short Message Service" (SMS) eine Möglichkeit, getippte Kurznachrichten von höchstens 160 Zeichen Länge zu versenden. Die kleine Tastatur der Mobiltelefone, die nicht genügend Tasten für alle Buchstaben des Alphabets aufweist, macht das Tippen jedoch umständlich, da jede Taste mehrfach belegt ist und mitunter für einen einzigen Buchstaben mehrfach gedrückt werden muss; dies und die Limitierung der Textlänge bringen eine ausgeprägte Abkürzungskultur mit sich.[4] Trotzdem wird das Schreiben von Nachrichten, kurz „Texting", zur Selbstverständlichkeit. Es bringt bei Jugendlichen eine ungeahnte Fingerfertigkeit zutage, was die Tastenbedienung mit den Daumen betrifft. Das Handy wird zentrales Objekt einer neuen „Daumenkultur".[5] Es ist dies zweifellos eine unerwartete Renaissance der schriftlichen Korrespondenz. Anfangs teuer und als unpraktisch und kindisch abgetan, ist die SMS ein paar Jahre später aus dem Alltag nicht mehr wegzudenken.[6] Immer billiger und vor allem immer verfügbar, bildet sie neben dem E-Mail einen der populären Nachfolger des elitären Telegramms und wird exzessiv für alle denkbaren Arten von Benachrichtigungen genutzt.

Das Handy verbreitet sich in allen Schichten der Bevölkerung und verändert deren Kommunikationsverhalten nachhaltig. Hat man in Festnetzzeiten schon aus Gründen des Anstands möglichst kurz telefoniert, um die Leitung nicht zu lang zu blockieren, vor allem aber wegen hoher Kosten, so entfaltet sich nun dank riesiger Bandbreiten und sinkender Tarife eine Kultur des ausgiebigen und ständigen Fernsprechens und Fernschreibens. Es geht dabei oft weniger um Information als um Kommunikation, weniger um Aktuelles als um Soziales, um das bloße Verbundensein mit Angehörigen oder Freunden. Das Handy wird ein unverzichtbarer Bestandteil des Alltags, der immer mehr Sozialkontakte abwickelt, zum Inbegriff eines neuen Lebensgefühls. Die deutsche Kommunikationswissenschaftlerin Miriam Meckel prägt den Begriff der „digitalen Bohème", die nach dem Motto lebe: „Leben ist da, wo ich Netz habe."[7] Man könnte auch sagen: Ich bin erreichbar, also bin

---

3 Aust/Amann: Digitale Diktatur, S. 149.
4 https://en.wikipedia.org/wiki/SMS (19. Januar 2023).
5 Kaerlein: Smartphones als digitale Nahkörpertechnologien, S. 175.
6 https://www.derstandard.at/story/2000141252029/30-jahre-sms-vom-aufstieg-und-fall-des-kurznachrichtendienstes (19. Januar 2023).
7 Stiftung Deutsches Technikmuseum Berlin (Hg.): Netz-Dinge, S. 63.

ich.⁸ Gleichzeitig wächst in manchen Kreisen die „Nomophobia", die „No Mobile Phobia", die für die Angst steht, das Handy verloren oder vergessen oder keinen geladenen Akku mehr zu haben.⁹ Es ist die Angst vor sozialer Vereinsamung im 21. Jahrhundert.

Der Segen der Erreichbarkeit wandelt sich bisweilen aber in einen Fluch. Per Handy ist man immer und überall erreichbar, ob man das will oder nicht. Das gilt für das Privat- wie fürs Berufsleben. Angestellte, die außerhalb der Firma arbeiten, erhalten Diensthandys oder aber sie verwenden ihre privaten Geräte auch für berufliche Belange. Die neue Freiheit bringt es mit sich, dass man dem Ruf des Geräts kaum entrinnen kann. War es früher die Regel, unterwegs nicht erreichbar zu sein, so ist es jetzt die permanente Erreichbarkeit. Das erzeugt Stress.¹⁰ Nicht abzuheben hat im Festnetz-Kontext soviel bedeutet wie ‚nicht zu Hause'. Beim Handy, das man immer bei sich hat, wird das Nichtabheben als unhöfliche Verweigerung missbilligt. Die Wissenschaftlerin Meckel kennt den Druck aus leidvoller Erfahrung. Nach Jahren beständiger Überlastung bricht sie zusammen. Burnout. In der Folge beginnt sie einige „Grundregeln der gezielten Unerreichbarkeit" umzusetzen, um ihr Leben zu entlasten.

Diese Erkenntnis beginnt sich auch in der Gesellschaft durchzusetzen. Im Zuge einer Gegenbewegung zur Handy-Tyrannei kristallisieren sich handyfreie Zonen heraus und handyfreie Zeiten – etwa im Theater, in Schulen oder im Auto. Angestellte erhalten das Recht zugestanden, in ihrer Freizeit seitens der Firma nicht erreichbar sein zu müssen. Meckel rät: „Und nimm dir die Zeit, die du brauchst. Es gibt genug davon."¹¹

Nach der Jahrtausendwende folgt das „Universal Mobile Telecommunications System" (UMTS), ein Mobilfunknetz, das auf neuen Frequenzen arbeitet und noch deutlich größere Datenmengen übertragen kann als bisherige Systeme. Die höheren Übertragungsraten erlauben neben dem „Short Message Service" den so genannten „Multimedia Messages Service" (MMS) anzubieten, mit dem auch Bilder verschickt werden können, zumal das neuartige Modell des „Kamerahandys" über eine eingebaute Kamera verfügt, mit der jederzeit Schnappschüsse gemacht werden können.

Der finnische Hersteller *Nokia*, der den Mobiltelefonmarkt dominiert, bringt 2002 mit dem Modell *7650* eines der ersten Mobiltelefone mit integrierter Kamera heraus.¹² Es könnte der Beginn eines Umbruchs sein, doch mit einer herkömm-

---

8 Kaerlein: Smartphones als digitale Nahkörpertechnologien, S. 73.
9 Aust/Amann: Digitale Diktatur, S. 151.
10 Mierzwa: Digitalisierung, Ökologie und das Gute Leben, S. 116.
11 Stiftung Deutsches Technikmuseum Berlin (Hg.): Netz-Dinge, S. 64.
12 https://de.wikipedia.org/wiki/Nokia_7650 (19. Januar 2023).

Abb. 6 Steve Jobs und das *iPhone* (2010)
© Wikimedia Commons, CC BY-SA 3.0, Matthew Yohe.

lichen Telefontastatur und einem winzigen Bildschirm ausgestattet, verweist das Gerät mehr auf die Vergangenheit als auf die Zukunft. Es verkörpert einen unauflöslichen Widerspruch zwischen der bisherigen Anforderung, möglichst leicht und klein zu sein, um in jeder Manteltasche Platz zu finden, und der neuen, über ein möglichst großes Display zu verfügen, um Bilder gut sichtbar darstellen zu können. Das klassische Handy scheitert an diesem Widerspruch.

Die Zukunft sieht anders aus, wie sich zeigt. Bei *Microsoft* geht man um die Jahrtausendwende davon aus, dass neue Software, schnelle Prozessoren, das globale Internet und die kabellose Datenübertragung das Dasein nachhaltig verändern würden. Verschiedene Endgeräte, so genannte „Devices", würden auf den Markt kommen und reichhaltige Informationsquellen erschließen wie auch Nachrichtenkanäle. Fortgeschrittene „Interfaces" würden das Interagieren durch Spracheingabe oder Gesten in weitaus natürlicherer Weise erlauben als bisher. Menschen würden ein handlich kleines, drahtlos kommunizierendes, mobiles Gerät mit sich herumtragen, das Zugang zur digitalen Welt schaffe. Dieses von Bill Gates „Wallet-PC",[13] also Taschencomputer, genannte Gerät werde als Mobiltelefon, als Digitalkamera, als Musikplayer, als Navigationsinstrument, als Webbrowser oder digitale Geldbörse fungieren. Gates blickt dieser Zukunft euphorisch entgegen und prophezeit intelligente Software, die ihm für einen Arzttermin nur jene Tage vorschlage, an denen er auch in der Stadt sei, was sein digitaler Kalender natürlich gespeichert habe. Auf kabellosem Weg bestehe ständig Verbindung zu seinem Bürocomputer oder anderen smarten Geräten und es werde möglich sein, draußen im Garten die Kinder zu filmen und die Aufnahme gleichzeitig am Computer drinnen zu speichern und gleich auch an die Großeltern zu senden.[14] Was für eine Vision!

---

13 Gates: Der Weg nach vorn, S. 114–115.
14 Inside Out, S. 244.

Den Durchbruch schafft ein paar Jahre später die Firma *Apple Computer*, die, nach einem gescheiterten Kooperationsversuch mit dem amerikanischen Mobiltelefonhersteller *Motorola*,[15] an einer Eigenentwicklung arbeitet. Im Januar 2007 kündigt Steve Jobs auf der *Macworld Conference & Expo* in San Francisco drei geheimnisvolle neue Geräte an: ein „Widescreen iPod mit Touch Control" zum Abspielen von Musik und Musikvideos, ein „revolutionäres Mobiltelefon" zum Telefonieren sowie ein „bahnbrechendes Internet-Kommunikationsgerät", das Zugang zu den reichhaltigen Angeboten des Netzes schafft. Auf der Bühne erklärt Jobs dann dem begeisterten Publikum, dass es sich dabei um ein einziges Gerät handelt: um das so genannte *iPhone*, das ultimative digitale Device, das „Internet in deiner Tasche".[16] Es kommt zur Jahresmitte 2007 in den USA in zwei Versionen auf den Markt: um 499 in der 4-Gigabyte-Version bzw. um 599 Dollar in der 8-Gigabyte-Version. Mit zusätzlich mindestens 60 Dollar monatlich für den Vertrag mit der Telefongesellschaft *AT&T* eröffnen sich die Weiten des Netzes. Schon zwei Monate später erfolgt eine drastische Preisreduktion und kurz darauf kann *Apple* auf mehr als eine Million verkaufter Geräte verweisen.[17] Mit dem *iPhone* beginnt ein neues Zeitalter in der Mediengeschichte wie auch in der Firmengeschichte von *Apple Computer*. Infolge der Hinwendung zur Mobiltelefonie ändert man den Namen in – kurz und bündig – *Apple*.

Auch wenn Modelle anderer Hersteller mit Touchscreen und Kamera schon früher auf den Markt kommen und der Begriff „Smart Phone" auf die schwedische Firma *Ericsson* zurückgeht, ist es das *iPhone*, das die moderne Entwicklung und die Vorstellung des künftigen Smartphones prägt[18] – und das letztlich die *Nokia*-Ära beendet. Das *iPhone* vollendet die Fusion zwischen Computer und Mobiltelefon, verbindet beider Kapazitäten zu einem neuen, überaus mächtigen Werkzeug. Es führt die Ära des „Personal Computings" über in eine Ära des „Intimate Computings", einer intimen, privaten Nutzung.[19]

Möglich wird dies durch revolutionäre Innovationen wie ein Touchscreen-Display, das auf das Knowhow der Firma *Finger Works* zurückgeht, die 2005 von *Apple* samt den Entwicklern übernommen wurde.[20] Das Display nimmt einen großen Teil der Geräteoberfläche ein. Dies macht eine großzügige Darstellung von Bildern möglich. Eingebaute Sensoren regulieren die Bildschirmhelligkeit auf das Nötige und dunkeln den Bildschirm selbsttätig ab, während telefoniert

---

15 Blumenthal: Steve Jobs, S. 269.
16 Erdmann: „One more thing", S. 285–286.
17 Ebd., S. 288–289.
18 Kehrbaum/Mathis/Titze: Kulturtechnik Rechnen, a. a. O., S. 229; https://de.wikipedia.org/wiki/Smartphone (19. Januar 2023).
19 Kaerlein: Smartphones als digitale Nahkörpertechnologien, S. 127.
20 Kehrbaum/Mathis/Titze: Kulturtechnik Rechnen, a. a. O., S. 220.

Abb. 7 *iPhone 3 GS* mit Box © Technisches Museum Wien.

wird, um Strom zu sparen und dadurch längere Akkulaufzeiten zu erzielen.[21] Auf der Akkulaufzeit ruht schließlich die Unabhängigkeit von ortsfester Infrastruktur und damit die ersehnte Mobilität. Darüber hinaus kann am Touchscreen jegliche Eingabemöglichkeit – unter anderem auch eine Tastatur – simuliert werden. Die eingeblendete Tastatur verweigert sich allerdings dem standardisierten Zehnfingersystem, das von der Schreibmaschine herrührt und beim PC zumindest teilweise noch Verwendung findet. An dessen Stelle tritt das Zweidaumensystem. Darüber hinaus lassen sich unterschiedliche Applikationen am Bildschirm aufrufen. Durch Tippen auf Symbole werden Programme geöffnet, nicht benötigte Elemente werden vom Schirm gewischt, lange Texte mit dem Daumen weitergescrollt. In der Bedienung durch derart natürliche Bewegungen („Gestures") entsteht eine sinnliche Alternative zum Navigieren mit der Maus, was noch viel weiteren Kreisen der Bevölkerung Zugang zum Computer verschafft, als dies der PC mit seiner grafischen Benutzeroberfläche getan hat. Auch Personen, die in ihrem Privat- und Berufsleben keine Erfahrung mit Computern haben, lassen das Smartphone in ihr Leben. In seiner simplen Bildhaftigkeit lockt und fasziniert es Menschen jeden Alters. Selbst Kinder und Kleinkinder begreifen intuitive Techniken wie das Tippen und Wischen, tun dies bemerkenswert behutsam und mit großer Begeisterung, was der Digitalisierung der Gesellschaft einen enormen Schub

---

21 Hagen: Smartphones und ihre soziale Sensorik, a. a. O., S. 265.

verleiht. Das Smartphone wird zum ständigen Begleiter des Individuums, dient als kabelloser Telegraf und Telefon samt Anrufbeantworter, als Foto- und Filmkamera, als Tonrekorder, Musik- und Videoplayer, als Schreibmaschine, Archiv und Kalender, als Spielkonsole und Kreditkarte und es legt ihm den Internetkosmos an Information und Unterhaltung buchstäblich in die Hand. Als „Fernbedienung des Lebens"[22] verwandelt es sich immer mehr in eine multifunktionale Prothese und nährt dadurch den Mythos vom Menschen als Prothesengott, der immer und überall über die ganze Welt verfügen könne.

Obwohl auch andere Hersteller konkurrenzfähige Produkte auf den Markt bringen, von denen manche dem *iPhone* technisch überlegen sind, lässt sich der trendige Konkurrent nicht verdrängen. Denn auch wenn die eingeschworene *Apple*-Gemeinde sich mit geringerer Geschwindigkeit, einer schlechteren Kamera und einem ebensolchen Display, fehlendem Multitasking sowie unzureichender Akkuleistung abmühen muss, verteidigt sie ihre Marke.[23] *Apple* ist mittlerweile der Inbegriff von Lifestyle und als solcher eine Angelegenheit fast religiösen Charakters geworden.

Das *iPhone* erhält Anfang 2008 einen vergrößerten Speicher, um mehr Musik, Fotos und Videos mit sich tragen zu können. Die neue Gerätegeneration arbeitet doppelt so schnell und kostet nur halb so viel wie die alte. Sie bietet einen raschen Zugang zu Internet und E-Mail und verfügt über eine erhöhte Akkulaufzeit von sieben Stunden Internetsurfen; zur Erfüllung von Ortungsfunktionen ist ein *GPS*-Chip integriert.[24] Letzterer erlaubt mithilfe des *Global Positioning Systems*,[25] eines vom amerikanischen Militär errichteten Satellitennetzwerks, den Standort auf der Erde zu bestimmen. Die aktuelle Position wird auf der digitalen Landkarte am Display samt Wegbeschreibungen angezeigt. 2009 erhält das *iPhone* einen integrierten digitalen Kompass, der auf Grundlage der Landkartenapplikation *Google Maps* dafür sorgt, dass die Karte immer an der eigenen Blickrichtung ausgerichtet wird.[26] Dadurch wird das Gerät auch ein höchst effizientes Navigationsinstrument. Darüber hinaus bietet *Apple* in seinem *App Store* tausende Applikationen („Apps") für das *iPhone*.[27]

Im Unterschied zu emanzipatorischen Visionen des *Intimate Computings* der 1970er-Jahre, die eine aktive, lehrhafte Nutzung eines körpernahen Computers ersehnten, muss sich die von *Apple* umgesetzte Intimisierung jedoch den Vorwurf

---

22 Stiftung Deutsches Technikmuseum Berlin (Hg.): Netz-Dinge, S. 72.
23 Erdmann: „One more thing", S. 346.
24 Ebd., S. 332–333.
25 https://de.wikipedia.org/wiki/Global_Positioning_System (19. Januar 2023).
26 Erdmann: „One more thing", S. 337.
27 https://de.wikipedia.org/wiki/App_Store (19. Januar 2023).

bloßer Konsumorientierung gefallen lassen.[28] Nicht die Menschen und ihr Wohl und Fortkommen stünden im Fokus, sondern der Profit des Konzerns.

Mit der flächendeckenden Verbreitung des Smartphones einher geht eine Blüte der visuellen Selbstdarstellung. Es ist jetzt eine Selbstverständlichkeit, Schnappschüsse aus dem eigenen Alltag zu machen und gleich auch zu verschicken. Zumal das Fotografieren einfach ist wie nie zuvor und dabei trotzdem von hoher Qualität. Es ist keine Blende zu wählen, keine Schärfe einzustellen, keine Belichtungszeit festzulegen.[29] Hinhalten und auf den Button am Screen drücken; der Rest erledigt sich vollautomatisch. Das Fotografieren wird endgültig zur Massenkultur. Digitale Fotos können reihenweise gemacht und wenn gewünscht gleich auch wieder gelöscht werden. Während bei der analogen Fotografie jede Aufnahme erst entwickelt werden muss, was Zeit und Geld kostet und dazu führt, dass man es sich gut überlegt, wann und wie oft man den Auslöser drückt, funktioniert die digitale Fotografie instantan und scheinbar kostenlos. Das kamerabestückte Smartphone vollendet die Idee der Sofortbildkamera und löst den sehnlichen Wunsch vieler Menschen ein, die schönen Momente des Lebens festhalten zu können. Freilich geht das Gefühl für den feierlichen Moment verloren, wenn die Erstkommunion oder die Schultheateraufführung von unzähligen hochgereckten Smartphones verdeckt zu werden droht.[30] Das Leben wird hinter die Aufnahmen zurückgedrängt und findet scheinbar nur noch statt, um fotografiert zu werden. Ganz zu schweigen von den Langzeitfolgen für die Betroffenen: Während frühere Generationen anhand einiger alter Fotografien oder im günstigeren Fall anhand einiger Alben auf ihre Kindheit zurückblicken können, werden Kinder im dritten Jahrtausend von ihrem ersten Tag an unaufhörlich abgelichtet, um keinen der besonderen Momente zu versäumen. Wenn sie erwachsen sind, werden sie zu kämpfen haben, aus abertausenden festgehaltenen Momenten ihrer Kindheit, die in mehr oder weniger geordneten Ordnerstrukturen abgelegt sind, die schönen herauszufinden.

Die Versuchung des unaufhörlichen Fotografierens ist groß, denn die Technik lockt mit immer mehr Leistung zu immer geringeren Kosten. 2010 kommt das *iPhone 4* heraus. Es ist mit einem hochauflösenden Display und zwei Kameras ausgestattet und verwandelt sich mithilfe der Software *Face Time* in ein Bildtelefon. Mit einem Fingertipp kann man zur vorderseitigen Kamera wechseln, um dem Gesprächspartner oder der Gesprächspartnerin sich selbst zeigen zu können. Das Kommunizieren in Wort und Bild (wie es der Internetdienst *Skype* einige Jahre zuvor für den PC populär gemacht hat[31]) ist sinnlich wesentlich intensiver und

---

28 Kaerlein: Smartphones als digitale Nahkörpertechnologien, S. 131.
29 Hagen: Anästhetische Ästhetiken, a. a. O., S. 100.
30 Ebd., S. 104.
31 https://de.wikipedia.org/wiki/Skype (19. Januar 2023).

Abb. 8 Das Leben verschwindet hinter dem Display © Foto: Andrzej Nowak, Pixabay.

schafft auch Barrierefreiheit, weil es Gehörlosen die Verwendung von Gebärdensprache ermöglicht. Das *iPhone 4* ist in den Vereinigten Staaten um 199 Dollar mit 16 Gigabyte Speicher und mit 32 Gigabyte um 299 Dollar zu haben und damit ausgesprochen günstig. Nur drei Tage nach dem Verkaufsstart sind 1,7 Millionen Exemplare über die Ladentische gegangen.[32]

Das neue Smartphone, das praktisch in jedem Moment des Alltags verfügbar ist und deshalb Schnappschüsse in einem Ausmaß möglich macht wie nie zuvor, wird dank seiner zweiten Kamera auch zum zentralen Instrument einer neuen Fotokultur. Bei dieser Fotokultur, die sich unter dem Begriff „Selfie" über Kulturgrenzen hinweg verbreitet, handelt es sich im Kern um eine trivialisierte Form des Selbstporträts, um ein naiv-narzisstisches Sich-selbst-Aufnehmen und Sich-Zeigen in allen denkbaren Lebenslagen zur Befriedigung eines neugierigen Schaubedürfnisses der „Community". Dabei geht es meist weniger um Dokumentation als um Stilisierung seiner selbst. In der Regel zum Posten in sozialen Netzen gemacht, verwandeln Selfies reale Personen in ihre digitalen Doubles, möglichst witzig, sympathisch und attraktiv. Vor allem für die junge „Generation Selfie"[33] wird der Austausch von inszenierten und gestylten Selbstbildnissen unverzichtbar. In extremer Form ist

---

32 Erdmann: „One more thing", S. 348.
33 Stiftung Deutsches Technikmuseum Berlin (Hg.): Netz-Dinge, S. 139.

von „Selfitis" die Rede, einem krankhaft häufigen Selbstfotografieren. Jugendliche, die übermäßig viele Selfies posten, haben oft Probleme mit ihrem Selbstwertgefühl, suchen auf diesem Weg nach Aufmerksamkeit und Bestätigung.[34]

Historisch lehnt sich die Selfie-Kultur an die touristische Konvention des Fotografierens der eigenen Person vor Sehenswürdigkeiten an, die beweisen zu wollen scheint, dass man tatsächlich dort gewesen ist. Und auch jetzt noch spielt das Selfie vor Sehenswürdigkeiten in aller Welt eine große Rolle. Zu bevorzugten „Selfie-Spots" entwickeln sich neben Hochhäusern und hohen Bauwerken eindrückliche Landschaften. Vulkankrater oder Hochgebirgsgipfel werden zum Ziel exzentrischer Selbstdarsteller, die extra anreisen, um sich vor Ort für ein Foto zu produzieren. Die 36-jährige Taiwanesin Gigi Wu macht sich einen Namen als „Bikini-Bergsteigerin", weil sie auf erklommenen Berggipfeln oftmals Fotos von sich im Bikini macht. 2019 stürzt sie im Yushan-Nationalpark in Zentraltaiwan in eine tiefe Schlucht. Zwar kann sie noch einen Notruf absetzen, dass sie sich wegen ihrer schweren Verletzungen nicht mehr bewegen könne, doch als die Retter eintreffen, ist sie bereits erfroren.[35] Es kommt häufig zu Unfällen im Zusammenhang mit Selfies, auch tödlichen. Das ultimative Motiv fordert Tribut. Mancherorts wird der Ruf nach einem Selfie-Verbot laut.

Anzumerken bleibt, dass es in der Selfie-Kultur immer weniger darum geht, zu zeigen, in touristischer Mission an einem bestimmten Ort gewesen zu sein, als im Netz präsent zu sein – möglichst spektakulär präsent zu sein. Ich bin im Netz, also bin ich! Um wahrgenommen zu werden, bedarf es immerfort attraktiver und interessanter Bildposts. Dabei hilft der „Selfie-Stick" – ein ausziehbarer Teleskopstock –, das Smartphone ein Stück weiter weg von sich zu halten, um bessere Perspektiven zu erzielen. Das ungelenke Hantieren mit dem Stock führt jedoch dazu, dass er in Museen und Gebäuden mit fragiler Inneneinrichtung und auch aus Sicherheitsgründen Passanten gegenüber vielerorts verboten wird.[36]

Das Fotografieren seiner selbst und seiner Welt bildet eine Seite der Medaille; die zweite ist das Zeigen. *Google* hat für diesen Zweck 2004 das Bildportal *Picasa* gekauft, auf das private Fotos in thematisch sortierten Webalben hochgeladen werden können. Es erscheint überaus praktisch, sich und seine Familie dort zu präsentieren, um Freunden und Verwandten die Gelegenheit zu geben, jederzeit einen Blick auf neueste Schnappschüsse zu werfen. Die Bilder können an Ort und Stelle bearbeitet, skaliert und gefiltert werden; so kann man etwa die störenden roten

---

34 https://www.stuttgarter-nachrichten.de/inhalt.snapchat-dysmorphophobie-warum-aufgehuebschte-selfies-krank-machen.116510bf-1354-4fb4-b5e2-9aca6ac060c7.html (19. Januar 2023).
35 https://www.focus.de/panorama/welt/taiwan-gipfel-drama-halbnackte-bikini-bergsteigerin-erfriert-waehrend-solotour_id_10214547.html (19. Januar 2023).
36 https://de.wikipedia.org/wiki/Selfie (19. Januar 2023).

Augen retuschieren. Darüber hinaus bietet *Google* Gesichtserkennungssoftware, wodurch Bilder einer bestimmten Person vom System erkannt und automatisch zusammengetragen werden, um sie dann in einer speziellen Rubrik „People" abzulegen. In Verbindung mit *Google Earth* können Fotos überdies mit Angaben zum Ort der Aufnahme versehen werden. Diese Zusatzoptionen dienen vor allem dem Konzern, weil sie ermöglichen, aus den privaten Fotos weitere verwertbare Informationen herauszuholen.[37]

Mit der Erweiterung der technischen Möglichkeiten des Smartphones können auch Videos aufgenommen und gepostet werden. Das im Februar 2005 von Chad Hurley, Steve Chen und Jawed Karim gegründete Videoportal *YouTube* bietet eine Möglichkeit, kostenlos private Videos im Netz zu veröffentlichen.[38] Der Name *YouTube* leitet sich von „your tube" her, also von „deine Röhre", was auf die Funktion als Plattform verweist. Schon im Jahr nach der Gründung wird die Videoplattform von *Google* gekauft, nachdem sich der eigene Dienst *Google Video* nicht durchsetzen konnte.[39] *YouTube* hingegen boomt. Alle Facetten des sozialen Daseins finden den Weg dorthin. Nichts ist zu banal, dass es nicht gefilmt und dem Freundeskreis gezeigt wird: Welche Mahlzeit man für sich zubereitet, welche Kleidungsstücke man kauft, wie die neue Wohnzimmercouch aussieht … Ganz zu schweigen von Videos von unterschiedlichen Freizeitaktivitäten. Äußerst beliebt sind Katzenvideos. 2012 geht „Grumpy Cat", die Katze mit dem mürrischen Gesichtsausdruck, um die Welt.[40] Legionen von Haustieren folgen.

Auch *Facebook* expandiert auf diesem Feld. 2012 übernimmt man für eine Milliarde Dollar die von Kevin Systrom und Mike Krieger gegründete Fotoplattform *Instagram*. Für Smartphones entwickelt, ist die Plattform einfach zu bedienen und überaus erfolgreich. Der aus den Begriffen „Instant Camera" und „Telegram" gebildete Name verweist auf die Funktion, fotografische Schnappschüsse umgehend zu zeigen. Charakteristisch sind das quadratische Format sowie die Filter, die bereitstehen, um die Aufnahmen optisch aufzupolieren. Doch ergeht Ende des Jahres die Ankündigung des neuen Eigentümers an die Mitglieder, dass sämtliche auf die Plattform hochgeladenen Privatfotos künftig kommerziell genutzt würden. Wer damit nicht einverstanden sei, müsse seine Aufnahmen binnen weniger Wochen löschen. Nach aufkommendem Protest wird der Vorstoß wieder zurückgenommen.[41]

Trotzdem bleibt Zuckerberg seinem Expansionskurs treu. Er will *Facebook* zum größten Sozialen Netzwerk der Welt machen und die ganze Weltbevölkerung vernetzen. 2014 erwirbt er um unglaubliche 19 Milliarden Dollar den 2009 gegründeten

---

[37] https://de.wikipedia.org/wiki/Picasa (19. Januar 2023).
[38] Levy: Google Inside, S. 312; https://de.wikipedia.org/wiki/YouTube (19. Januar 2023).
[39] https://en.wikipedia.org/wiki/Google_Video (19. Januar 2023).
[40] https://de.wikipedia.org/wiki/Grumpy_Cat (19. Januar 2023).
[41] https://de.wikipedia.org/wiki/Instagram (19. Januar 2023).

Messenger-Dienst *WhatsApp*, der seinen Mitgliedern ermöglicht, im Rahmen von Chats innerhalb einer definierten Gruppe augenblicklich Nachrichten samt Bildern und Videos auszutauschen. Damit sichert er sich ein weiteres riesiges Datenreservoir.[42]

Im Jahr 2015 werden weltweit fast eineinhalb Milliarden Smartphones verkauft. Das ist eine gewaltige Zahl, die auf die globalen Dimensionen verweist, die sich das smarte Gerät erobert hat. Es wird nach Personal Computer und Internet zur dritten Säule der digitalen Mediengesellschaft. Es wird zu einem Lebensbegleiter, zum Alltagsplaner, zur sozialen Prothese.[43] Vor allem Jugendliche pflegen auf diesem Weg Sozialkontakte. Sie interagieren in Sozialen Medien mit Familienmitgliedern und Freunden und nutzen die Bühne, um sich zu präsentieren. Streaming-Plattformen wie *YouNow*[44] bieten Rubriken wie „Girls", „Boys", „Bored", „Humor" oder „Singing", wo überdies die Möglichkeit besteht, im Chat Bekanntschaften zu machen.[45] Malte Mansholt schreibt im *Stern*:

> Erschreckend ist vor allem die Naivität der meisten Nutzer. Sie scheinen die Aufmerksamkeit zu genießen und beantworten ohne nachzudenken alle erdenklichen Fragen aus dem Chat. Vom eigenen Alter, über die Anzahl der Geschwister bis zum Wohnort. Der beim Schreiben oder der Aufzeichnung eines Videos zumindest theoretisch vorhandene Moment des Überlegens fällt weg, es zählt die schnelle Antwort. Manche erzählen etwa ausgiebig, wann sie sich wo aufhalten werden – ohne zu wissen, wer da eigentlich alles zuhört. Und Zuhörer gibt es in Massen. Manche Kanäle haben über 1000 aktive Zuschauer. Wer genau da zusieht, weiß keiner.[46]

Das Zeigen nackter Haut ist aus guten Gründen untersagt; allein lückenlos kontrollieren lässt sich die Einhaltung des Verbots nicht. Das Netz ist ein elternloser Raum, in dem sich Kinder und Jugendliche unbeaufsichtigt fühlen, was auch erklären mag, warum hier Inhalte sexuellen Charakters eine unverhältnismäßig große Bedeutung erhalten.

Die 2011 von Robert Murphy und Evan Spiegel gegründete App *Snapchat*[47] ermöglicht, „Snaps", also Schnipsel aus dem Alltag, in Form von Bildern und kur-

---

42 https://en.wikipedia.org/wiki/WhatsApp (19. Januar 2023).
43 Zimmermann: Generation Smartphone, S. 192–194.
44 https://de.wikipedia.org/wiki/YouNow (19. Januar 2023).
45 Zimmermann: Generation Smartphone, S. 74.
46 https://www.stern.de/digital/online/younow–paedophile-lieben-diese-app-3965596.html (19. Januar 2023).
47 https://de.wikipedia.org/wiki/Snapchat (19. Januar 2023).

zen Videos auszutauschen, um Andere am eigenen Leben teilhaben zu lassen.[48] Besonders ist daran, dass die übermittelten Aufnahmen nur für Sekunden am Bildschirm existieren, bevor sie wieder verschwinden. Dieser Automatismus mag dazu verleiten, intime Bilder von sich preiszugeben, die man in physischer Form nicht aus der Hand geben würde. Und auch wenn die App grundsätzlich die Bilder löscht, gibt es keine Gewähr, dass sie tatsächlich verschwinden. Sie können auf andere Weise gespeichert werden. Dies ist besonders bedeutsam in Zusammenhang mit einer Praxis, die „Sexting" genannt wird (zusammengesetzt aus den Begriffen „Sex" und „Texting").[49] Gemeint ist damit das Versenden von sexuell inspirierten Nachrichten samt Bildern und Videos, das sich als Facette der Jugendkultur etabliert, als eine Form des Experimentierens mit romantischen Beziehungen und Sexualität im Rahmen der Persönlichkeitsentwicklung.[50] Für pubertierende Heranwachsende, Schüchterne und unter Diskriminierung leidende Jugendliche, Angehörige sexueller Minderheiten insbesondere, können die Sozialen Medien einen Ausweg aus der Isolation bilden, eine Möglichkeit, sich zu äußern, zu „outen", eine verständnisvolle Community zu finden und sich in eine Gruppe eingebunden und als Persönlichkeit geschätzt zu erfahren.

Im Schatten der freizügigen Netzkultur lauert allerdings Missbrauch. Pädophil Veranlagte – Männer in aller Regel – können im Netz einfach wie nie nach Opfern suchen. Solche Personen nehmen unter falscher Identität an diversen Chats teil, geben sich als Teenager aus und versuchen, sich das Vertrauen ihrer gutgläubigen Opfer zu erschleichen. Diese Taktik wird als „Cybergrooming" bezeichnet. Sie haben leichtes Spiel bei Kindern und Jugendlichen, die in ihrem Urvertrauen mit den Sozialen Medien leichtfertig umgehen. Wie auch sollen Kinder eine Vorstellung haben von dem, was ihnen droht?

Unter anderem droht ihnen Erpressung mit geposteten Nacktfotos, was als „Sextortion" bezeichnet wird. Der Schülerin Amanda Todd aus der kanadischen Provinz British Columbia wird Derartiges zum Verhängnis. Als 12-Jährige entblößt sie in einem Videochat mit einem Fremden ihren Oberkörper. Der Mann zeichnet dies auf und erpresst sie in der Folge mit der Drohung, die kompromittierende Aufnahme zu veröffentlichen, was er auch tut. Amanda wird daraufhin in der Schule gemobbt, weshalb ihre Familie mit ihr in eine andere Stadt übersiedelt. Doch der anonyme Täter verfolgt Amanda im Netz, schickt das Bild an Mitschüler in der neuen Schule. Amanda wechselt abermals die Schule, die Familie übersiedelt ein weiteres Mal. Der Verfolgung im Netz entkommt die Schülerin aber auch jetzt nicht. Nach Jahren

---

48 Otto: Interfacing als Prozess der Teilhabe, a. a. O., S. 114–115; https://de.wikipedia.org/wiki/Snapchat (19. Januar 2023).
49 Zimmermann: Generation Smartphone, S. 205.
50 https://repository.uantwerpen.be/docman/irua/97f2e2/146051.pdf (19. Januar 2023).

der Qual macht sie ihre tragische Geschichte in einem Video im Netz öffentlich-aufgeschrieben auf Zettel, die sie nacheinander stumm in die Kamera hält.[51]

> I'm struggling to stay in this world, because everything just touches me so deeply. I'm not doing this for attention. I'm doing this to be an inspiration and to show that I can be strong. I did things to myself to make pain go away, because I'd rather hurt myself then someone else. Haters are haters but please don't hate, although im sure I'll get them. I hope I can show you guys that everyone has a story, and everyones future will be bright one day, you just gotta pull through. I'm still here aren't I?[52]

Am 10. Oktober 2012 nimmt sich Amanda das Leben.

Welche Erkenntnis lässt sich aus derartigen Tragödien gewinnen? Im Mindesten die, sich gut zu überlegen, was man von sich im Netz öffentlich macht, schließlich hat man dann keine Kontrolle mehr darüber. Hat ein Bild einmal das freie Netz erreicht, wird Löschen schwierig. Das Internet hat ein schier ewiges Gedächtnis.[53]

Dank des verbreiteten Selbstdarstellungsbedürfnisses werden die Sozialen Medien zu gigantischen Bilderalben. Auf *Instagram* oder *Snapchat* setzt sich eine stark stilisierte, bisweilen recht sexistische Ästhetik durch. Es sind überwiegend junge Menschen, die viel Haut und erotische Posen zeigen. Oftmals ist es ein männlich dominierter Blick auf sexualisierte Frauenkörper. Aber auch junge Männer unterwerfen sich dem Körperkult. Bodybuilding bekommt hier ein völlig neues Forum. Die perfekte Erscheinung wird zum Dogma. Vor allem bei Mädchen hat dies oft negative Folgen auf ihr Körperbewusstsein und für ihre seelische Gesundheit. Schließlich wird man im alltäglichen Netz für sein Erscheinungsbild mit Likes bewertet. Hinter dem Begriff des „Bodyshamings" steht das Posten abwertender Kommentare über vermeintliche Unzulänglichkeiten.[54] Betroffene leiden unter öffentlicher Anprangerung und Verspottung.[55]

Natürlich haben auch frühere Bildmedien wie Illustrierte oder Kino den Schönheitskult gefördert, die Verbreitung von Idealvorstellungen, vorgeführt in der Regel von Schauspielerinnen, Models und Popstars. Doch die digitale Ära bringt diese Ideale an viel mehr Jugendliche und dabei viel näher an sie heran. *Instagram* mausert sich zur Jugendplattform par excellence. Die mädchenhafte Sängerin Ariana

---

51 https://de.wikipedia.org/wiki/Amanda_Todd (19. Januar 2023); Brodnig: Hass im Netz, S. 162–163.
52 https://www.youtube.com/watch?v=vOHXGNx-E7E (22. Februar 2023).
53 Reischl: Die Google-Falle, S. 69.
54 https://de.wikipedia.org/wiki/Bodyshaming (19. Januar 2023).
55 https://orf.at/stories/3230459/ (19. Januar 2023).

Grande präsentiert sich 2018 unglaublichen 227 Millionen Fans in Bildern und Videos.[56] Die Vorbildwirkung solcher Idole ist unschätzbar groß: „Wie muss es sich anfühlen", so Pia Zimmermann, „wenn die eigene Gefühlswelt Achterbahn fährt (Normalzustand in der Pubertät) und auf YouTube und Instagram die Vorbilder dauerhaft gut gelaunt und glücklich sind, immer witzig, ohne Pickel, alles ‚easy'?"[57]

Viele Teenager durchschauen zudem die Künstlichkeit von Medienschönheit nicht, die manipulativen Möglichkeiten der digitalen Kosmetik, die die Stars in unnatürlicher Makellosigkeit erscheinen lässt. Nach der Bildbearbeitungssoftware *Photoshop* wird die Technik des „Photoshoppings" benannt, das das optische Tuning am Aussehen von Models meint. Am Computer werden Problemzonen beseitigt, Taillen verschlankt, Hautstellen gereinigt oder gleich ganze Körperpartien umgebaut. *Instagram* und *Snapchat* bieten Filtersoftware, mit deren Hilfe das Erscheinungsbild im alltäglichen Umgang getunt werden kann: „Ein Fingerwisch, und das eigene Selbst hat ein bisschen weißere Zähne, ein wenig größere Augen und vollere Lippen."[58] Die harmlos scheinende Bildbearbeitung nährt den Mythos vom perfekten Aussehen. Jeder und jede ist schön in der schönen neuen Welt – sollte es zumindest sein.

Die gesteigerte Erwartungshaltung gegenüber dem Aussehen kann jedoch zu einer psychischen Störung führen – von sozialer Selbstisolation über Depressionen bis hin zur Selbstverletzung. Eine andere Folge dieses Schönheitskults zeigt sich darin, dass sich vor allem Mädchen mit Mitteln der kosmetischen Chirurgie ästhetischen Idealvorstellungen angleichen lassen; ein Prozess, der als „Bodyshaping"[59] firmiert, wobei das Vorbild zunehmend weniger Stars aus der Medienlandschaft sind, sondern das eigene, durch Bildfilter erzeugte Idealbild.[60] Die reale Person gerät unter Druck durch die Medienfigur: „Computer und Mensch – wer programmiert am Ende wen?" fragt der deutsche Wissenschaftsjournalist Ranga Yogeshwar.[61] In England werden Botox-Behandlungen für unter 18-Jährige verboten, um dem Kult um makellose *Instagram*-Gesichter entgegenzuwirken.[62] Gleichzeitig formiert sich unter dem Schlagwort „Body Positivity" eine Bewegung im Netz, die sich aktiv gegen den Schönheitskult wendet und Jugendliche zu überzeugen versucht, mit

---

56 https://de.wikipedia.org/wiki/Instagram (19. Januar 2023).
57 Zimmermann: Generation Smartphone, S. 71.
58 https://www.stuttgarter-nachrichten.de/inhalt.snapchat-dysmorphophobie-warum-aufgehuebschte-selfies-krank-machen.116510bf-1354-4fb4-b5e2-9aca6ac060c7.html (19. Januar 2023).
59 https://de.wikipedia.org/wiki/Bodyshaping (19. Januar 2023).
60 https://www.stuttgarter-nachrichten.de/inhalt.snapchat-dysmorphophobie-warum-aufgehuebschte-selfies-krank-machen.116510bf-1354-4fb4-b5e2-9aca6ac060c7.html (19. Januar 2023).
61 Yogeshwar: Ein gefährlicher Pakt, a. a. O., S. 83.
62 https://orf.at/stories/3230726/ (19. Januar 2023).

Abb. 9 „Girlie-Star" Ariana Grande: Kindlichkeit als Stil © picture alliance / AP Invision | Jordan Strauss.

ihrem Körper trotz allfälliger Abweichungen vom propagierten Ideal zufrieden, ja glücklich zu sein.[63]

Um einem zwanghaften Wettbewerb um Likes vorzubeugen, ist der Zugang zu Plattformen wie *Facebook* auf über 13-Jährige beschränkt,[64] doch hält sich die Sorge um die seelische Gesundheit der Kinder offenbar in Grenzen. Man kümmert sich kaum um die Einhaltung der Altersgrenze. Darüber hinaus stellt sich die Frage, ob das Limit von 13 Jahren nicht viel zu tief angesetzt ist. Welche 13-Jährige, fragt Pia Zimmermann, sind sich der Tragweite bewusst, dass der Konzern, der hinter einer Plattform steht, auf private Fotos, Daten und Kommentare zugreifen kann, um sie auszuwerten und zu verkaufen? Welche 13-Jährige sind sich der Wirkung des virtuellen Freundeskreises bewusst, denn: „Recht schnell geraten Heranwachsende in einen Sog aus ‚Wie viele Personen haben mein Foto gelikt?', oder ‚Bin ich beliebter als die anderen oder finden mich andere nicht so toll?'"[65] Und was passiert, wenn sie nicht gelikt, ja wenn sie diskriminiert werden? Können

---

63 https://bit.ly/3Ju13VL (19. Januar 2023).
64 Frenkel/Kang: Inside Facebook, S. 112.
65 Zimmermann: Generation Smartphone, S. 52.

13-Jährige mit der Bewertung durch Außenstehende überhaupt umgehen, ohne seelisch Schaden zu nehmen? Den geforderten Löschbutton einzurichten, der es Kindern und Jugendlichen ermöglichen würde, Inhalte, die sie in ungünstigem Licht zeigen, zu löschen und sich so eine zweite Chance für ihren Netzauftritt zu verschaffen, lehnt *Facebook* jedenfalls lange Zeit ab.[66]

Eine unerbittliche Auslese vollzieht sich auch auf Datingplattformen, die die Sehnsucht nach dem perfekten Partner, der perfekten Partnerin bedienen. Im Unterschied zu gedruckten Annoncen früherer Tage erweist sich das Netz auf diesem Gebiet als unvergleichlich effizient, weil es vermeintlich alle verfügbaren Personen zeigt, und zwar augenblicklich. Die 2012 gegründete Plattform *Tinder* vermittelt Datings mit Personen aus der unmittelbaren Umgebung zum Kennenlernen für Freundschaften, Beziehungen oder einfach nur Sex. Interessentinnen und Interessenten können anhand von Profilfotos und persönlichen Angaben eine Auswahl treffen. Gefällt das Foto, wird es nach rechts gewischt, gefällt es nicht, nach links. Wischen zwei Personen einander nach rechts, meldet die App: „It's a Match". Als Folge eines Matches kommt ein Chat zustande.[67] Das gefundene Glück kann aber von kurzer Dauer sein. „Ghosting" nennt sich das abrupte Abbrechen des Kontakts durch eine der datenden Personen, was bei der anderen mitunter das unangenehme Gefühl auslöst, sich nicht gut genug präsentiert zu haben, nicht gut genug zu sein, was als verletzend erlebt werden kann.[68]

Wie keiner ihrer Vorläufer nehmen Soziale Medien Einfluss auf das Leben ihres Publikums, weil sie die Grenze zur Realität verschwinden lassen. Die Privatsphäre erodiert wie auch der Respekt vor der Person. Verbale Übergriffe kommen im Netz häufiger vor als im echten Leben und fallen oft auch heftiger aus. Die virtuelle Welt ist rau, direkt und erbarmungslos. „Cybermobbing", das zielstrebige Schlechtmachen einer Person, ist ein ernstes Problem, ebenso „Cyberstalking" und „Cyberbullying", das Verfolgen und das Anpöbeln.[69] Selbstverständlich sind auch das keine neuen Phänomene, hat es dieserart Aggression, zumal unter Jugendlichen, auch früher, am Schulhof etwa, gegeben. Neu ist die Intensität, mit der Konflikte ausgelebt werden. Von Angesicht zu Angesicht würde so manches nicht ausgesprochen, was im Netz in drastischen Worten ausgerichtet wird. Dies gilt insbesondere für anonyme Kommentare, wenn Sanktionen nicht zu befürchten sind.[70] Oft führt

---

66 Frenkel/Kang: Inside Facebook, S. 113–114.
67 https://de.wikipedia.org/wiki/Tinder (19. Januar 2023).
68 https://bit.ly/3Lcemvq (19. Januar 2023).
69 Erdemir: Realisierung der Staatsaufgabe Jugendschutz im Web2.0, a. a. O., S. 294; Palfrey/Gasser: Generation Internet, S. 106.
70 Brodnig: Der unsichtbare Mensch, S. 71; Palfrey/Gasser: Generation Internet, S. 112–113.

Gruppendynamik zur Eskalation.[71] Ein erheblicher Teil der Jugendlichen macht solche Erfahrungen, wird durch kompromittierende Bilder und Texte gedemütigt. Allerdings wird auch ein erheblicher Teil von ihnen zu Tätern. Roland Mierzwa, Theologe und Diakonischer Bruder der Evangelisch-Lutherischen Diakoniegemeinschaft zu Flensburg, empfiehlt angesichts dieser Polarisierung „eine gewisse Askese (Offline-Kultur)".[72]

Es gibt aber keinen Grund für Netzverbote. Im Gegenteil. Weil die digitalen Medien noch viel umfassender in das Leben junger Menschen eingreifen als Massenmedien früher, sind sie auch umso unverzichtbarer. Für Digital Natives sind sie die Schlüsseltechnologie ihres Lebens. Jugendliche empfinden das Nicht-Teilhaben an Sozialen Netzwerken als Isolation, ein Smartphone-Verbot als virtuellen Hausarrest. Es gilt, eine Balance zwischen der digitalen und der physischen Welt zu finden.[73]

Eltern sollten sich jedoch für die Surfgewohnheiten und Netzaktivitäten ihrer Kinder interessieren, auch wenn der Einsatz von Spionagesoftware zur Überwachung zu weit geht. Nicht alles, was technisch möglich ist, ist auch sinnvoll. Allzu drastische Maßnahmen untergraben die Vertrauensbasis und zwingen Heranwachsende geradezu zum Ausbrechen aus der Obhut – durch Nutzung eines anderen Geräts oder einer Internetverbindung jenseits der Kontrolle. Ganz zu schweigen davon, dass noch immer viele Eltern ihren Teenager-Kindern in Sachen Netzkompetenz hoffnungslos unterlegen sind, was restriktive Kontrolle ohnehin schwierig macht. Erfolgversprechender erscheint ein vertrauensvolles Gesprächsklima. Negative Erfahrungen – etwa sexuelle Belästigungen – können Kinder am besten verarbeiten, wenn sie offen darüber reden können, ohne Scham oder Angst. Es geht darum, ihnen einen verantwortungsvollen Umgang mit dem Internet beizubringen, sie in die Lage zu versetzen, Gefahren zu erkennen, um ihnen souverän begegnen zu können.[74] Es geht um Aufklärung, nicht um Überwachung. Übertriebene Ängstlichkeit ist fehl am Platz, wenngleich anzumerken bleibt, dass die Zeiten, da man die Kinder in ihren Kinderzimmern in Sicherheit wusste, definitiv vorbei sind.

Grundsätzlich zu hinterfragen ist die Omnipräsenz des Smartphones – im Übrigen auch im Leben von Erwachsenen. Das Smartphone hat einen Stellenwert erlangt, der als problematisch anzusehen ist. Wie um seiner Dominanz Nachdruck zu verleihen, hat es die morgendliche Weckfunktion übernommen, mit der es die Klientel gleich mit dem Aufwachen in seine Verfügungsgewalt holt. Es erfüllt des Weiteren die Funktion der Armbanduhr und gliedert den Tagesablauf, aber auch

---

71 Zimmermann: Generation Smartphone, S. 203.
72 Mierzwa: Digitalisierung, Ökologie und das Gute Leben, S. 43.
73 Zimmermann: Generation Smartphone, S. 215.
74 Turkle: Leben im Netz, S. 369; Schertz/Höch: Privat war gestern, S. 40–41; Palfrey/Gasser: Generation Internet, S. 124–125.

jene des Kalenders, der Termine für den anstehenden Tag und die weiteren Tage bereithält und diese einmahnt, wenn es so weit ist. Es bestimmt das Leben mancher Menschen dermaßen, dass es sie buchstäblich krank macht. Immerzu online – zumindest auf „Standby" – sein zu müssen, immer bereit sein zu müssen, zu telefonieren oder zu chatten, um auftretende Probleme zu besprechen und möglichst gleich zu lösen, die Community unentwegt mit Neuigkeiten von sich in Wort und Bild versorgen und im Gegenzug deren Neuigkeiten aufnehmen und kommentieren zu müssen, immer am Laufenden sein zu müssen, über Weltereignisse ebenso wie über Entwicklungen im beruflichen Umfeld oder im Elternverein der Schule – all dies zusammen erzeugt Stress, viel mehr Stress, als in nicht vernetzten Zeiten denkbar war. Untersuchungen legen nahe, dass im Durchschnitt fast viertelstündlich zum Smartphone gegriffen wird.[75] Das zeugt von einem hochgradig zwanghaften Verhalten, das im öffentlichen Raum gut sichtbar wird. Wartende Personen zeichnen sich meist durch den gesenkten Blick auf das leuchtende Display aus, das sowohl Zeitvertreib als auch Zeitoptimierung ermöglicht, das immerzu Spiel- und Spaßprogramm bereithält, gleichzeitig aber auch jede kleine Wartezeit zur Abarbeitung anstehender Erledigungen zu nutzen erlaubt. Mit dem Smartphone lässt sich immer was tun – muss man immer was tun. Dies gilt für viele Menschen sogar dann, wenn sie unterwegs sind.

Zum Schutz von jenen, die unentwegt auf ihre Displays starren und dabei den umgebenden Verkehr nicht registrieren, werden in China bereits abgesonderte Gehwege gebaut.[76] Für solche „Smartphone-Zombies", die praktisch blind für ihre Umgebung durch die Straßen irren, bürgert sich der Begriff „Smombies" ein.[77] Hinter der slapstickhaften Erscheinung steckt ein ernstes Problem, eine Sucht, die nach Therapie verlangt. Der Begriff „Digital Detox" steht für digitale Entgiftung und bewusste Entwöhnung. Es geht dabei um ein Abschalten des permanenten Online-Zustands, um Stressreduktion durch Gerätverzicht, um Rückwendung zur physischen Welt.[78] Wie es in der Industriegesellschaft einer Entschleunigung als Gegenmaßnahme zur Beschleunigung bedurft hat, bedarf es in der Digitalgesellschaft einer Entvirtualisierung. Zurück zur Realität, lautet die Devise, wenn auch nicht zurück vor die Digitalisierung, was einer Revidierung der Moderne gleichkäme.

Der deutsche Soziologe Harald Welzer spricht Sozialen Medien grundsätzlich sozialen Charakter ab, meint, dass wirkliche Beziehungen durch „Pseudogemeinschaften" ersetzt würden, echte Anteilnahme nicht stattfinde, sondern simuliert

---

75 Kehrbaum/Mathis/Titze: Kulturtechnik Rechnen, a. a. O., S. 203.
76 Kaerlein: Smartphones als digitale Nahkörpertechnologien, S. 185.
77 Zimmermann: Generation Smartphone, S. 14; https://de.wikipedia.org/wiki/Smombie (19. Januar 2023).
78 https://de.wikipedia.org/wiki/Digital_Detox (19. Januar 2023).

werde.[79] Das ist ein sehr kategorisches Urteil, das zweifellos für einen großen Teil der auf Kommerz ausgelegten Sozialen Medien zutrifft. Allerdings bleibt einzuschränken, dass in den virtuellen Kontakten durchaus auch echte soziale Funktionen erfüllt werden können. Vor allem dann, wenn Soziale Medien Menschen zusammenführen, die sich gesucht oder verloren haben, wenn sie Lücken schließen, die zwischen Individuen der hochmobilen modernen Gesellschaft entstehen, weil viele von ihnen ihre Heimat verlassen, um zu arbeiten und eine eigene Existenz aufzubauen. Als soziale Prothesen halten Soziale Medien Menschen beisammen, wenn die realen Umstände es nicht erlauben. Besonders deutlich wird dies im Sommer 2015, als Hunderttausende auf der Flucht vor dem Krieg in Syrien in Richtung Europa aufbrechen. Das Smartphone, das sich in den Jahren davor in den Gesellschaften des Nahen Ostens rasant verbreitet hat, ist ihr wichtigster Begleiter. Es weist ihnen dank Navigationssystem den Weg durch unbekannte Landstriche, dient wenn nötig als Dolmetsch und Lieferant von Neuigkeiten. Vor allem aber hält es den Kontakt zum Freundeskreis und zu Familienmitgliedern aufrecht, die oft im Kriegsgebiet zurückbleiben, und erlaubt, Nachrichten und Fotos – Lebenszeichen buchstäblich – von der gefährlichen Reise heimzuschicken.[80]

---

79 Welzer: Die smarte Diktatur, S. 234.
80 https://www.fu-berlin.de/presse/publikationen/tsp/2016/tsp-dezember-2016/forschung/smartphone-flucht/index.html (19. Januar 2023).

Das Konsumparadies Amazonien

Bill Gates skizziert Mitte der 1990er-Jahre die Vision vom künftigen Shoppingerlebnis im Internet:

> Wenn Sie beispielsweise nach einem Sweater suchen, wählen Sie sich eine Grundform aus und betrachten dann so viele Variationen in so vielen Preisklassen wie sie wollen. Vielleicht möchten Sie sich auch eine Modenschau oder eine Produktvorführung ansehen. In der Interaktivität werden sich Nützlichkeit und Unterhaltungswert verbinden.[1]

Am Bildschirm kann die Klientel jederzeit durch Shops schlendern, ohne die Wohnung verlassen oder auf Schließzeiten achten zu müssen. Dazu kommt die Interaktivität. Besucht man im Netz den Katalog eines Schuhversandhauses, so sucht man sich das passende Produkt aus und holt sich durch einen einfachen Klick einen Berater ans Telefon, der Wissenswertes darüber sagen kann. Dem Berater sind dabei all die persönlichen Daten zugänglich, die man ihm zuvor freiwillig via Internet zur Verfügung gestellt hat: von der Schuhgröße über bevorzugte Farben bis zu sportlichen Neigungen. Mitunter ersieht er aus dem sonstigen Einkaufsverhalten sogar die preisliche Kategorie, in der man sich üblicherweise bewegt.[2] Was Werbung betrifft, so werde diese laut Gates – anders als die Inseratenwerbung in Modezeitschriften – am künftigen Information Highway stark individualisiert sein. Davon würden alle Seiten profitieren: der Handel, der seine Kundschaft gezielt ansprechen könne, wie auch die Kundschaft, „weil die Werbung besser auf ihre speziellen Bedürfnisse zugeschnitten" und deshalb viel „interessanter" sein werde.[3]

Tatsächlich präsentiert sich das Internet bald als Schaufenster für Konsumgüter aller Art. Die neuartige Unternehmensform, die ihr Geschäfte vollständig über das Netz abwickelt, firmiert unter dem Schlagwort „E-Business", das auf eine Werbekampagne der amerikanischen Computerfirma *IBM* zurückgeht. *Microsoft* richtet mit *Car Point* ein Kaufportal für den Autokauf ein. Unter dem Slogan „The smartest way to buy your next car"[4] bietet es die Möglichkeit, das gewünschte Modell auszuwählen und nach Kriterien wie Preisklasse und Ausstattung online zu konfigurieren. Auf dem Portal *Home Advisor* können auf dieselbe Art und Weise Wohnungen und Wohnhäuser samt Zusatzinformationen zu Nachbarschaft und Finanzierung

---

1 Gates: Der Weg nach vorn, S. 240–241.
2 Ebd., S. 214.
3 Ebd., S. 250.
4 https://binged.it/3laQqxP (19. Januar 2023).

gesucht und gefunden werden.⁵ Bestellkataloge wie diese etablieren sich in der Folge in vielen Branchen. Es ist die Kundenberatung der Zukunft, die sich vor allem dadurch auszeichnet, dass sie weitgehend von den Kunden selbst erledigt wird.

Gleichzeitig wird der Zahlungsverkehr digitalisiert. Zahlungen erfolgen zunehmend online, per Karte. Für Kundinnen und Kunden wird das Leben bequemer, weil sie kein Bargeld mehr mit sich tragen müssen – vorausgesetzt, sie gehören einer Generation an, die den Sprung in die digitale Welt schafft; viele alte Menschen schaffen das nicht, bleiben angesichts der völlig neuartigen Benutzungslogik auf der Strecke. Des Weiteren birgt der digitale Zahlungsverkehr trotz diverser Sicherheitssysteme wie die „Persönliche Identifikationsnummer" (PIN),⁶ die den Zugang zum Konto sichert, oder „Transaktionsnummern" (TAN)⁷ für jede online getätigte Kontotransaktion, Risiken. Diese können auch Jüngeren zum Verhängnis werden, zumal die Banken die Haftung für Schäden oft an die Kontoeigentümer abschieben. Der Geschäfts- und Geldverkehr im Internet lockt zudem Kriminelle an, die darauf aus sind, mit ausgefeilten Tricks Privatpersonen auszuplündern. Das Spektrum an Methoden reicht vom Diebstahl der Kontokarte samt Ausspähen des PIN bis zum „Phising", wobei mithilfe gefälschter E-Mails und Internetseiten versucht wird, arglose Bankkunden dazu zu bringen, ihre Kontozugangsdaten preiszugeben. Aber auch durch das Hacken der Datenbanken großer Bankinstitute gelangen immer wieder private Kontodaten in riesiger Zahl in Umlauf.

Trotzdem schreitet die Digitalisierung des Geldverkehrs voran. Elon Musk ist ein junger, aus Südafrika stammender Unternehmer, der in den 1990er-Jahren im Silicon Valley arbeitet. Er empfindet es als archaisch, im Internetzeitalter zu einer Bank zu gehen, um seine Bankgeschäfte am Schalter abzuwickeln. Er gründet eine Online-Bank und entwickelt Pläne für einen Online-Bezahldienst, der es Privatpersonen ermöglicht, Geld per E-Mail zu überweisen. Im Jahr 2000 fusioniert seine Firma *X.com* mit einem Konkurrenzunternehmen namens *Confinity* und man bringt das Online-Bezahlsystem *PayPal* auf den Markt. Mit Diensten wie *PayPal*, der 2002 um eineinhalb Milliarden Dollar von *eBay* übernommen wird,⁸ lassen sich die auf diversen Shopping-Portalen erworbenen Konsumgüter elektronisch bezahlen. Grundlage dafür ist ein Konto bei *PayPal*, das durch die E-Mail-Adresse des Mitglieds authentifiziert wird. Mithilfe dieses Kontos können Zahlungen an Dritte sowie Eingänge von Dritten abgewickelt werden. Das hat gegenüber dem herkömmlichen Bankweg den Vorteil, dass getätigte Überweisungen unmittelbar gutgeschrieben, also etwa Käufe in Onlineshops in der Sekunde bezahlt werden

---

5 https://news.microsoft.com/1998/07/13/microsoft-launches-homeadvisor/ (19. Januar 2023).
6 https://de.wikipedia.org/wiki/Pers%C3%B6nliche_Identifikationsnummer (19. Januar 2023).
7 https://de.wikipedia.org/wiki/Transaktionsnummer (19. Januar 2023).
8 Vance: Elon Musk, S. 81, S. 84, S. 87.

können. Zum Schutz des Käufers vor Betrug werden überwiesene Beträge allerdings erst drei Wochen später freigegeben.[9]

Hinter dieser Rationalisierung steckt die Verabsolutierung des Prinzips der Selbstbedienung. Der Handel spart teure Filialen wie auch das zugehörige Personal ein. Kunden müssen selbst Hand anlegen, Auswahl, Kauf und Bezahlung eigenhändig erledigen und dementsprechend auch Verantwortung für die Transaktionen übernehmen.[10] Im Gegenzug locken geringere Preise und vor allem das Versprechen, immer und überall kaufen zu können. Für diese Vision steht wie kein anderes Unternehmen *Amazon.com*.

In Seattle in Washington arbeitet die von Jeffrey („Jeff") Preston Bezos gegründete Firma *Amazon.com* zunächst als Online-Versand-Buchhändler. Mit Bibliophilie hat das aber wenig zu tun. Das Buch hat Bezos als Ware gewählt, weil es sich in seiner vielfältigen Erscheinungsform zum Verkaufen im Netz besonders gut eignet. Während der konventionelle Buchhandel kaum Bücher über das Internet vertreibt, will Bezos via Internet zum größten Buchhändler aufsteigen.

Im Juli 1995 geht die Webseite *Amazon.com* offiziell online. Langt eine Bestellung ein, bestellt *Amazon* das Buch bei einem der großen Barsortimenter zum üblichen Buchhandelsrabatt von 50 Prozent und verkauft es dann weiter. Die Gewinnspanne ist gering, da *Amazon* seinen Kunden seinerseits bis zu 40 Prozent vom Ladenpreis an Rabatt gewährt. Um den Absatz zu steigern, bietet die Webseite die Möglichkeit von Buchbesprechungen durch Kunden.[11] Bezos meint, durch bloßen Verkauf keinen großen Umsatz zu erzielen, aber: „Wir machen Umsatz, wenn wir den Kunden bei der Kaufentscheidung behilflich sind."[12] Die Orientierung an der Kundschaft wird zum wichtigsten Prinzip seines Unternehmens: „Der Kunde ist das geheiligte Zentrum, nie darf er unzufrieden sein. Alles, was verkauft wird, muss so günstig wie möglich und so schnell wie möglich beim Kunden landen."[13] Die Wege der Kundschaft im Netz sowie ihre Einkäufe werden registriert und ausgewertet, um daraus individuelle Kaufempfehlungen abzuleiten: „Kunden, die dieses Buch gekauft haben, haben auch diese Bücher gekauft" …[14] Es geht dabei darum, das Interesse der Menschen auf Produkte zu lenken, die sie noch gar nicht kennen. Dieses System wird „Similarities"[15] genannt und maximiert ab Herbst 1996 die

---

9 https://de.wikipedia.org/wiki/PayPal (3. Februar 2023).
10 Voß/Kleemann: Arbeitende Kunden im Web2.0; a. a. O., S. 145.
11 Stone: Der Allesverkäufer, S. 45–46.
12 Zit. n.: Stone: Der Allesverkäufer, S. 47.
13 Zit. n.: Brügmann: Wirkt sich negative Medienpräsenz eines Online-Versandhandels auf das Kaufverhalten der Kunden aus? S. 4.
14 Diedrich: Wissensvernetzung, a. a. O., S. 84.
15 Stone: Der Allesverkäufer, S. 62.

Umsätze. Möglich macht dies ein Funktionsmechanismus, der in der Digitaltechnik besondere Bedeutung hat: der Algorithmus. Grundsätzlich ist ein Algorithmus lediglich eine Art Plan zur Lösung eines Problems, eine Gebrauchsanweisung, ein Rezept. Im Falle großer gesammelter Datenmengen und hoher Computerrechenleistungen dienen Algorithmen jedoch zunehmend dazu, in den Datenpools Muster zu finden, die sich verwerten lassen.[16] Bezos träumt davon, irgendwann jeder einzelnen Person, basierend auf ihren bisherigen Kaufentscheidungen, ein individuelles Angebot machen zu können.[17] Konsum nach Maß.

Amazon fordert mit seinem neuartigen Konzept den etablierten Buchhandel heraus. Die mächtige Buchhandelskette *Barnes & Noble* versucht, eine Kooperation oder Übernahme des aufstrebenden Konkurrenten in die Wege zu leiten. Sie droht Bezos mit einem eigenen Online-Auftritt und verklagt ihn, weil sich *Amazon* in seiner Werbung als „The Earth's Largest Bookstore" bezeichnet. *Amazons* Ende scheint nah.[18] Doch *Amazon* überlebt, der Umsatz steigt. Die Bestellungen auf *Amazon.com* wachsen rasant. 1996 verkauft man 2400 Bücher pro Tag, im Jahr danach schon 48.000.[19] *Amazon* bedient sich allerdings brutaler Methoden, um den Markt zu übernehmen. Als im Juli 2000 J. K. Rowlings *Harry Potter und der Feuerkelch* erscheint, bietet man neben einem Preisnachlass von 40 Prozent eine Expresslieferung, im Zuge derer das Buch zum Preis einer regulären Lieferung noch am Erscheinungstag zugestellt wird. Das bedeutet einen Verlust von einigen Dollar an jeder einzelnen der mehr als 250.000 Bestellungen.[20] Doch der Marketingerfolg bleibt nicht aus. Ketten wie *Barnes & Noble*, die zuvor den lokalen Buchhandlungen das Geschäft abgenommen haben, geraten nun selbst unter Druck.[21] Bezos pflegt diesen Umstand mit den Worten zu umschreiben, ihnen passiere die Zukunft![22]

Mit dem Aufschwung beginnen sich Risikokapitalgeber für *Amazon* zu interessieren, was Bezos in die Lage versetzt, nach dem Motto „Get Big Fast"[23] in großem Stil zu investieren. Er absolviert einen Börsengang, stellt Führungspersonal ein und eröffnet Verteilungszentren. Gleichzeitig verpasst er seinem Unternehmen eine breitere Aufstellung. Neben neuen Büchern von Verlagen und Buchhändlern bietet er auch Secondhandbücher von Drittanbietern an. Da er davon träumt, das Internet zu einem grenzenlosen Laden zu machen, in dem alles erhältlich ist, erweitert er

---

16 https://bit.ly/3mJyhYh (19. Januar 2023).
17 Stone: Der Allesverkäufer, S. 51.
18 Ebd., S. 70.
19 Brügmann: Wirkt sich negative Medienpräsenz eines Online-Versandhandels auf das Kaufverhalten der Kunden aus? S. 3.
20 Stone: Der Allesverkäufer, S. 132.
21 Ebd., S. 67.
22 Ebd., S. 18.
23 Zit. n.: Stone: Der Allesverkäufer, S. 59.

sein Angebot ab Ende der 1990er-Jahre auf CDs, DVDs, Spielzeug, Elektrogeräte und manches mehr.[24] Das Firmenmotto ändert sich in „Earth's Biggest Selection – the everything store".[25] Dabei profitiert *Amazon* davon, dass der Onlinehandel in den USA zu dieser Zeit von der Mehrwertsteuer befreit ist.[26]

Allerdings kümmert man sich ohnehin wenig um kurzfristige Profite, sondern kalkuliert langfristig. Man will durch systematischen Preisdruck die Konkurrenz aus dem Feld schlagen, um dann den Markt für sich zu haben. *Amazon.com* macht in den ersten Jahren keinen Gewinn und entgeht um die Jahrtausendwende, als die „Dot.com-Blase" platzt, nur knapp dem von mancher Seite bereits prophezeiten Zusammenbruch.[27] Grund sind Ausmaß und Geschwindigkeit, mit denen das Unternehmen Risikokapital verbrennt. Es büßt an Vertrauen in seine künftige Prosperität ein, Investoren wenden sich ab, in der Öffentlichkeit kommt Skepsis gegenüber dem Geschäftsmodell auf. Das Vermögen von Bezos schmilzt von sechs auf zwei Milliarden Dollar. Doch anders als viele andere Internet-Unternehmen übersteht *Amazon.com* die Krise.[28]

Um die Jahrtausendwende kristallisiert sich heraus, dass das Lesen am Bildschirm in Zukunft deutlich an Bedeutung gewinnen wird. Man geht davon aus, dass der Großteil der Bücher künftig sowohl in papierener wie auch in elektronischer Form vertrieben werde. *Microsoft* entwickelt die Software *Microsoft Reader* für verschiedene Endgeräte. Im Fokus steht ein neuer Gerätetyp, ein tragbarer „Tablet Computer". Dünn, leicht und mit einem hochwertigen Display ausgestattet, das das Lesen ähnlich angenehm macht wie bei bedrucktem Papier, soll das Tablet eines jener Devices sein, die Computer- und Internetnutzung mobil machen. Spezielle Displaytechnik soll selbst unter direkter Sonneneinstrahlung, etwa im Urlaub am Strand, gute Lesbarkeit gewährleisten. In wenigen Jahren, heißt es, würden solche Tablets weniger als ein halbes Kilo wiegen und eine Laufzeit von acht Stunden aufweisen. Auf solchen Geräten könne man seine ganze Bibliothek bei sich tragen, selbst die schwersten Wälzer. Man bewahre dadurch ganze Wälder vor dem Abholzen, könne abends im Bett ohne Nachttischlampe lesen und der Partner oder die Partnerin daneben ungestört schlafen; Fehlsichtige könnten die Schrift vergrößern und Blinde sich E-Books vorlesen lassen.[29]

Einer der Pioniere des online publizierten Buchs ist der amerikanische Bestseller-Autor Stephen King. Er stellt im Jahr 2000 einen Fortsetzungsroman mit dem Titel

---

24 Ebd., S. 100.
25 Ebd., S. 81.
26 https://www.spiegel.de/netzwelt/web/usa-online-handel-soll-besteuert-werden-a-151234.html
27 Stone: Amazon, S. 16–18.
28 Stone: Der Allesverkäufer, S. 119, S. 177.
29 Inside Out, S. 262–263; https://de.wikipedia.org/wiki/Microsoft_Reader (19. Januar 2023).

The Plant kapitelweise auf seine Webseite. Von dem Roman sollen im Lauf von zwanzig Monaten acht Kapitel zu je zwanzig und mehr Seiten erscheinen. Die Handlung dreht sich um den Möchtegern-Schriftsteller Carlos Detweiller, der ein Romanmanuskript mit dem Titel *True Tales of Demon Infestations* an einen Verlag schickt. Der Lektor entdeckt darin Fotos von offenbar echten Mordritualen und übergibt das Manuskript der Polizei, die nach dem Autor zu fahnden beginnt. Letzterer erklärt daraufhin dem Verlag und seinen Lektoren den Krieg. Im Verlagsgebäude trifft eine scheinbar harmlose Pflanze ein ...[30]

Interessierte können die Kapitel auf ihrem Computer daheim lesen. Für jedes Kapitel sollen sie an den Autor freiwillig einen Betrag von zunächst einem, später zwei Dollar überweisen. Wenn 75 Prozent der Leserinnen und Leser gezahlt haben würden, setze er die Geschichte fort, so King. Er wendet sich mit den Worten an sein Publikum: „My friends, we have a chance to become Big Publishing's worst nightmare". Möglich würde diese Aushebelung des Verlagswesens durch zwei Voraussetzungen. Zum einen Ehrlichkeit: Nimm dir, was du willst, aber zahle dafür. Zum Zweiten, wenn du die Geschichte magst und dafür zahlst, wird es die Fortsetzung geben: „Remember: Pay and the story rolls. Steal and the story folds. No stealing from the blind newsboy!"[31] Das Experiment schlägt jedoch fehl: Die Leserschaft verliert das Interesse und King lässt das Werk nach dem sechsten Kapitel enden.[32] Der Misserfolg steht jedoch nicht für das E-Book an sich.

Zu diesem Zeitpunkt wird Jeff Bezos klar, dass das Geschäft mit CDs und DVDs wenig Zukunft hat. Der Siegeszug des *iPod* von *Apple* und vor allem der Streaming-Plattform *iTunes*, über die Musiktitel aus dem Internet bezogen werden können, macht dies deutlich. Musik und Filme und letztlich wohl auch Bücher würden in Zukunft vorrangig online erscheinen.[33] Im Hinblick auf diese Zeitenwende beschließt er 2004, einen eigenen E-Book-Reader herauszubringen. Das ist insofern bemerkenswert, als sich sein Unternehmen bislang nicht mit der Herstellung von Geräten befasst hat. Bezos lagert die Entwicklungsarbeit an ein Team aus, das fernab der Konzernzentrale im Silicon Valley arbeitet. Das Gerät soll mehr sein als nur ein Lesegerät. Bezos will einen Mobilfunkanschluss, um auch unterwegs Bücher aus dem Netz herunterladen zu können, und ein E-Ink-Bildschirm – ein energiesparendes Schwarz-Weiß-Display – soll es möglich machen, selbst bei grellem Sonnenlicht zu lesen.[34]

---

30 https://www.kingwiki.de/index.php/The_Plant (19. Januar 2023).
31 https://www.theregister.com/2000/07/24/king_lets_fans_pay_after/ (19. Januar 2023).
32 https://de.wikipedia.org/wiki/The_Plant (19. Januar 2023).
33 Stone: Der Allesverkäufer, S. 261, S. 266.
34 Stone: Der Allesverkäufer, S. 271–272; https://www.spiegel.de/wirtschaft/unternehmen/amazon-wie-der-konzern-den-ebook-markt-erobert-a-1028186.html (19. Januar 2023).

Bezos ist sich im Übrigen bewusst, dass er seiner Klientel ein umfangreiches Angebot an E-Books bieten muss, damit sein Geschäftsmodell funktioniert. Anfangs will er über zumindest 100.000 Titel verfügen, darunter 90 Prozent der Titel der Bestseller-Liste der *New York Times*.[35] Um das zu erreichen, setzt er die Verlage unter Druck, E-Book-Ausgaben herauszubringen. Verlagen, die nicht spuren, wird gedroht, ihre Titel bei Suchergebnissen und Empfehlungen hintanzustellen.[36]

Im November 2007 erscheint mit dem Modell *Kindle* ein E-Book-Reader, der nur bei *Amazon* zu haben ist. Das handliche Lesegerät besteht aus einem flachen Bildschirm mit 18 Millimetern Dicke, es wiegt 290 Gramm, kann 200 heruntergeladene Bücher speichern, verfügt über die von Bezos gewünschte drahtlose Netzanbindung und kostet 399 Dollar.[37] Der Reader soll die Kundschaft an den *Kindle Store* binden, über den *Amazon* E-Books vertreibt. Bei der Präsentation des *Kindle* brüskiert Bezos einmal mehr die Verlage, als er verlautbart, Neuerscheinungen und Bestseller auf seiner Plattform um 9,99 Dollar zu verkaufen. Das ist unter dem Einkaufspreis und eine echte Kampfmaßnahme, mit dem Ziel, den Markt zu übernehmen.[38]

Mit dem Modell *Kindle 2* folgt eine verbesserte und mit einem Preis von 359 Dollar auch verbilligte Geräteversion, die bis zu 1500 Bücher speichern kann.[39] Zur Ankurbelung des Absatzes wird exklusiv für das neue Modell wieder eine Geschichte von Stephen King geboten. Sie trägt den Titel *UR* und thematisiert die neue Buchkultur selbst: Ein Literaturprofessor namens Wesley Smith legt sich eines der Lesegeräte für E-Books zu, um vor seiner Freundin nicht altmodisch zu erscheinen. Er muss jedoch bald erkennen, dass sein Gerät anders ist als die herkömmlichen Exemplare. Es ist pink, nicht weiß, und verfügt über eine merkwürdige „UR-Funktion", die es bei anderen Geräten nicht gibt. Smith erkennt, dass ihn diese Funktion in Parallelwelten führen kann, wo literarische Werke existieren, die in der realen Welt nie geschrieben wurden. Es kann aber noch mehr: Es bietet Zeitungsberichte aus der Zukunft, was letztlich dazu führt, dass Smith in eine Geschichte hineingezogen wird, in der es um nicht weniger als darum geht, das Leben seiner Freundin zu retten …[40]

Auf den wachsenden E-Book-Markt zielt auch das *iPad* ab, das *Apple* 2010 auf den Markt bringt. Das *iPad 10* ist mit 13,5 Millimetern Dicke zwar dünner, mit

---

35 Stone: Der Allesverkäufer, S. 276.
36 Ebd., S. 287.
37 https://de.wikipedia.org/wiki/Amazon_Kindle (31. Januar 2023).
38 Stone: Der Allesverkäufer, S. 290–291, S. 293; https://www.spiegel.de/wirtschaft/unternehmen/amazon-wie-der-konzern-den-ebook-markt-erobert-a-1028186.html (19. Januar 2023).
39 https://de.wikipedia.org/wiki/Amazon_Kindle (19. Januar 2023).
40 https://de.wikipedia.org/wiki/UR_(Stephen_King) (19. Januar 2023); https://stephenking.com/promo/ur_kindle/ (3. Februar 2023).

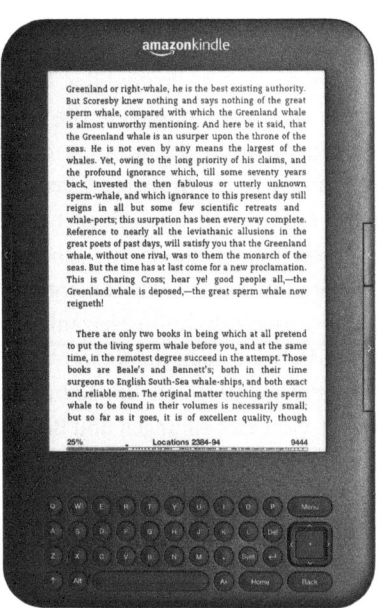

Abb. 10 Amazon Kindle 3: Ganze Bibliotheken in einer Hand © Wikimedia Commons, CC BY-SA 3.0, NotFromUtrecht.

680 Gramm aber deutlich schwerer als der *Kindle*. Dafür ist es mehr als ein E-Book-Reader. Es stellt vielmehr einen tragbaren „Tablet Computer" mit Touchscreen dar, ein mittelgroßes Gerät, größer als ein Smartphone und kleiner als ein Laptop, gedacht zum Ansehen von Videos, zum Spielen wie auch zum Lesen von E-Books aus dem firmeneigenen *iBook Store* und zum Surfen im Internet. Für 499 Dollar verspricht das neue Gerät das gesamte Spektrum der Medienunterhaltung. Nach Ankündigung des Erscheinungstermins campieren viele Menschen vor noch geschlossenen *Apple Stores*, um ein Exemplar zu ergattern. Innerhalb des ersten Monats geht eine Million dieser Geräte über die Ladentische.[41]

Der E-Book-Markt erschließt eine neue Dimension der Medienunterhaltung. Mit dem *Kindle Fire* bringt *Amazon* 2011 ein Tablet heraus, das neben E-Books Musik und Filme wiedergeben kann, und das für nur 199 Dollar. Der *Kindle Fire* soll *Apples iPad* die Stirn bieten.[42] Im Unterschied zum deutlich teureren *iPad* verfügt er jedoch nicht über Mikrofon und Kamera, sodass er für Videotelefonie nicht taugt.[43] Abgesehen davon führt das zunehmende Engagement am Gerätemarkt

---

41 Erdmann: „One more thing", S. 356.
42 https://www.it-times.de/news/amazon-com-ist-der-neue-kindle-fire-wirklich-ein-ipad-killer-34774/ (31. Januar 2023).
43 https://de.wikipedia.org/wiki/Kindle_Fire (31. Januar 2023).

dazu, dass Bezos den Namen seines Konzerns stillschweigend von *Amazon.com* in *Amazon* ändern lässt.⁴⁴ Auch dies eine Antwort an *Apple*.

Im Bemühen, den Markt weitestgehend zu kontrollieren, lässt *Amazon* in weiterer Folge Bücher eigens schreiben. Mit *Kindle Direct Publishing* entsteht 2011 eine Plattform, die Autorinnen und Autoren sowie kleinen Verlagen ermöglicht, E-Books online zu publizieren.⁴⁵ Es ist ein Frontalangriff auf das Verlagswesen und den Buchhandel. *Amazon* will die gesamte Wertschöpfungskette von der Autoren- bis zur Leserschaft an sich ziehen.⁴⁶ Bald verkauft der Online-Händler mehr E-Books als herkömmliche Bücher. Nach einem Höhepunkt im Jahr 2013 geht der Absatz von E-Books gegenüber papierenen Büchern allerdings wieder zurück. Als Grund firmiert digitale „Übermüdung". Es heißt, die Menschen würden nach einem Arbeitstag am Computer und am Smartphone die Ruhe eines gedruckten Buchs suchen. Es wird aber auch darauf verwiesen, dass *Amazon* mittlerweile eine große Zahl an „Selfpublishern" vertreibe, die außerhalb des regulären Verlagswesens erscheinen und deshalb in öffentlichen Statistiken nicht aufscheinen.⁴⁷

2014 versucht *Amazon* im Rahmen des Abonnements *Kindle Unlimited* für eine Flatrate von 9 Dollar 99 Cent monatlich Zugriff auf 650.000 E-Book-Titel anzubieten.⁴⁸ Das ist Lesestoff für Jahrtausende und ein Alptraum für das Verlagswesen, das seine Einnahmequellen austrocknen sieht. Gegen *Amazon* regt sich Widerstand. Initiativen formieren sich, in denen sich zahllose Angehörige des Schreibenden Gewerbes öffentlich gegen die erpresserischen Geschäftspraktiken aussprechen.⁴⁹

In den Jahren seines Aufstiegs entwickelt sich *Amazon* immer mehr zum Allesverkäufer, zum *Wal-Mart* des Internets mit eigenem Online-Bezahldienst *Amazon Payments*.⁵⁰ Neben Produkten, die zu Großhandelspreisen bei Herstellern eingekauft werden, bietet *Amazon* in seinem riesigen virtuellen Schaufenster auch

---

44 Stone: Der Allesverkäufer, S. 381.
45 https://www.finanzen.net/nachricht/geld-karriere-lifestyle/kindle-direct-publishing-geld-verdienen-durch-buecherpublikation-ueber-amazon-10058140 (19. Januar 2023); https://de.wikipedia.org/wiki/Amazon_Kindle (19. Januar 2023).
46 Stone: Der Allesverkäufer, S. 318; https://www.sueddeutsche.de/wirtschaft/corona-handel-online-amazon-1.4859494 (19. Januar 2023).
47 https://www.bernerzeitung.ch/das-gedruckte-buch-laesst-sich-vom-e-book-nicht-so-leicht-verdraengen-115001183935 (19. Januar 2023).
48 https://www.derstandard.at/story/2000006386303/999-dollar-wie-amazon-die-buchbranche-zerlegen-will (19. Januar 2023).
49 Brügmann: Wirkt sich negative Medienpräsenz eines Online-Versandhandels auf das Kaufverhalten der Kunden aus? S. 20–21, S. 25–26; https://www.derstandard.at/story/2000004428873/auch-1000-deutschsprachige-autoren-protest-gegen-amazon-waechst (3. Februar 2023).
50 https://de.wikipedia.org/wiki/Amazon (19. Januar 2023).

Produkte fremder Händler an. Zur Suche nach Produkten dient in der Regel nach wie vor *Google*. An der aufstrebenden Suchmaschine führt kein Weg vorbei, auch wenn *Amazon* eine eigene Suchmaschine für Konsumgüter entwickelt und auf seiner Webseite Anzeigenbanner sowie gesponserte Suchergebnisse vermarktet.[51] Dahinter steht die Intention des Firmengründers, *Amazon* vom bloßen Handelsunternehmen in ein modernes Tech-Unternehmen zu verwandeln. Spezielle Software wird entwickelt, die saisonale Trends, das Kaufverhalten der Kundschaft sowie deren Suchintensität nach bestimmten Produkten auswertet und dadurch Einkäufern erlaubt, gezielt Produkte einzukaufen. So genannte Preisbots suchen im Netz immerzu nach Angeboten der Konkurrenz, um die eigenen Preise gemäß der Prämisse, immer den günstigsten Preis zu bieten, runterzusetzen.[52] Mit seinem Empfehlungssystem („Recommender Systems") ermöglicht *Amazon* für alle angebotenen Waren oder Dienstleistungen Wertungen von Kunden zu posten, samt Sternchen zur Bewertung. Je besser die Kundenrezension und je mehr Sterne, umso höher die Platzierung in den Suchergebnissen. Dieses System gerät aber in die Kritik, nachdem sich die unlautere Praxis verbreitet, dass gute Bewertungen gegen Honorar erstellt werden, und zwar von Personen, die das beworbene Produkt mitunter gar nie zu Gesicht bekommen haben. Manche Händler lassen auf diese Weise ihre Ware hochstilisieren oder die Produkte der Konkurrenz runtermachen.[53] Doch derlei Fehlentwicklungen können den Erfolg von *Amazon* nicht gefährden.

In seinem umfassenden Verständnis von Kundendienst macht *Amazon* das ultimative Konsumversprechen: alles sofort haben zu können.[54] Ab Anfang 2002 bietet man unter dem Titel *Free Super Saver Shipping* Gratiszustellung.[55] 2005 wird mit *Amazon Prime* eine Mitgliedschaft eingeführt, die für 79 Dollar jährlich kostenlose Belieferung mit ausgewählten Produkten innerhalb von zwei Tagen und eine Ermäßigung bei Lieferung innerhalb eines Tages garantiert.[56] Möglich wird dies durch eine ausgefeilte Lager- und Transportlogistik, die einen gehörigen Wettbewerbsvorteil gegenüber der Konkurrenz bedeutet.[57] Kunden erfahren in diesem System den genauen Lieferzeitpunkt der bestellten Ware. Das schürt die Vorfreude auf das Bestellte, konditioniert die Menschen auf das Einkaufserlebnis

---

51 Stone: Amazon, S. 292.
52 Stone: Der Allesverkäufer, S. 235.
53 https://www.businessinsider.de/wirtschaft/fake-bewertungen-bei-amazon-r/ (19. Januar 2023).
54 Stone: Der Allesverkäufer, S. 12.
55 Ebd., S. 152.
56 https://www.amazon.de/amazonprime?ie=UTF8&tag=hyddemsn-21&hvadid=&hvpos=&hvexid={aceid}&hvnetw=o&hvrand=&hvpone=&hvptwo=&hvqmt=p&hvdev=c&ref=pd_sl_28kzfhqeuf_p (19. Januar 2023).
57 Stone: Der Allesverkäufer, S. 213.

und optimiert gleichzeitig die Übergabe durch Aushandeln von Treffpunkt und Zeitpunkt.

Für die rasche Zustellung bestellter Ware errichtet *Amazon* Logistikzentren in aller Welt. Dort arbeiten Beschäftigte unter digital optimierten Bedingungen. Sie verwenden Scanner zum Erfassen der Ware, die jedoch auch ihre eigenen Wege protokollieren und sich als technisches Hilfsmittel der Überwachung ihrer Arbeit geradezu anbieten, wenngleich *Amazon* bestreitet, Derartiges zu praktizieren. Eine Gewerkschaft, die dies in den Niederlassungen kontrollieren könnte, lässt man aber nicht zu. Für das boomende Weihnachtsgeschäft werden Leiharbeiter ins Land geholt, die ihre Arbeit unter Druck und unausgesetzter Beobachtung verrichten müssen.[58] Der Konzern boomt insofern auch auf Kosten der Beschäftigten. Noch gravierender scheint für die Zukunft aber zu sein, dass *Amazon* in seinen modernen Versandlagern zahlreiche autonom fahrende Roboter einsetzt, die bestellte Ware aus den Regalen oder gleich die ganzen Regale zu einem menschlichen Mitarbeiter bringen. Dadurch können die Lager viel dichter bestückt werden.[59] Es sind Roboter der Firma *Kiva Systems*, die 2012 von *Amazon* übernommen wird.[60] Die Logistikzentren arbeiten sieben Tage pro Woche, um die rund um die Uhr erfolgenden Online-Bestellungen abzuarbeiten. Das kann man sich leisten, denn Roboter beziehen keinen Lohn, sind deutlich belastbarer als Menschen und denken auch nicht an Arbeitskampf.

Von den Logistikzentren aus nehmen die Produkte ihren Weg zur Kundschaft. Zugestellt wird in den USA zunächst durch Lieferfirmen wie *UPS* und *FedEx* sowie die amerikanische Post, und während sich *UPS* und *FedEx* anfangs weigern, an Sonntagen zuzustellen, gibt die Post dem Druck von *Amazon* nach. Später errichtet *Amazon* ein eigenes Liefersystem, basierend auf zahllosen schlecht bezahlten Angestellten und Zustellern.[61] Eine eigene Navigationssoftware zeigt Adressen an und errechnet die für die Zustellung schnellste Route. Die optimierte Logistikplanung erhöht den Druck, der ohnehin schon im System herrscht. Damit nicht genug, experimentiert *Amazon* mit Drohnen, die in Hinkunft Hauszustellungen besorgen sollen.[62] Immer direkter, immer schneller. Und wofür? Für die Zufriedenheit der Kunden, für die Beherrschung des Markts.

Das Geschäftsprinzip, das wesentlich von der Erzeugung immer neuer Konsumwünsche lebt, entfaltet jedoch eine beträchtliche Umweltschädlichkeit. Die Flotten an Flugzeugen, Sattelschleppern und Lieferwägen, die weltweit im Einsatz sind, um das Konsumparadies am Laufen zu halten, stellen eine schwere Hypothek dar.

---

58 Ebd., S. 218.
59 Stone: Amazon, S. 265.
60 https://cn.wikipcdia.org/wiki/Amazon_Robotics (27. März 2023).
61 Stone: Amazon, S. 251, S. 268–270.
62 Stone: Der Allesverkäufer, S. 393–394.

Auch die Unmengen an Verpackungsmaterial, die bei diesem Geschäftsmodell anfallen, schlagen sich in der Öko-Bilanz negativ zu Buche, ganz zu schweigen von rückgesandten Waren, die in rauen Mengen weggeworfen werden, weil dies billiger kommt, als sie für den Wiederverkauf neu aufzunehmen und wieder einzulagern.[63]

Für die Zukunft verspricht Bezos deshalb, den gesamten Betrieb seines Unternehmens auf Nachhaltigkeit umzustellen und in großem Maßstab Elektrofahrzeuge einzusetzen.[64] Aber reicht das? Ist nicht das Prinzip des grenzenlosen Konsumierens, das *Amazon* verkörpert, genau das, was ökologischer Nachhaltigkeit grundsätzlich entgegensteht? Wäre nicht Enthaltsamkeit der richtige Weg? Eine Abkehr vom Konsumparadies? Der Auszug aus Amazonien?

Für *Amazon* geht die Rechnung jedenfalls auf. Die Gratiszustellung verursacht dem Unternehmen zwar hohe Kosten, doch stehen diesen mehr Bestellungen gegenüber – einerseits als Folge der Mitgliedschaft und andererseits wegen der im Netz zur Anwendung kommenden, einfachen „1-Click-Bestellung". Die gesteigerten Umsätze ermöglichen, die Versandkosten pro Warenstück zu senken und bei den Lieferfirmen Kostensenkungen zu erzwingen.[65] Die niedrigen Produktpreise und die Loyalität der *Prime*-Mitglieder wiederum sorgen für eine Steigerung nicht nur der Kundenfrequenz, sondern auch der Anzahl von fremden Händlern, die über *Amazon* anbieten. Die Gebühren, die Letztere zahlen müssen, erlauben *Amazon*, die Preise für eigene Produkte weiter zu senken, das Zustellungssystem auszubauen und die *Prime*-Mitgliedschaft noch attraktiver zu machen.[66] Dazu dient auch das 2019 postulierte Vorhaben, die Zustellung weiter zu beschleunigen und *Prime*-Mitglieder innerhalb eines einzigen Tages zu beliefern.[67] Das Ziel ist die verwegene Idee, dass die Kundschaft nirgendwo sonst mehr einkaufen solle. *Amazon* als das einzig wahre Einkaufsparadies!

In diesem System geraten die Fremdhändler immer stärker unter Druck. Sie haben aber keine Alternative; wenn sie *Amazon* als Marktplatz verlieren, verlieren sie in der Regel auch den Großteil ihrer Umsätze. *Amazon* wird vorgeworfen, seine dominante Marktmacht zu missbrauchen, um die Preise seiner Vertragshändler zu drücken. Mitunter kommt es sogar vor, dass erfolgreiche Produkte fremder Händler plötzlich von *Amazon* selbst in ähnlicher Form billiger angeboten werden.[68] Einer der betroffenen Händler bringt die prekäre Situation auf den Punkt: „Was Amazon

---

63 https://www.geo.de/natur/nachhaltigkeit/konnte-die-vernichtung-von-retouren-gestoppt-werden-31423056.html (19. Januar 2023); https://www.msn.com/de-at/nachrichten/other/amazon-schmei%C3%9Ft-tonnenweise-neuware-in-den-m%C3%BCll/ar-AA12RPqh (19. Januar 2023).
64 Stone: Amazon, S. 14.
65 Stone: Der Allesverkäufer, S. 215–216.
66 Stone: Amazon, S. 195.
67 Ebd., S. 286.
68 Ebd., S. 240–241.

da macht, ist wie eine Einladung zum Essen an Thanksgiving, bei der man sich an den Tisch setzt und dann merkt, dass man der Truthahn ist."[69] Der Soziologe Harald Welzer unterstellt Verfechtern der „libertären" Weltanschauung wie Bezos den Manchesterkapitalismus des 19. Jahrhunderts „zurückerfunden" zu haben.[70]

In *Amazons* Konsumparadies wird Konsum zum Lebenssinn verklärt. Es ist wie in Aldous Huxleys Kritik an der amerikanischen Konsumgesellschaft *Brave New World*, die einen totalitären Weltstaat der Zukunft beschreibt, in dem künstlich gezüchtete Menschen in einem starren Kastensystem leben, zur Zufriedenheit konditioniert, mit stimmungsaufhellenden Drogen versorgt und mit Konsum und Sex (ohne Liebe) bei Laune gehalten werden. Ausblicke auf eine künftige *Amazon*-Gesellschaft lassen ebenfalls Sorgen vor einer konsumübersättigten und politisch ruhiggestellten Gesellschaft wachsen, in der totalitäre Geschäftspraktiken herrschen. Schon jetzt dringt *Amazon* beim Sammeln und Auswerten persönlicher Daten seiner Kundschaft mithilfe der Spionin *Alexa* bis in die privaten Wohnzimmer vor, um die Konsumwünsche der Menschen zu eruieren.

Nachdem *Apple* im Oktober 2011 mit der virtuellen Assistentin *Siri* den Anfang gemacht hat, zieht *Amazon* vier Jahre später mit dem Lautsprecher *Echo* nach.[71] Wird das System, das auf den Namen *Alexa* hört, durch Aussprechen dieses Namens aktiviert, liefert es seinen Besitzern auf Wunsch den Wetterbericht oder Nachrichten, vermerkt Termine und Einkaufslisten oder spielt Musik aus dem Netz. Dazwischen lauscht der smarte Lautsprecher und erwartet die nächste Order. Man kann ihm auch Fragen stellen, auf die man Antworten aus dem reichen Fundus des Internets erhält. Systeme wie dieses basieren auf „Deep Learning"-Methoden, das heißt, ein Computer wird mit Unmengen von Daten gefüttert – etwa unzähligen Gesprächen –, um durch Mustererkennung herauszufiltern, welche Antwort die passendste auf eine bestimmte Frage darstellt.[72] Diese Technik entspricht in keiner Weise dem menschlichen Verstehen, eher papageienhaftem Nachplappern, doch soll *Alexa* natürlich nicht das Ende der Entwicklung darstellen. Der Science-Fiction-Fan Bezos wünscht sich einen Computer wie aus Star Trek, der jede erdenkliche Frage souverän beantworten kann und darüber hinaus auch als eigenständige persönliche Assistenz fungiert, ausgestattet mit Entscheidungsvollmachten wie der, selbsttätig ein Taxi zu rufen oder eine Bestellung an den Supermarkt zu leiten.[73] Dazu passt die geheimnisvolle Aura, die *Alexa* umgibt, und dass die Kontaktauf-

---

69 Zit. n.: Stone: Amazon, S. 437.
70 Welzer: Die smarte Diktatur, S. 183.
71 Stone: Amazon, S. 61.
72 Ebd., S. 49.
73 Ebd., S. 44.

Abb. 11 *Amazons Echo* lauscht mit © Technisches Museum Wien.

nahme mit ihr ohne jedes physische Interface erfolgt.[74] Die virtuelle Dienerin hat etwas Magisches.

Das Wesen spricht mit einer Frauenstimme, da weiblichen Stimmen im Allgemeinen positive Eigenschaften wie Vertrauenswürdigkeit, Empathie und Wärme zugeschrieben werden.[75] Das ist der Schlüssel zur Privatsphäre der Menschen und zu ihren Privatgesprächen. *Alexa* lauscht nämlich auch, wenn sie inaktiv ist und leitet das Erlauschte weiter an die Cloud von *Amazon*, wo es im Hinblick auf kommerzielle Verwertbarkeit analysiert wird. Es ist eine individuelle Marktstudie in Echtzeit bei den Konsumenten daheim – ohne deren Wissen, geschweige denn Zustimmung. Die Privatsphäre wird dabei ausgehebelt.[76] Das geht nicht immer ohne Komplikationen ab.

Vereinzelt werden Eklats bekannt. In Portland zeichnet ein *Echo* das private Gespräch eines Paares auf und übermittelt dieses in Folge einer Fehlfunktion an einen Angestellten des Ehemanns, nachdem dieser in dessen Adressverzeichnis

---

74 Ebd., S. 62.
75 Ebd., S. 43.
76 https://www.t-online.de/digital/id_83080402/ist-alexa-eine-spionin-was-amazons-lautsprecher-alles-mithoert.html (19. Januar 2023).

aufscheint.⁷⁷ Die Frage bleibt, ob nur die Übermittlung oder auch die Belauschung versehentlich geschehen ist…

Das kommerzielle Kalkül von Bezos geht dennoch auf. Nach einer Phase großer Verluste seines Konzerns setzt ein Aufschwung ein. Allein zu Weihnachten 2015 verkauft *Amazon* eine Million *Echos*.⁷⁸ Außerdem erweist sich das Cloud-Geschäft der zehn Jahre zuvor eingerichteten Sparte *Amazon Web Services* als äußerst profitabel. Erste veröffentlichte Ergebnisse lassen den Börsenwert von *Amazon* auf über 200 Milliarden Dollar steigen. Damit legt das Unternehmen den Geruch des Verlustgeschäftes endgültig ab. *Amazon* überflügelt *Walmart* und wird zum wertvollsten Einzelhändler der Welt.⁷⁹

---

77 Stone: Amazon, S. 67–68.
78 Ebd., S. 63.
79 Ebd., S. 128, S. 134.

Big *Google*, oder die Macht der Daten

Als der beliebteste Führer durch die unüberschaubare Welt des Internets erweist sich die Suchmaschine von *Google*, die alle ihre Konkurrenten vom Platz fegt, wie Bill Gates anerkennend bemerkt.[1] Man ist so erfolgreich, dass sich der Begriff „googeln" im Laufe der Zeit als allgemein gebräuchlicher Begriff für „Suche im Internet" etabliert. Der Begriff findet sogar Eingang in den *Duden*, wobei das *Google*-Management gegen die allgemeine Bedeutung interveniert und verlangt, dass damit nur die Suche mit der Suchmaschine *Google* bezeichnet werden dürfe.[2]

In seinen frühen Jahren wirft allerdings auch *Google* keinen Gewinn ab. Das Unternehmen zehrt von Risikokapital. Um die Jahrtausendwende drängen die Kapitalgeber darauf, eine Einnahmenquelle zu erschließen.[3] *Google* macht sich dazu den Umstand zunutze, dass die Menschen der Suchmaschine gegenüber preisgeben, wofür sie sich interessieren. Die Einspielung von Anzeigen, die zu dem gerade Gesuchten passen, wird das zentrale Geschäftsmodell. Für jeden Klick durch eine der suchenden Personen auf eine der Anzeigen kassiert *Google* eine Gebühr.[4] Außerdem kann *Google* anhand der Protokolle auswerten, wie oft sich Surfende für bestimmte Anzeigen interessieren.

Bei *Googles* Anzeigendienst *Ad Words* können Werbetreibende aus einer Liste an Schlüsselbegriffen interessante Begriffe auswählen, neben denen sie ihre Anzeigen platzieren wollen. Enthält eine Suchanfrage eines der gebuchten Wörter, erscheinen mit der Trefferliste Links, die auf die Seite des Inserenten verweisen.[5] Die Anzeigenlinks werden dabei in der Trefferliste als gesponsert ausgewiesen, um sie von den eigentlichen Suchergebnissen zu unterscheiden. Gemäß *Googles* Unternehmensphilosophie erleben die durchs Netz Surfenden zielgerichtete und hochwertige Werbung, die beim Publikum weniger störend als hilfreich empfunden werde: Jemand, der oft auf Sportseiten surft, bekommt Sportartikelangebote eingeblendet. Recherchiert man für einen Urlaub, erscheinen nicht zufällig Reiseangebote in den Anzeigen.[6]

---

1 Levy: Google Inside, S. 70.
2 https://www.handelsblatt.com/technik/it-internet/internetsuchmaschine-google-laesst-duden-eintrag-googeln-aendern/2693646.html (19. Januar 2023).
3 Levy: Google Inside, S. 113.
4 Reischl: Die Google-Falle, S. 84; Domsalla: Wissensmanagement und neue Wirtschaftsprozesse, a. a. O., S. 176.
5 Levy: Google Inside, S. 111.
6 Reischl: Die Google-Falle, S. 51.

Im Jahr 2002 fährt *Google* erstmals Gewinne ein. Mithilfe von 10.000 Servern werden zu dieser Zeit täglich 150 Millionen Suchanfragen abgewickelt.[7] Man hat rund zwei Milliarden Webseiten im Index.

Mit *Ad Sense* geht kurz darauf ein neuer Anzeigendienst in Betrieb. *Ad Sense* bietet Unternehmen die Möglichkeit, ihre Werbung bei bestimmten Inhalten zu platzieren, also etwa auch bei themenverwandten Zeitungsartikeln.[8] Vereinzelte Probleme sind dabei nicht ausgeschlossen, weil der Algorithmus nach sinngemäßen Übereinstimmungen sucht, ohne Sinn für menschliches Empfinden. So erscheint neben einem Artikel der *New York Times*, der von einem grässlichen Mord und einer zerstückelten Leiche in einem Müllsack berichtet, eine Anzeige für Müllsäcke. Doch abgesehen von solchen Entgleisungen funktioniert das Anzeigensystem außerordentlich gut. Das Geld, das für eine Anzeige vom Inserenten eingenommen wird, teilen sich *Google* und der Lizenznehmer – etwa die Zeitung, bei deren Artikel die Anzeige platziert wurde.[9]

AdWords und *AdSense* machen *Google* zu einem Werbegiganten.[10] 2004 geht das Unternehmen an die Börse.[11] Der Börsenwert erreicht im Februar 2005 rund 59 Milliarden US-Dollar, womit sich *Google* an die Spitze der Internet-Unternehmen setzt.[12]

Das Geheimnis des Erfolgs wird streng gehütet. Es hat mit *Googles* Algorithmen zu tun, welche letztlich entscheiden, was bei einer Suchanfrage ganz oben auf der Ergebnisliste landet und was weiter hinten und was gegebenenfalls überhaupt nicht angezeigt wird. Die Reihung ist von alles entscheidender Bedeutung, nachdem die Menschheit inzwischen digitale Daten in Mengen erzeugt, die in Exabytes (entspricht einer Million Terabytes) gemessen werden müssen.[13] Tendenz stark steigend.

Offiziell heißt es bei *Google*, die gefundenen Seiten würden nach Relevanz geordnet. Diese Relevanz resultiert aus einem komplizierten Verfahren zur Seitenbewertung, das der *Google*-Gründer Larry Page entwickelt hat. Die verwendete Software *Page Rank* analysiert die Struktur der Links im Internet: Wenn eine Seite auf eine andere verlinkt, wird dies als Votum der ersten Seite für die zweite interpretiert und erhöht den Wert der zweiten; dabei wird die Wertigkeit der ersten

---

7 Levy: Google Inside, S. 122, S. 235.
8 Ebd., S. 133, S. 135.
9 Ebd., S. 137–138.
10 Frenkel/Kang: Inside Facebook, S. 69.
11 Levy: Google Inside, S. 200.
12 Patzwaldt: Google Inside, a. a. O., S. 195.
13 Burke: Die Explosion des Wissens, S. 316.

Seite miteinbezogen. Ist sie selbst stark verlinkt, erhöht dies den Wert zusätzlich.[14] Außerdem optimiert *Google* die Suche in alle möglichen Richtungen. Aus einer langen Pause zwischen den Klicks einer im Netz surfenden Person wird geschlossen, dass sie gefunden hat, wonach sie gesucht hat. Sie ist offenkundig mit dem gelieferten Treffer zufrieden. Im Gegensatz dazu verweisen kurze Klicks, bei denen ein Treffer angeklickt wird, um kurz danach wieder verlassen zu werden, um den nächsten anzuklicken, darauf, dass dies nicht das Gesuchte war.[15] Um Suchanfragen zu schärfen, wird zudem automatisch immer auch nach Synonymen der eingetippten Begriffe gesucht. Es werden geografische Kategorien in die Suche miteinbezogen, um sie einzugrenzen, und anhand von digitalen Telefonbüchern wird automatisch verifiziert, ob es sich beim gesuchten Begriff um den Namen einer Person handelt. Die *Google*-Suche nutzt zahlreiche solcher Zusatzbedingungen, um ihre Treffsicherheit zu erhöhen. Genaues weiß man nicht. Geschäftsgeheimnis.

Googles Erfolg beruht letzten Endes auf der guten Nutzbarkeit der Suchmaschine. Sie schafft es, die Ergebnisse von unerwünschten Inhalten, vor allem unerwünschten Werbeseiten („Spam"), freizuhalten.[16] Mit anderen Worten, *Googles* Algorithmus vermag das Relevante aus dem Meer des Belanglosen herauszufischen und verhindert damit, dass die Surfenden untergehen. Die Ergebnislisten erscheinen sauber.

Im Gegenzug versuchen Unternehmen, sich die Dynamik des *Google*-Algorithmus zunutze zu machen und sich im „Ranking" selbst weit nach oben zu bringen. Dahinter steht die Überzeugung, praktisch nicht zu existieren, wenn man nicht auf der ersten Seite eines Suchergebnisses aufscheint.[17] Wegen solchen unlauteren Praktiken, die als „Search Engine Optimization"[18] bezeichnet werden, wird der deutsche Fahrzeughersteller *BMW* 2006 von *Google* aus dem Index verbannt. Erst als der Autobauer den umstrittenen Methoden, sich durch massenhaften Einsatz von Schlüsselwörtern einen besseren Listenplatz zu verschaffen, abschwört, wird er wieder aufgenommen.[19]

Nachdem die Listung bei *Google* mit einem sehr hohen Werbewert verbunden ist, tobt ein richtiger Kampf zwischen den Programmierern der *Google*-Suchmaschine, die stetig an der Aktualisierung des Algorithmus arbeiten, und Spam-Teams diver-

---

14 Levy: Google Inside, S. 30; Reischl: Die Google-Falle, S. 32; Schetsche/Lehmann/Krug: Die Google-Gesellschaft, a. a. O., S. 23.
15 Levy: Google Inside, S. 63.
16 Ebd., S. 72–73.
17 Patzwaldt: Suchmaschinenlandschaften, a. a. O., S. 79.
18 Levy: Google Inside, S. 73.
19 Reischl: Die Google-Falle, S. 33; https://de.wikipedia.org/wiki/Google (19. Januar 2023).

ser Großunternehmen, die versuchen, ihre Firma auf die vordersten Listenplätze zu bringen. Dieses Duell auf Distanz wird „Google Dance" genannt.[20]

Um das durchs Internet surfende Publikum nachhaltig zu erfassen, greift *Google* auf so genannte „Cookies" zurück.[21] Das sind kleine Programmcodes, die während des Surfens automatisch gesetzt werden, um die Wege zu verfolgen, die die Surfenden wählen.[22] Mithilfe solcher Cookies lassen sich Benutzerprofile erstellen und Vorlieben und Interessen herausfinden, um die betreffenden Personen gezielt mit Werbeanzeigen konfrontieren zu können.[23] Cookies bescheren dem Internet endgültig das Ende der Freiheit. Nutzerinnen und Nutzern wird faktisch abgepresst, ihre Daten auszuliefern, bevor sie im Netz dorthin gelassen werden, wo sie hinwollen. Andernfalls endet der Surfausflug an besagter Stelle.

Im Mai 2007 übernimmt *Google* für mehr als drei Milliarden Dollar den Anzeigendienst *Double Click* und gerät dadurch in den Fokus der US-Behörden, die eine kartellrechtliche Untersuchung einleiten.[24] Die Frage steht im Raum, ob *Google* den Anzeigenmarkt im Netz in unzumutbarer Weise beherrscht. Die Untersuchung endet ergebnislos, wodurch *Google* seine Position weiter ausbauen kann. Dabei spielt das neue Cookie eine zentrale Rolle. Hat das bisherige *Ad-Sense*-Cookie besuchte Seiten erst dann protokolliert, wenn dort eine Anzeige angeklickt worden ist, so registriert das neue *Double-Click*-Cookie jede aufgerufene Seite.[25] *Google* folgt den durchs Netz Surfenden bis in den letzten Winkel und verdient daran.

Google eröffnet mit seiner Strategie themenbezogener Werbung ein neues Zeitalter im Anzeigenwesen. Die Strategie unterscheidet sich grundlegend von bisherigen Praktiken möglichst breiter Streuung, wie dies bei klassischer Werbung geschieht, gleicht eher der einer Partnervermittlung, bei der es darum geht, zwei zueinander passende Teile zusammenzubringen.[26] Der Fluchtpunkt ist personalisierte Werbung, also Werbung, die auf ein Individuum zugeschnitten ist. Sie zielt darauf ab, jeder Person das am besten zu ihr passende Angebot zu unterbreiten.

Dasselbe versucht freilich auch die Konkurrenz. *Amazons* Gründer Bezos träumt davon, jedem einzelnen Kunden ein individuelles Angebot machen zu können. Und *Facebook* hat dahingehend den zusätzlichen Vorteil, dass es seine Mitglieder von vornherein persönlich kennt, deren Vorlieben, Hobbys und Interessen. Anzeigenkunden von *Facebook* können die Mitglieder nach Religionszugehörigkeit,

---

20 Levy: Google Inside, S. 74.
21 https://policies.google.com/technologies/cookies?hl=de (19. Januar 2023).
22 Reischl: Die Google-Falle, S. 44.
23 https://de.wikipedia.org/wiki/HTTP-Cookie (3. Februar 2023).
24 Levy: Google Inside, S. 421–422.
25 Ebd., S. 426.
26 Ebd., S. 152.

politischer Orientierung und finanzieller Situation selektieren.[27] Während *Google* weiß, wonach die Menschen suchen, und *Amazon*, was sie kaufen, weiß *Facebook*, wer sie sind.

Grundlage der Werbung im Netz sind die großen Datenmengen, die durch die Nutzergemeinde erzeugt werden. Damit diese Datenbasis entsprechend wächst, bietet *Google* kostenlose Dienstleistungen an, die bislang sehr kostspielig und vielen Menschen deshalb nicht zugänglich waren. War das klassische Telegramm die längste Zeit über ein teures, umständliches und elitäres Kommunikationsmittel, so ist der Dienst *Google Mail*, kurz *Gmail*, gratis und ermöglicht einfachstes Kommunizieren. Im Unterschied zu den Maildiensten der Konkurrenten *Microsoft* und *Yahoo*, die anfangs für jedes Konto nur zwei bzw. vier Megabyte an Speicher anbieten, offeriert *Gmail* unglaubliche 1000 Megabyte.[28] Man kommt damit einem Bedürfnis entgegen, Mails speichern zu können und nicht gleich löschen zu müssen, um Platz für neue zu schaffen. Dahinter verbirgt sich jedoch nicht bloß Großzügigkeit, sondern auch die Intention, so viele Mitglieder wie möglich für *Gmail* zu gewinnen und von ihnen so viele Daten wie möglich zu sammeln. Man behandelt den Mailverkehr wie die Suchanfragen, die ebenfalls gespeichert und im Hinblick auf persönliche Nutzerprofile ausgewertet werden. Wie zu Suchanfragen werden auch zu Mails passende Anzeigen geschaltet. Doch trifft diese Praxis auf Widerstand in der *Gmail*-Gemeinde. Manche Mitglieder wenden sich entschieden gegen das Auswerten ihrer privaten Post.[29] Sie fürchten, *Google* lese und speichere die Korrespondenz mit und fordern die Einhaltung des Briefgeheimnisses. Dieses Bedürfnis nach Intimsphäre läuft dem Geschäftsmodell von *Google* entgegen. Das Unternehmen weist die Bedenken bezüglich des Datenschutzes zurück. Es sei eine Maschine, die die Inhalte analysiere. Kein Mensch lese je ein fremdes Mail …

Google bleibt auf Kurs und setzt weitere Dienste in Betrieb, um noch mehr Daten zu sammeln. Mit *Google Talk* können Mitglieder der *Gmail*-Gemeinde übers Netz miteinander reden oder instantan schriftlich kommunizieren. Ab 2009 steht *Google Voice* zur Verfügung, ein Dienst, mit dem gesprochene Mails versendet bzw. mittels Spracherkennung in Schriftform umgewandelt und als Mail verschickt werden können.[30] Mit dem Dienst *Google Buzz* versucht der Konzern ab Februar 2010 seinen Maildienst zu einem sozialen Netzwerk nach dem Vorbild von *Facebook* auszubauen, nachdem man es bisher nicht geschafft hat, ein solches Netzwerk zu etablieren. Der Umstand, dass private Kontakte und Korrespondenzen anderen Personen preisgegeben werden sollen, erzeugt jedoch wieder Aufregung. Der

---

27 Frenkel/Kang: Inside Facebook, S. 70, S. 198.
28 Levy: Google Inside, S. 219.
29 Ebd., S. 223.
30 Ebd., S. 303.

Konzern muss Nachbesserungen machen, um persönliche Kontakte privat halten und unerwünschte Gefolgschaft abblocken zu können.[31] Ein Jahr später findet der Dienst ein Ende und wird von *Google plus* ersetzt. Doch auch dieser Versuch, dem mächtigen Konkurrenten *Facebook* etwas Vergleichbares entgegenzusetzen, schlägt fehl. Am Ende verschwindet auch *Google plus*.[32] *Google* scheitert an der schieren Größe von *Facebook*. Was wohl daran liegt, dass sich Menschen in einem Netz engagieren wollen, in dem schon viele Menschen aktiv sind, nicht in einem neuen, spärlich besuchten. *Facebook* hat seine größten Konkurrenten geschluckt, ist zu einem Giganten geworden und deshalb auch durch einen Riesen wie *Google* kaum mehr angreifbar.[33]

Zur Erweiterung seiner Datenbasis bietet *Google* immer mehr Gratisdienste an: digitale Landkarten in *Google Maps*, Satellitenaufnahmen der Erdoberfläche in *Google Earth*, dreidimensionale Ansichten von Straßenzügen und Häusern in aller Welt in *Google Street View*. Letzteres erregt Aufsehen. Die Kritik entzündet sich daran, dass auf den Häuseraufnahmen, die im Internet veröffentlicht werden, immer wieder auch Menschen zu erkennen sind.[34]

Mit *Google Books* bietet *Google* die größte Sammlung digitalisierter Bücher in privatem Besitz und mit *Google News* Links zu aktuellen Meldungen, die von Webseiten von Online-Massenmedien übernommen werden, übrigens ohne eine Genehmigung einzuholen oder dafür zu zahlen.[35] Darüber hinaus bietet *Google* Sprachübersetzungen und Spiele sowie mit *YouTube* eine Plattform für Film- und Fernsehausschnitte, Musikclips und selbst produzierte Videos. Auch zu den Videos wird in bewährter Weise Anzeigenwerbung geschaltet, sodass zu einem Film eines Kitesurfers etwa eine Anzeige zum Board oder zu einer Surfschule in der Umgebung erscheinen könnte.[36]

Der Dienst *iGoogle* bietet Privatpersonen die Möglichkeit, eine personalisierte Startseite für das Surfen im Internet anzulegen mit den bevorzugten Nachrichtenseiten, einem Wetterbericht, einer To-do-Liste oder gern gesehenen *YouTube*-Videos. Nutzt man solche Dienste, liefert man einen Teil seines Privatlebens an *Google* aus. Mit *Google Calendar* gibt man seinen Alltag preis, mit der Gesundheitsplattform *Google Health*, auf der jedermann und jedefrau kostenlos medizinische Befunde

---

31 Ebd., S. 482–483.
32 https://de.wikipedia.org/wiki/Google_Buzz (19. Januar 2023); https://de.wikipedia.org/wiki/Google%2B (19. Januar 2023).
33 Brodnig: Übermacht im Netz, S. 43.
34 Levy: Google Inside, S. 435.
35 Pinto Balsemão: Der Wettbewerbskommissar irrt, a. a. O., S. 235.
36 Levy: Google Inside, S. 336.

ablegen kann, sogar den Gesundheitszustand.[37] *Googles* Dienste sind insofern nur vordergründig gratis, sie werden mit Privatsphäre bezahlt.[38]

Wie ein fleißiger Bauer bearbeitet *Google* immer mehr Felder, auf denen immer mehr persönliche Daten geerntet werden. Durch dieses umfassende „Harvesting"[39] beginnt sich das Unternehmen in seiner Außenwahrnehmung aber allmählich vom hippen Startup zu einer Art Big Brother, wie ihn George Orwell in seinem dystopischen Roman *1984* gezeichnet hat, zu verwandeln. Big Brother beobachtet jede Regung der Menschen und belauscht jedes ihrer Worte, um sie ständig unter Kontrolle zu halten. Big Google strebt dem offenkundig nach. Allerdings sind längst nicht alle Versuche des Konzerns, sich der privatesten Daten zu bemächtigen, von Erfolg gekrönt. *iGoogle* wird wie *Google Health* nach einigen Jahren eingestellt.[40] Dasselbe gilt für *Google Glass*, die futuristische Brille, die 2013 herauskommt. In ihrem rechten Bügel sitzt ein winziger Computer samt Kamera, Mikrofon, GPS-Navigation, Bluetooth-Verbindung zum Smartphone und einem würfelförmigen Minimonitor. Sie wird durch Sprachbefehle gesteuert und kann jederzeit zu den realen Dingen der Welt, die die Person, die die Brille trägt, vor sich sieht, Hintergrundinformation aus dem Internet einspielen. Sie kann Fotos und Videos machen und gleich auch verschicken.[41] Sie kann Navigationsanfragen beantworten, Informationen zu Sehenswürdigkeiten und Veranstaltungen liefern wie auch den aktuellen Wetterbericht. Sie präsentiert sich als perfekter „Führer durch den Großstadtdschungel",[42] wie es freundlich heißt. Tatsächlich bietet sie sich dank ihrer eingebauten Kamera auch als perfektes Überwachungsinstrument des öffentlichen Raums an. Es ist wahrscheinlich diese voyeuristische Anrüchigkeit, die ihr anhaftet, die dafür sorgt, dass sie sich nicht durchsetzen kann.[43] Noch nicht.

Um die Jahrtausendwende kauft *Google* überall am Globus Glasfaserkabel für den Datentransfer auf und errichtet eigene Datenfarmen in aller Welt, um Daten lokal zu speichern und die explodierenden Übertragungskosten zu senken.[44] Riesige Datenmengen werden in Rechenzentren zur weiteren Verarbeitung mit Supercomputern zusammengeführt, was stark an Big Brother gemahnt, mit dem Unterschied, dass die Auslieferung der Daten an Big Google höchst freiwillig geschieht.[45]

---

37 Reischl: Die Google-Falle, S. 129.
38 Aust/Amann: Digitale Diktatur, S. 159.
39 Zimmer: Die Bibliothek der Zukunft, S. 254.
40 https://de.wikipedia.org/wiki/Google_Health (19. Januar 2023).
41 Stiftung Stiftung Deutsches Technikmuseum Berlin (Hg.): Netz-Dinge, S. 93.
42 Aust/Amann: Digitale Diktatur, S. 176.
43 Ebd., S. 176–177.
44 Levy: Google Inside, S. 243–244.
45 Steingart: Unsere Waffen im digitalen Freiheitskampf, a. a. O., S. 239.

Abb. 12 Beide Welten am Schirm: Google Glass © Wikimedia Commons, CC BY-SA 3.0, Tim.Reckmann.

Als meistbesuchte Webseite und mit Abstand meistfrequentierte Suchmaschine der Welt wird *Google* zum „Türhüter des Internets".[46] Mit *Google Chrome* entwickelt *Google* einen Browser, um Surfenden einen eigenen Guide durchs Internet zu bieten und erschließt damit den Kosmos des so genannten „Cloud Computings".[47] Künftig soll alles, was man braucht, aus dem Netz kommen, vermittelt durch *Google*. Die Software, die man nutzt, soll im Netz liegen, wie etwa *Google Docs*, ein Online-Textverarbeitungsprogramm. Es ist kostenlos und hat damit einen riesigen Vorteil gegenüber *Microsoft Office*.[48] Neben dem Werkzeug, das man nutzt, soll auch die Datei, die man erstellt, in der Cloud von *Google* liegen, was Usern den Vorteil bietet, mit unterschiedlichen Endgeräten jederzeit und überall darauf zugreifen zu können. *Google* ruft nach der Ära des Offline-Computings eine neue Ära des Online-Computings aus und fordert damit den Softwaregiganten *Microsoft* heraus. Dabei geht es *Google* nicht um die Vermarktung von Software, sondern um das Sammeln von Daten. Die Daten sind *Googles* Lebenselixier.[49]

Mit dem Mobilfunk-Betriebssystem *Android*, das *Google* im Juli 2005 übernommen hat, setzt der Konzern einen weiteren Schritt auf Neuland. Man beginnt, an

---

46 Goyens: Türhüter des Netzes, a. a. O., S. 225.
47 Levy: Google Inside, S. 268.
48 Ebd., S. 262.
49 Ebd., S. 225.

einem eigenen Mobiltelefon, dem *Gphone*, zu arbeiten und stellt sich die Aufgabe, alle Menschen der Welt miteinander und diese mittels *Google*-Apps selbstverständlich mit dem Internet zu verbinden.[50] Es ist eine offene Herausforderung an *Apple*, wo Steve Jobs mit dem *iPhone* Maßstäbe in der Verbindung von Internet und Mobiltelefonie setzt. Im September 2008 präsentiert *Google* das *G1*, ein Smartphone mit gutem Zugang zu diversen *Google*-Diensten. Und während das *iPhone* des Konkurrenten *Apple* als multifunktionales, exklusives Zukunftsgerät auftritt, macht sich das *Android-Smartphone* einen Namen als eine Art *iPhone* für „Arme".[51]

Android wird zu einem weit verbreiteten Betriebssystem. Es hat diverse Apps von *Google* bereits vorinstalliert. Mit *Google Latitude* bietet der Konzern einen auf *Google Maps* basierenden Dienst, der die Möglichkeit permanenter Standortbestimmung via Satelliten bietet.[52] Damit weiß man immer, wo man sich befindet – aber natürlich weiß das auch *Google*. Über den Webbrowser *Google Chrome* meldet ein *Android*-Smartphone durchschnittlich vierzehnmal pro Stunde seinen Standort an die Cloud.[53] Das Smartphone eröffnet insofern auch die Option, ein akribisches Bewegungsprofil von Menschen zu erstellen, das weit mehr über die Gewohnheiten aussagen kann als bloße Ortsangaben.[54] Angesichts der Tatsache, dass *Android* neben Smartphones und Tablets künftig auch Spielekonsolen, Kameras und Autos betreiben soll, heißt es, *Google* entwickle ein „Betriebssystem unseres Lebens".[55]

Google sammelt Daten in einem Ausmaß, das es erlaubt, Trends zu erkennen, wie dies kein Meinungsforschungsinstitut zu tun imstande ist.[56] Per „Data Mining" gräbt man sich tief unter die Oberfläche der Gesellschaft hinein, um die wertvollen Erkenntnisse zutage zu fördern. Die erfassten Menschen werden gläsern, ihre Lebensgewohnheiten und persönlichen Präferenzen liegen frei. *Google*-Chef Eric Schmidt richtet sich an das Individuum, das sich im *Google*-Netz verstrickt hat: „Wir wissen, wo du bist. Wir wissen, wo du warst. Wir können mehr oder weniger wissen, was du gerade denkst."[57] Der New Yorker Autor Jaron Lanier vergleicht die Verfügung über *Big Data* mit einem Spieler, der sich durch Kartenzählen einen unlauteren Vorteil verschafft, der die Mitspieler chancenlos macht.[58]

Dank der breiten statistischen Grundlage macht es der Algorithmus möglich, auch künftiges menschliches Verhalten abschätzen. *Big Google* schickt sich an, auch

---

50 Ebd., S. 278, S. 280–281.
51 Ebd., S. 292–293.
52 Ebd., S. 431; https://en.wikipedia.org/wiki/Google_Latitude (19. Januar 2023).
53 Brodnig: Übermacht im Netz, S. 16.
54 Kaerlein: Smartphones als digitale Nahkörpertechnologien, S. 274.
55 Maier: Angst vor Google, a. a. O., S. 118.
56 Reischl: Die Google-Falle, S. 75.
57 Aust/Amann: Digitale Diktatur, S. 9–10.
58 Lanier: Wer die Daten hat, bestimmt unser Schicksal, a. a. O., S. 163.

die Zukunft zu kontrollieren. Dabei reichen die Pläne weit über Kommerzialisierung hinaus. Das langfristige Ziel ist ein politisches. Es lautet, aus der Suchmaschine eine hochgradig lernende Maschine zu machen, deren künstliche Intelligenz viele Probleme der Welt besser zu lösen verstünde als menschlicher Intellekt.[59] Einmal mehr das Versprechen paradiesischer Zustände sowie die sanfte Drohung durch eine totalitäre Macht im Hintergrund! Angesichts dieser dunklen Seite des bunten Konzerns schiene es angebracht, das Wort „googeln" für das umfassende Datensammeln an sich zu verwenden, für das unentwegte Bespitzeln von Menschen und die systematische Aufhebung ihrer Privatsphäre.[60]

---

59 Aust/Amann: Digitale Diktatur, S. 168.
60 Speck/Thiele: Google, Gossip & PR-ostitution, a. a. O., S. 186.

Leben im Internet: das Sharing-Prinzip

Die rasch fortschreitende Digitalisierung führt zu gravierenden Veränderungen in der Alltagswelt. Nicholas Negroponte hat den smarten Tagesablauf in den 1990er-Jahren folgendermaßen vorhergesehen: Angenommen, man stünde vor einer Reise und der gebuchte morgendliche Flug hätte Verspätung, so würde dies in einer vernetzten Umgebung dazu führen, dass der Wecker später klingeln und der Taxirufdient automatisch in Kenntnis gesetzt würde, entsprechend später einen Wagen zu schicken. Auch die intelligente Kaffeemaschine würde informiert, mit dem Aufbrühen des Kaffees zuzuwarten. Bemerkte der Kühlschrank inzwischen, dass die Milch zur Neige geht, würde er das Auto instruieren, den Fahrer oder die Fahrerin bei Gelegenheit daran zu erinnern, am Weg Milch einzukaufen.[1] Denkbar ist in einer derart vernetzten Gesellschaft allerdings auch eine automatische Erhöhung der Krankenkassenbeiträge, wenn die Tatsache, dass ungesunde Lebensmittel eingekauft werden, durch den smarten Kühlschrank auch an Gesundheitsbehörden oder Versicherungen gelangen. Ebenso denkbar ist, dass die intelligenten Alltagshelfer über diverse Sensoren registrieren, ob in dem Haus geraucht, getrunken oder gefeiert wird. Auch dies sind Faktoren, die das Risiko einer Erkrankung und damit tendenziell auch die Kassenbeiträge steigen lassen. Dieserart Daten würden in der schönen neuen Medienwelt selbstverständlich nicht unter Zwang gesammelt und weitergeleitet, sondern von den Betroffenen freiwillig geliefert – etwa, um bei der Krankenversicherung bessere Konditionen zu bekommen. Die Überwachung zeigt sich von ihrer schönsten Seite.

Hinter dem Begriff des „Smart Homes" steckt die Vision eines ferngesteuerten oder automatisierten Heims der Zukunft, das Bequemlichkeit und Lebenskomfort bringen soll. Das Smart Home regelt selbsttätig, wann sich, je nach Temperatur, die Heizung einschaltet, wann, je nach Sonnenstand, die Jalousien hoch- oder runtergefahren werden oder dass sich das Schloss an der Eingangstür bei Annäherung der im Haus wohnenden Personen automatisch öffnet und sich schließt, wenn sich die betreffenden Personen entfernen. Im Haus erfüllt Spracherkennungssoftware wie *Siri* von *Apple* oder *Amazons Echo* mit der berühmten *Alexa* oder *Google Home* Musik- und sonstige Wünsche aus dem Internet. Beleuchtung, Mikrowellenherd und Espressomaschine werden im Smart Home ebenfalls durch Sprachbefehle ferngesteuert. Das gesamte Interieur funktioniert auf Zuruf seines Herrn oder seiner Herrin. Im Übrigen kommen kleine Überwachungskameras auf den Markt, die der Klientel versprechen, die eigenen vier Wände, insbesondere wohl die des

---

[1] Negroponte: Total digital, S. 258–259.

Abb. 13 Smart Home: alles unter Kontrolle? © Foto: Gerd Altmann, Pixabay.

Kinderzimmers, im Blick zu behalten. Die Big-Brother-Allmacht hat allerdings eine Kehrseite, wie sich zeigt. Nachdem ein solches Babyvideophone Hackern zum Opfer gefallen ist, taucht im Netz ein Video von einem Vorfall auf, bei dem ein kleines Kind in seinem Kinderzimmer durch eine fremde Männerstimme aus dem Lautsprecher angesprochen wird. Es ist der wahr gewordene Albtraum des Smart Homes, der Eltern auf der ganzen Welt schockiert.[2]

Ähnliche Schockqualität haben smarte Fernsehgeräte, die ihr Publikum ausspionieren und selbsttätig Daten in irgendwelche Clouds liefern. So gibt es angeblich Fernsehgeräte, die regelmäßig und unauffällig an unbekannte Stellen melden, welches Programm gesehen wird. Diese Ausspionierung soll Online-Shops wie *Amazon* die Möglichkeit geben, passende Werbeangebote einzublenden. Laut der Whistleblower-Plattform *WikiLeaks* benutzen aber auch der amerikanische Geheimdienst *CIA* und der britische *MI5* Fernsehgeräte, um Gespräche, die in den Wohnzimmern von Privatpersonen geführt werden, zu belauschen und zur Auswertung weiterzuleiten.[3] Alles in allem ist es eine ambivalente Vision eines „Internets der Dinge", in dem Gegenstände, die ständig mit dem Netz verbunden sind, selbstständig miteinander kommunizieren – mitunter hinter dem Rücken der Menschen, muss man hinzufügen, mit all den möglichen Folgen.

Das Smart Home hat aber vor allem als Teil des Stromnetzes Bedeutung. Intelligente Strommessgeräte, so genannte „Smart Meter", die in Wohnungen und Häusern montiert werden, machen nicht nur das Stromablesen aus der Ferne möglich, sondern in Zukunft wohl auch eine automatische Regulierung der Stromzufuhr. Konsumenten werden ihren Strom vom Anbieter vor allem dann beziehen

---

2 https://www.n-tv.de/mediathek/videos/panorama/Fremder-spricht-ueber-gehackte-Kamera-mit-Maedchen-article21455001.html (3. Februar 2023).

3 https://www.computerbild.de/artikel/avf-News-Fernseher-Samsung-Fernseher-Spionage-Modelle-17641477.html (19. Januar 2023).

können, wenn er gerade günstig ist, und den Energieversorgungsunternehmen wird es möglich sein, Verbrauchsspitzen durch Umschichtung auszugleichen. Dazu müssen die Abnehmer in ein intelligentes Stromnetz („Smart Grid") eingebunden sein, das rasch auf Schwankungen reagieren kann.[4] Dazu wiederum müssen Daten aus den Haushalten regelmäßig zur Versorgungszentrale übermittelt werden, was neben dem Problem des fortschreitenden Kontrollverlusts auch jenes des Datenschutzes aufwirft. Schließlich lässt sich aus solchen Daten herauslesen, wann die Bewohner zu Hause sind und wann nicht, was beispielsweise für Einbrecher von nicht unerheblicher Bedeutung ist. Das Wissen, welche Elektrogeräte wann in Verwendung sind, lässt überdies Rückschlüsse auf Lebensgewohnheiten zu, die für die Werbeindustrie gleichermaßen von Interesse sind wie für staatliche Sicherheitsapparate und deshalb ebenfalls privat bleiben sollen.[5] Das Smart Home hat also nicht nur Komfort zu bieten; es droht auch den Grundsatz der Unverletzlichkeit der Wohnung auszuhebeln.

Eine solche flexible Netzorganisation erhält umso mehr Bedeutung, als in naher Zukunft die meisten Hausdächer mit Photovoltaik-Anlagen ausgestattet sein werden, die bei Sonnenschein Strom ins zentrale Stromnetz einspeisen, bei wolkigem Himmel aber nicht, stattdessen Strom daraus beziehen. Auch die steigende Zahl an Windkraftanlagen liefert Strom nicht regelmäßig, sondern gemäß den herrschenden Windverhältnissen. All dies verlangt nach einer wesentlich flexibleren Steuerung der Stromnetze, um ihre Überlastung zu vermeiden. Freilich erhöht eine derartige Netzorganisation auch das Risiko beträchtlich, Opfer von Systemabstürzen und Hackerangriffen zu werden. In einem solchen Fall droht eine massive Störung des Netzbetriebs oder gar ein totaler Stromausfall, „Blackout", wie das in der Literatur in grellen Farben ausgemalte Schreckensszenario genannt wird.[6]

Das Internet initiiert indes auch in der Arbeitswelt gravierende Veränderungen. Der Arbeitsplatz verlagert sich ins Netz, um die Generation der Digital Natives in ihrem Lifestyle abzuholen, wie es heißt. Das Homeoffice oder das mobile Office wird für zahllose Angestellte zur Alltäglichkeit. Nicht immer ist dies als Verbesserung zu werten. Eine steigende Zahl von Freiberuflern und modernen Heimarbeitern muss auf Büros und oft genug auch auf feste Anstellungen verzichten. Das Arbeitsleben wird nach Hause verlegt, zur Not auf den Küchentisch, wenn kein Schreibtisch zur Verfügung steht. Zentrales Utensil dabei: das Notebook, auch „Laptop" genannt, das in den neoliberal inspirierten 2000er-Jahren zum Statussymbol einer Generation von Angestellten avanciert. Mit dem aufklappbaren Computer, der wie

---

4 https://de.wikipedia.org/wiki/Intelligenter_Z%C3%A4hler (19. Januar 2023).
5 Androsch/Knoll/Plimon (Hg.): Technologie im Gespräch, S. 156.
6 Ebd., S. 152.

eine Aktentasche getragen wird, trägt man Arbeit und Verantwortung zwischen dem Zuhause und dem Büro hin und her. „Office Sharing"[7] lautet die klingende Umschreibung des Umstands, dass Angestellte über keinen eigenen Arbeitsplatz mehr verfügen, sondern nur noch über einen freien Platz an einem beliebigen Tisch eines Großraumbüros, wo sie ihr Notebook anstecken können.

Zu den führenden Herstellern von Notebooks zählt *Apple*. *Apple* produziert immer dünnere, immer leichtere und trotzdem immer leistungsfähigere und kostengünstigere Geräte.[8] Das Notebook erhält überdies ein „Trackpad", eine berührungsempfindliche Fläche, auf der man per Finger den Cursor über den Bildschirm steuern kann. Dieses zentrale Element ersetzt die Maus und vereinfacht das Handling des Geräts, das auch im Zug oder auf dem Beifahrersitz eines Autos bedient werden kann. In den Jahren 2005 und 2006 werden der Desktop-Computer *iMac* und das Laptop *MacBook* mit eingebauten „iSight"-Kameras ausgestattet.[9] Damit können Videokonferenzen veranstaltet werden. Solche Bildschirmmeetings erhalten einen festen Platz im Arbeitsalltag, wenn es darum geht, die örtlich dislozierte Belegschaft zu versammeln.

Das mobile und das Home Office sparen dem Unternehmen viel Geld für Infrastruktur, bürden den Angestellten aber zusätzliche Belastungen auf. Hinter dem lockenden Versprechen von Freiheiten im persönlichen Zeitmanagement stehen Einbußen an Lebensqualität. Wenn man unterwegs oder zu Hause arbeitet, lässt sich die Arbeit buchstäblich nicht mehr draußen halten und dringt in ungebührlicher Weise in die Privatsphäre ein. Man riskiert, ihr nicht mehr zu entkommen und die nötige Erholung einzubüßen. Im Gegenzug kristallisiert sich eine zeitgeistige Bewegung heraus, die sich um „Work-Life-Balance" bemüht und versucht, dem Privatleben den nötigen Raum zu verschaffen. Vor allem jungen Menschen ist dies ein Anliegen. Sie schätzen an ihrem künftigen Job die Ausgewogenheit zwischen Beruf und Privatleben, in gleicher Weise freilich auch ein hohes Einkommen.[10] Dazu sei angemerkt, dass ein ausgewogener Alltag ohnehin nur dann funktioniert, wenn das Einkommen hoch genug ist. Mit Mindesteinkommen bei höchster Arbeitsbelastung stellt sich die Frage nicht. Hier droht soziale Spaltung.

Darüber hinaus wecken Digitalisierung und Automatisierung die Angst vor Job-Abbau in großem Stil. In den USA wird befürchtet, dass fast die Hälfte aller Jobs in naher Zukunft verloren gehen werden.[11] Wie aber sollen Menschen in

---

7 https://www.kmu-magazin.ch/strategie-management/home-office-und-buerosharing-als-zukunftsweisende-arbeitsformen (19. Januar 2023).
8 Erdmann: „One more thing", S. 316–317.
9 https://everymac.com/systems/apple/macbook/specs/macbook_1.83.html (19. Januar 2023); https://infomacs.org/apple-imac-g5-2-1-20-isight-especificaciones/ (19. Januar 2023).
10 https://orf.at/stories/3290943/ (19. Januar 2023).
11 Herlitschka: „Push-Button", a. a. O., S. 104.

einer durchdigitalisierten Welt ihren Lebensunterhalt erwirtschaften? Es heißt, es werde eine völlig neue Arbeitswelt rund um die Entwicklung von Hardware und Software entstehen. Das Internet werde zum Arbeitsplatz für eine Generation von Beschäftigten. Für eine gut ausgebildete Minderheit aus der Generation der Natives wird das Netz wohl eine sorgenfreie Zukunft bereithalten. Programmierer und Programmiererinnen, Webdesigner und -designerinnen, Datenbanker und -bankerinnen sitzen im Zentrum der neuen Technologie und erfreuen sich reger Nachfrage am Arbeitsmarkt. Ein beträchtlicher Teil der ungelernten Arbeitssuchenden wird jedoch darauf angewiesen sein, in der „Gig Economy" auf Webseiten Jobs zu finden, die wenig Glamour haben. Begriffe wie „Clickworking" und „Crowdsourcing" halten Einzug in die Arbeitswelt.[12] Unter Clickworkern versteht man Menschen, die zumeist schlecht bezahlte Tätigkeiten wie das Zustellen von Essen oder das Recherchieren von Adressen für wenig Geld erledigen.[13] *Amazon* betreibt seit Ende 2005 eine solche Plattform namens *Mechanical Turk*.[14] Der durchschnittliche Stundenlohn liegt weit unter dem Mindestlohn.[15] Diese Art der Erwerbsarbeit hat nichts mit Ungebundenheit oder gar Selbstverwirklichung zu tun, eher mit Selbstausbeutung. Sie widerspricht geltenden gesellschaftlichen Normen fundamental und unterläuft arbeitsrechtliche Standards. Die Plattformen, die solche Jobs anbieten, rechtfertigen sich damit, keine Arbeitgeber im klassischen Sinn zu sein, sondern lediglich ein Marktplatz für selbstständige Unternehmen.[16] Tatsächlich geben die Plattformen aber – wie ein konventioneller Arbeitgeber – die Regeln des Geschäfts vor, die Konditionen, selbst den Preis. Hinter den zeitgeistigen, jugendlich wirkenden Fahrradbotendiensten verbirgt sich mitunter eine Art modernes Sklaventum.

Die Idee weitgehender Kostensenkung steht auch hinter dem „Crowdsourcing" (aus „Crowd" und „Outsourcing"), das die Versammlung einer großen Zahl an Mitarbeitenden zu einer Gemeinschaftsleistung meint. Es geht dabei in der Regel um anspruchslose Heimarbeit vor dem Bildschirm, die in der Abarbeitung von Massendaten gegen Centbeträge besteht. Für Unternehmen rechnet sich das Modell. Sie bedienen sich der Arbeitskraft, die im Netz verfügbar ist, ohne den betreffenden Personen die Absicherung eines Dienstverhältnisses zu gewähren.[17] Als

---

12 https://wien.arbeiterkammer.at/interessenvertretung/arbeitdigital/crowdwork/Grundlagenpapier_Plattformarbeit.html (19. Januar 2023).
13 Brodnig: Übermacht im Netz, S. 73.
14 Stone: Der Allesverkäufer, S. 252–253.
15 Benner: Wer schützt die Clickworker? A. a. O., S. 93; https://en.wikipedia.org/wiki/Amazon_Mechanical_Turk (19. Januar 2023).
16 Brodnig: Übermacht im Netz, S. 75.
17 Zimmermann: Generation Smartphone, S. 210; Voß/Kleemann: Arbeitende Kunden im Web2.0, a. a. O., S. 153.

freie Anbieter ihrer Dienste sind die Beschäftigten zwar ihre eigenen Chefs, stehen dabei aber in hartem Konkurrenzkampf untereinander und mit dem Rest der Welt, zumal so manche Dienstleistung auch von anderen Ländern aus erfüllt werden kann. Von Eric Schmidt und Jared Cohen wird dieser internationale Arbeitsmarkt – wenn sich „hochqualifizierte Uruguayer neben Konkurrenten aus Kalifornien um dieselbe Stelle bewerben"[18] könnten – als Ausdruck von Chancengleichheit gefeiert. Dass durch dieses System nationale arbeits- und sozialrechtliche Errungenschaften ausgehöhlt werden, von gewerkschaftlicher Organisation ganz zu schweigen, die Angehörigen unterschiedlicher Länder gegeneinander ausgespielt werden, scheint für die beiden *Google*-Vertreter, die sich als Staatsgegner und Verfechter einer von allen Hemmnissen befreiten Wirtschaft präsentieren, kein Argument. Angebot und Nachfrage, wie einst in Manchester, nichts sonst zählt. Die „Crowdworker" drohen zu den Taglöhnern der digitalen Gesellschaft zu werden.[19]

Dabei hat die Digitalisierung zunächst euphorische Hoffnungen ausgelöst. Der amerikanische Ökonom Jeremy Rifkin sieht in der neuen Wirtschaftsform, die unter dem Begriff „Sharing Economy" firmiert, das Ende des Kapitalismus heraufdämmern. Er spricht von einer Ära der sozialen Weltgemeinschaft, die Dinge gemeinsam besitze und teile, einer Ära von bewussterem Konsum und nachhaltigerer Lebensweise.[20]

Auf den ersten Blick scheint dies auch für das 2008 gegründete amerikanische Unternehmen *Airbnb* (von „Airbedandbreakfast") zu gelten. Die Plattform ermöglicht es, via Internet in einer fremden Stadt ein Zimmer bei gewerblichen wie bei privaten Vermietern zu buchen. Anbieter und Interessenten präsentieren sich bildlich und/oder schriftlich und bewerten einander danach gegenseitig. Hinter dieser vordergründig recht praktischen Form der Qualitätssicherung steckt auch das Bemühen, sich gegenüber kriminellen Betrugsversuchen abzusichern. Dies scheint nötig in einer anonymen Touristikwelt, in der es das Reisebüro des Vertrauens nicht mehr gibt. Bezahlt wird mit Kreditkarte oder einem anderen bargeldlosen Bezahlsystem.[21]

Die neue Form des Wirtschaftens gilt als zukunftsweisend, weil sie bestehende Ressourcen nutzt, anstatt neue zu schaffen. Doch bleibt die schönzeichnende Einschätzung nicht unwidersprochen. Roland Mierzwa kritisiert, dass sie alles zu Geld mache, was in einer solidarischen Gesellschaft kostenlos angeboten werde – ein Bett zum Übernachten etwa.[22] Alles, was sich irgendwie vermarkten lässt,

---

18 Schmidt/Cohen: Die Vernetzung der Welt, S. 35.
19 Mierzwa: Digitalisierung, Ökologie und das Gute Leben, S. 26.
20 Jaekel: Die Macht der digitalen Plattformen, S. 38.
21 https://de.wikipedia.org/wiki/Airbnb (19. Januar 2023).
22 Mierzwa: Digitalisierung, Ökologie und das Gute Leben, S. 163.

wird vermarktet, die Gesellschaft entsolidarisiert und dem Profitdogma ausgeliefert. Der Soziologe Harald Welzer nennt diese Wirtschaftsform konsequenterweise „Plattformkapitalismus".[23]

Die Folgen sind Verwerfungen im Gesellschaftsgefüge. Reguläre Beherbergungsbetriebe geraten durch die unfaire Konkurrenz der informellen Zimmervermietung, für die viele gesetzliche Vorschriften nicht gelten, unter Druck. Leidgeprüfte Anrainer müssen mitunter mit Scharen von lärmenden und feiernden Menschen in ihrer unmittelbaren Nachbarschaft leben, weil eine der Hausparteien ihre Wohnung an Touristen vermietet.[24] Darüber hinaus zeitigt dieses System mitunter blanke Wohnungsnot in Fremdenverkehrszentren dieser Welt, nachdem für Wohnungseigentümer die wochenweise Vermietung an Touristen weitaus lukrativer ist als langfristige an reguläre Mieter. Die Folge ist, dass Einheimische nur noch schwer Wohnungen bekommen bzw. während der Urlaubsmonate aus ihren vier Wänden ausziehen müssen, um für Touristen Platz zu machen.[25] Dies erinnert an das Bettgehertum des 19. Jahrhunderts, das nicht unbedingt als Ausdruck sozialer Fortschrittlichkeit gelten kann. Um solche Auswüchse zu bekämpfen, werden in immer mehr Städten Maßnahmen zur Eindämmung dieser Art der privaten Zimmervermietung ergriffen.

Das multifunktionale Internet verspricht auch für das Problem des enorm angewachsenen Automobilverkehrs smarte Lösungen. Eine davon bilden private Mitfahrgelegenheiten, wie sie das 2009 gegründete amerikanische Unternehmen *Uber* anbietet. Fahrgäste, die nach einem Wagen Ausschau halten, schicken per App am Smartphone eine Fahranfrage an *Uber*, von wo aus diese an unabhängige Fahrerinnen und Fahrer weitergeleitet wird. Das Fahrzeug, das am nächsten dran ist, nimmt die wartende Kundschaft auf. Je mehr *Uber*-Fahrzeuge im Gebiet unterwegs sind – zu sehen am Display des Smartphones –, desto billiger wird die Fahrt. Mittels der App kann gleich auch der Treffpunkt festgelegt werden, dank des Online-Landkartendienstes *Google Maps* lässt sich die Anfahrt in Echtzeit mitverfolgen. Als vertrauensbildende Maßnahme lassen sich auf der Plattform Informationen über den Fahrer abrufen, samt Bewertungen durch frühere Kundschaft. Vorfälle sexueller Belästigungen oder Vergewaltigungen, die im Umfeld dieses Fahrtendienstes vorkommen, verweisen auf die Notwendigkeit solcher Maßnahmen. Nach der Fahrt wird per Kreditkarte oder online per *PayPal* bezahlt. Am Ende haben Fahrer und Fahrgast die Gelegenheit, sich auf der Plattform von *Uber* gegenseitig zu bewerten.[26]

---

23 Welzer: Die smarte Diktatur, S. 158.
24 Ebd., S. 157.
25 https://de.wikipedia.org/wiki/Airbnb (19. Januar 2023).
26 Jaekel: Die Macht der digitalen Plattformen, S. 157–158.

Da dieser Fahrtendienst dem bestehenden Taxigewerbe Konkurrenz macht, kommt es zu Klagen, Gerichtsverfahren und Verboten.[27] Kritisiert wird, dass herkömmliche Unternehmen benachteiligt, Preise gedrückt und soziale Standards unterlaufen werden.[28] Hinter der Fassade der Freiheit erfolgt eine Ausbeutung der Beschäftigten, deren Tätigkeit zur Privatangelegenheit erklärt wird, um das Unternehmen aus der Verantwortung zu nehmen. Ein *Uber*-Fahrer hat keine Arbeitszeitregelung, kein Grundeinkommen und muss sogar sein privates Auto für seine Erwerbstätigkeit beistellen. „Marxistisch gesprochen reicht es nicht mehr, dass er seine Haut zu Markte trägt, heute muss er die Mittel für seine Ausbeutung auch noch selbst mitbringen",[29] meint der Soziologe Welzer. Die Plattform-Ökonomie generiere Profite, spare dabei aber schlicht die Unternehmen ein.

Das Sharing-Prinzip, wonach nicht jeder alles zu kaufen braucht, wenn viele Personen bestehende Ressourcen gemeinsam nutzen, wird auch auf den Automarkt ausgedehnt. Man spricht von „Car Sharing", das von den großen Automobilkonzernen als Absatzmöglichkeit entdeckt wird – wohl nicht zuletzt für die Zeit, wenn der private Besitz eines Autos aus ökologischen oder ökonomischen Gründen nicht mehr opportun sein sollte.[30] Der deutsche Automobilkonzern BMW beginnt 2011 in München mit einer Flotte von 300 Wagen unter dem Label *Drive Now*; weitere Städte folgen.[31] Mag sein, dass das Konzept Zukunft hat, weil ein bei jungen Menschen festzustellender Wertewandel den Trend zum Mietwagen fördert. Es macht den Anschein, dass immer weniger von ihnen ein eigenes Auto besitzen wollen,[32] weil es in den überfüllten Städten zum Klotz am Bein wird.

Zweifellos kann Car Sharing helfen, die Verkehrsbelastung in den Städten zu senken, weil eine geringe Zahl an Leihautos eine große Zahl an Privatautos ersetzt, die ohnehin die meiste Zeit über ungenutzt parken und dabei riesige Flächen verbrauchen. Und selbst wenn sie gefahren werden, bringen sie einen großen Teil der Zeit im Stau stehend zu. Die Vision der individuellen Mobilität hat sich längst in einen Albtraum kollektiven Stillstands verwandelt. Es gibt schlicht zu viele Autos auf der Welt und angesichts von großen, wirtschaftlich aufstrebenden Weltregionen wächst der Bestand weiter stark an. Eine ökologisch nachhaltige Lösung verlangt eine drastische Verringerung des Bestands. Dies funktioniert nur dann, wenn künftig nicht mehr jede Person ein eigenes Auto besitzt, wie dies heute in den wohlhabenden Gesellschaften der Fall ist, sondern viele Personen

---

27 Herger: Der letzte Führerscheinneuling, S. 264; https://de.wikipedia.org/wiki/Uber_(Unternehmen) (19. Januar 2023).
28 Jaekel: Die Macht der digitalen Plattformen, S. 41.
29 Zit. n.: Mierzwa: Digitalisierung, Ökologie und das Gute Leben, S. 23.
30 Jaekel: Die Macht der digitalen Plattformen, S. 155–156.
31 https://de.wikipedia.org/wiki/DriveNow (19. Januar 2023).
32 Herger: Der letzte Führerscheinneuling, S. 76.

sich wenige Fahrzeuge teilen. Dadurch würde möglich, Straßen und Städte von stauenden und parkenden Blechmassen zu befreien und den Menschen Lebensraum zurückzugeben.[33]

Das Internet verspricht viele unserer Wege einzusparen. Aber bislang scheint sich die Hoffnung, dass sich mit der starken Zunahme des virtuellen Verkehrs das Ausmaß des realen reduziert und damit auch der Verbrauch an Ressourcen, was angesichts der fortschreitenden Klimakrise dringend geboten wäre, nicht zu erfüllen.

Eine ökologische Variante des Individualverkehrs verspricht das Elektroauto, wenngleich es den Irrglauben nährt, zur Rettung des Klimas müssten lediglich alle alten Autos mit klimaschädlichen Verbrennungsmotoren durch neue, elektrisch angetriebene ersetzt werden. Der Impuls dazu kommt aus Nordamerika, aus Kalifornien genau genommen. Die Firma *Tesla Motors* von Elon Musk hat ihren Sitz nicht in den traditionellen Hochburgen der amerikanischen Automobilindustrie wie Detroit, sondern in Fremont im Silicon Valley, was darauf verweist, dass eine neue Ära angebrochen ist.

2012 kommt *Teslas Model S* heraus, dessen Charakteristik die Konkurrenz alarmiert: vollelektrisch und damit emissionsfrei und geräuschlos betrieben, fast 500 Kilometer Reichweite, Beschleunigung wie ein Sportwagen konventionellen Typs bei einem Komfort wie eine Luxuslimousine. Teure Wartungskosten wie Motorservice entfallen, Motorteile oder Auspuffanlagen werden nicht mehr gebraucht. Es scheint das ideale Automobil zu sein. Offen bleibt zunächst die Frage, wie lange die kostspielige Batterie hält. Ansonsten aber spielt das Auto mit seiner Elektronik die Vorzüge des neuen Zeitalters aus. Nicht nur, dass die Türgriffe wie von Zauberhand automatisch ausfahren, wenn sich der Fahrer oder die Fahrerin nähert, lässt sich der Wagen mithilfe eines 17-Zoll-Touch-Displays bedienen – von der Lautstärke der Musikanlage bis zum Schiebedach. Die kontinuierliche Internetverbindung erlaubt, Musik aus dem Netz zu hören oder Karten von *Google-Maps* zu nutzen.[34] Das Auto gilt als „Computer auf Rädern"[35] und verändert das Verkehrswesen grundlegend.

Verkauft wird das neue Statussymbol entweder direkt über das Internet oder über eigene Geschäfte, ähnlich den *Apple Stores*. Firmenchef Musk hat dafür George Blankenship eingestellt, einen ehemaligen *Apple*-Manager, der die *Apple-Store*-Strategie entwickelt hat. In solchen Läden können Interessenten auf Touchscreens die Spritersparnis durch einen Umstieg auf Elektroantrieb ausrechnen und ihr

---

33 Ebd., S. 358.
34 Vance: Elon Musk, S. 239–240.
35 Ebd., S. 242.

künftiges Modell konfigurieren. Kaufen kann man den Wagen im Geschäft wie auch online.[36]

Tatsächlich gehen für das *Model S* bereits vor der Auslieferung zahlreiche Vorbestellungen ein. Es werden Anzahlungen in der Höhe von jeweils 5000 Dollar geleistet, ohne das 100.000 Dollar-Auto Probe gefahren zu haben. *Tesla* verkauft nicht bloß Autos, sondern, wie *Apple*, das „Gefühl, an der Zukunft teilzuhaben", wie der Wirtschaftsjournalist Ashlee Vance meint.[37] In dieser Hinsicht ähnelt ein *Tesla* mehr einem *iPhone* als einem Automobil. Und er wird auch in der breiten Masse der Bevölkerung so angenommen – als trendiges Kultobjekt. Trotz anfänglicher Fehlfunktionen und Unzulänglichkeiten wird es in großen Stückzahlen abgesetzt. Die Nachfrage ist so groß, dass *Tesla* anfangs Probleme hat, sie zu befriedigen, zumal Schwierigkeiten in der Produktion auftreten. Das Unternehmen gerät in eine ernste Krise, die es durch gesteigerte Verkäufe jedoch rasch überwindet.[38]

Als das deutlich günstigere *Model 3* im Jahr 2017 um rund 35.000 Dollar auf den Markt kommt, stehen zahllose Kaufinteressierte im Morgengrauen Schlange, um ein Exemplar vorzubestellen. Das *Model 3* ist die Mittelklassevariante und damit der Prüfstein für Musks Strategie. Ist es möglich, einen Preis zu halten, der breiten Bevölkerungskreisen erlaubt, sich an der Mobilitätswende zu beteiligen? Der gebürtige Wiener Mario Herger, der sein Berufsleben ins Silicon Valley verlagert hat, spricht vom „iPhone-Moment der Automobilindustrie".[39] Es ist ein Moment der Wahrheit für die alten Autokonzerne, von denen mancher zu dieser Zeit noch Software entwickeln lässt, die verbergen soll, wie hoch die Schadstoffemission seiner Verbrennungsmotoren ist, während *Tesla* das Auto als Software völlig neu erfindet. *Tesla* baut zudem nicht bloß ein Auto, sondern eine komplett neue Automobilindustrie, errichtet Fabriken zur Fertigung der Fahrzeuge wie auch der vielen notwendigen Batterien. Für den Betrieb der Fahrzeugflotte entsteht ein internationales Ladenetzwerk mit Schnellladestationen, betrieben mit Solarstrom. *Teslas* laden dort kostenlos. Im Hintergrund wird in der firmeneigenen Cloud jene zukunftsträchtige Software entwickelt, die die Flotte auch im Netzverbund auf smarte Weise betreiben soll. Während die alte, auf Benzin und Diesel basierende Infrastruktur zerfällt, baut Musk das Verkehrsnetz des 21. Jahrhunderts.

Es heißt über Musk, er vereine das Beste von dem Autobauer Henry Ford und dem Ölmagnaten John D. Rockefeller in sich. Er ist ein Visionär, der der Menschheit neben dem Elektroauto, leistbarer Raketentechnologie und einem Satelliten-Internet nicht weniger als die Besiedelung des Mars in Aussicht stellt. Musk hat

---

36 Ebd., S. 241, S. 273.
37 Ebd., S. 281.
38 Ebd., S. 274–276.
39 Herger: Der letzte Führerscheinneuling, S. 53.

Abb. 14 Das Auto neu erfinden: *Tesla* © Wikimedia Commons, CC BY 2.0, Steve Jurvetson.

dahingehend die Vision, die Menschheit vor ihrer Selbstauslöschung zu bewahren.[40] Diesen Anspruch teilt er mit Jeff Bezos, der sich, wie er, in der Raumfahrttechnik engagiert, ein satellitengestütztes Highspeed-Internet errichten und der Menschheit in Zukunft extraterrestrische Optionen eröffnen will.[41] Es ist ein Wettlauf zweier Milliardäre um den Weltraum für den Fall, dass die Erde irgendwann einmal die menschliche Zivilisation nicht mehr beherbergen kann. Man könnte es aber auch als das Hobby zweier superreicher Exzentriker begreifen, denen die Welt schlichtweg zu klein geworden ist.

Eine weitere Facette der Digitalisierung des Individualverkehrs bilden Navigationssysteme, wie sie die niederländische Firma *Tomtom* bereits 2001 für Kraftfahrzeuge anbietet.[42] Voraussetzung ist ein Satellitennetz wie das amerikanische *Global Positioning System*, kurz *GPS*,[43] oder das europäische *Galileo*-Netz, bei denen eine Reihe von Satelliten permanent Funksignale an die Erdoberfläche mit Angaben zu ihrer Position übermitteln.[44] Mithilfe von Signalen zumindest dreier Satelliten kann eine in einem Auto installierte Empfangsstation ihren aktuellen Standort auf

---

40 Vance: Elon Musk, S. 22–23.
41 Stone: Amazon, S. 471, S. 316.
42 https://en.wikipedia.org/wiki/TomTom (19. Januar 2023).
43 https://de.wikipedia.org/wiki/Global_Positioning_System (19. Januar 2023).
44 https://de.wikipedia.org/wiki/Galileo_(Satellitennavigation) (19. Januar 2023).

Abb. 15 Computer auf Rädern © Wikimedia Commons, CC BY-SA 4.0, Leo Nguyen.

wenige Meter genau errechnen. Die ermittelte Position erscheint dann sogleich auf einer Landkarte am Bordcomputer oder am Smartphone. Damit nicht genug, hält das Fahrzeug über das Internet immerzu Kontakt mit einer Zentrale, um aktuelle Informationsstände zu übernehmen wie die über den Zustand der Straßen und das Verkehrsaufkommen. Digitale Reiseführer verzeichnen Raststätten oder Hotels in Reichweite, den besten Weg zum Reiseziel und neuerdings auch die nächstgelegene Ladesäule für Elektrofahrzeuge.

Allerdings verursachen digitale Navigationssysteme auch immer wieder Fehlleistungen; mitunter kommt es sogar zu Unfällen, weil das Navigationssystem veraltete Informationen liefert oder ein Hindernis nicht kennt. Das Schlagwort „Death by GPS"[45] zirkuliert. Es empfiehlt sich, nicht bedingungslos auf die Technik zu vertrauen.

Ein anderes Problem des Navigationssystems liegt darin, dass es nicht nur die eigene Position auf der Landkarte anzeigen, sondern diese samt den gewählten Strecken auch protokollieren kann, inklusive der gefahrenen Geschwindigkeiten und der allfälligen Missachtung von Verkehrszeichen. Das smarte Auto ist in der Lage, Fahrerinnen und Fahrer in penibler Weise zu überwachen, was hilfreich ist, wenn es um Warnungen vor Unfällen oder sonstigen Gefahren auf der Straße

---

45 https://en.wikipedia.org/wiki/Death_by_GPS (19. Januar 2023).

geht. Würden solche Daten aber automatisch an die Verkehrspolizei weitergeleitet – technisch leicht machbar –, wären für viele Betroffene wohl reihenweise Bußgelder die Folge. Abgesehen von den Kosten entstünde durch solche Verwaltungstechniken ein Zwang zu Wohlverhalten, der letzten Endes weit über den Bereich des Straßenverkehrs hinausweisen würde.[46]

Ein wichtiges Ziel der Entwicklung von Automobilen ist der Autopilot zur effizienteren Abwicklung der Verkehrsströme der Zukunft. Dahingehend werden mehrere Stufen der Automatisierung unterschieden: von keinerlei Automatik, bei der der Mensch sämtliche Aktionen eigenständig, wenn auch durch Sensorelektronik unterstützt, ausführt, bis zur umfassenden Automatik, die den Menschen beim Fahren vollständig ersetzt.[47] *Google* arbeitet an Autos,[48] die keine Pedale und kein Lenkrad aufweisen, weil sie selbstständig durch die Straßen manövrieren: „Einsteigen, anschnallen, Ziel eingeben – den Rest macht das Google-Netzwerk. Google denkt, und Google lenkt."[49] Die smarten Autos verfügen über das so genannte *Lidar*-System (für „Light Imaging, Detection and Ranging"), das sich unter einem Glassturz am Dach befindet, der Laser enthält. Die Laser messen mithilfe von Infrarotlicht im Umkreis von 200 Metern in alle Richtungen den Abstand zu unbewegten Objekten wie auch die Geschwindigkeit und Richtung von bewegten. Mit diesen Daten erstellen sie eine dreidimensionale Umgebungskarte. Das System erfasst auch Straßenmarkierungen und Verkehrszeichen – bei gutem Wetter zumindest. Direkte Sonneneinstrahlung, Regen oder Laserstrahlen anderer Fahrzeuge können die Erfassung stören. Bei Schneelage, wenn Bodenmarkierungen nicht mehr erkennbar sind, versagt das System.[50]

Damit der Bordcomputer das Fahrzeug im Selbstfahrbetrieb durch die Landschaft manövrieren kann, gleicht er die gescannte Umgebung mit gespeicherten 3D-Landkarten ab,[51] die viel genauer sein müssen als die herkömmlichen von *Tomtom* oder *Google* angebotenen. Von der exakten Höhe der Bordsteinkanten über den genauen Verlauf von Gehsteigen und Radwegen bis zu Fahrbahnmarkierungen muss darin alles präzise wiedergegeben sein, um das selbstfahrende Auto richtig zu leiten. Allfällige bauliche Veränderungen müssen umgehend aktualisiert werden. Dahingehend helfen Nutzerinnen und Nutzer vernetzter Fahrzeuge im Zuge eines „Crowdsourcing" an der steten Aktualisierung mit, wenn die Daten ihrer täglichen Fahrten in die Cloud eingespielt werden.

---

46 Aust/Amann: Digitale Diktatur, S. 147–148.
47 Herger: Der letzte Führerscheinneuling, S. 147–148.
48 Levy: Google Inside, S. 491–492.
49 Aust/Amann: Digitale Diktatur, S. 166.
50 Herger: Der letzte Führerscheinneuling, S. 159–160, S. 162.
51 https://www.kfz.net/autolexikon/lidar/ (27. März 2023).

Tesla setzt anfangs nicht auf das komplexe *Lidar*-Lasersystem, sondern auf Kameras, die ihre Daten an das Computerhirn liefern. Eine Reihe von Kameras, die im und außen am Wagen sitzen, zeichnen das Geschehen auf. *Tesla* verbaut in seinen Fahrzeugen Technik für den Selbstfahrbetrieb, auch wenn sie zunächst noch nicht genutzt wird. Ab Anfang 2016 können aber alle bereits verkauften Modelle durch ein bloßes Software-Update auch im halbautonomen Modus betrieben werden.[52] Die Software-Updates erfolgen in Form der *Tesla*-eigenen „Over-the-air-Updates",[53] also praktisch durch die Luft, über Nacht, unbemerkt. Am nächsten Tag verfügen die über die nächtliche Bescherung hoch erfreuten Besitzerinnen und Besitzer über einen eigenständig arbeitenden Parkassistenten sowie über einen Autopiloten. *Tesla* profitiert selbst von dieser Vorgangsweise. Man schafft sich dadurch mit einem Schlag viele tausend selbstfahrende Fahrzeuge in seiner Flotte, deren Fahrdaten erfasst und an die Firmencloud weitergeleitet werden können. Dadurch entsteht eine umfangreiche Datenbank mit Straßenkarten und unzähligen unterschiedlichen Verkehrsszenarien. Sie bildet die Grundlage für das Maschinenlernen der Selbstfahrtechnologie,[54] die am Ende allen *Tesla*-Fahrzeugen auf den Straßen zugutekommt. Je mehr Erfahrungen eingepflegt sind, umso effizienter und sicherer wird das System. Angeblich.

Auf einem Highway in Florida kommt im Mai 2016 der 40-jährige Joshua Brown in seinem *Model S* ums Leben, weil der per „Autopilot" gesteuerte *Tesla* einen querenden Sattelschlepper fälschlicherweise als Schilderbrücke interpretiert. Brown hat sein Auto geliebt, die darin verbaute Technik verehrt und den Autopiloten bei vollem Vertrauen in das System ausgetestet und dafür mit seinem Leben bezahlt. Dem Versagen des Systems folgen schwerwiegende Vorwürfe an den Hersteller. Dieser rechtfertigt sich damit, dass der verunglückte Fahrer mehrere Aufforderungen des Systems, das Steuer zu übernehmen, ignoriert und so erst den Unfall möglich gemacht habe.[55] Tatsächlich scheint *Teslas* technische Lösung unzureichend.[56] Sein Autopilot ist letztlich nicht mehr als ein elektronisches Assistenzsystem und keinesfalls für vollkommen autonomes Fahren geeignet.

Die Vision vom vollkommen autonomen Fahren wird schon deshalb noch lange Zeit unerfüllt bleiben, weil Computer zwar Routinesituationen bewältigen, komplexe Situationen, wie sie im Straßenverkehr auftreten können, aber nicht so intelligent auflösen können wie Menschen. Es ist anzunehmen, dass Selbstfahrverkehr deshalb

---

52 Ebd., S. 169.
53 Ebd., S. 343.
54 Ebd., S. 291.
55 Ebd., S. 180; https://www.nytimes.com/2016/07/02/business/joshua-brown-technology-enthusiast-tested-the-limits-of-his-tesla.html (19. Januar 2023).
56 https://www.businessinsider.de/wirtschaft/mobility/lidar-warum-startups-autohersteller-und-nun-auch-tesla-mit-hochdruck-an-dem-laser-radar-arbeiten/ (19. Januar 2023).

in naher Zukunft nur eingeschränkt realisiert werden wird, möglicherweise nur an geeigneten Strecken wie Autobahnen, wo das Geschehen überschaubar und die Komplexität gering ist. Eine vollkommen autonome Verkehrslandschaft, in der Autos untereinander und mit der Infrastruktur wie Ampeln kommunizieren, um den Verkehrsfluss eigenständig zu organisieren und je nach Informationslage Fahrweise und Geschwindigkeit anzupassen,[57] eine Verkehrslandschaft also, in der Menschen nur noch Passagiere sind, ist noch Utopie. Nicht zu vergessen die moralischen Dilemmata: Wie soll ein selbstfahrendes Fahrzeug reagieren, wenn es auf der Fahrbahn befindlichen Kindern ausweichen muss, die einzige Möglichkeit aber über den Gehsteig führt, auf dem einige ältere Personen unterwegs sind? Wen wird es treffen? Die Jungen oder die Alten? Die unerlaubterweise auf der Fahrbahn Befindlichen oder die vorschriftsmäßig am Gehsteig Gehenden? Die, die ihr Leben noch vor sich haben, oder jene an ihrem Lebensabend? Darf ein Algorithmus derart existenzielle Entscheidungen treffen?

Die permanente Rundumbeobachtung des Verkehrsgeschehens durch Kameras schürt aber auch Ängste anderer Art. Schließlich können solche hochgradig vernetzten Autos auch zur Überwachung der Bevölkerung eingesetzt werden. Es folgt ein Grundsatzstreit zwischen den Anforderungen eines autonomen Verkehrssystems und dem Schutz der Privatsphäre.[58] Darüber hinaus eröffnet eine steigende Zahl an kommunizierenden Fahrzeugen Hackern immer mehr Möglichkeiten, in das System einzubrechen. Ein Umstand, der fatale Folgen haben kann – von gezielten Attentaten auf die Personen in einem bestimmten Auto bis hin zum Verkehrschaos, das eine gewisse Zahl gehackter Autos auszulösen imstande ist. 10 bis 15 Prozent der Fahrzeuge lahmzulegen reicht angeblich aus, um den Verkehrsfluss einer großen Stadt zum Erliegen zu bringen.[59] Darin zeigt sich einmal mehr die Angreifbarkeit der digitalisierten Gesellschaft.

Bei der Erörterung der modernen Mediengesellschaft bleibt überdies zu berücksichtigen, dass die Segnungen der Digitalisierung nur in reichen Staaten zur Verfügung stehen, wo Geräteverbreitung und Netzzugang hoch sind.[60] Aber es gibt auch den Rest der Welt, der noch keinen Zugang zum Internet hat.

Bislang hat der ärmere Teil der Welt von der Digitalisierung kaum profitiert, aber oft großen Schaden erlitten. Vor allem dann, wenn es sich um Länder handelt, die zu den Lieferanten der begehrten Rohstoffe gehören. Der Abbau der gefragten Seltenen Erden geht oft unter katastrophalen Bedingungen vor sich. Ein hoher Wasser-,

---

57 Herger: Der letzte Führerscheinneuling, S. 256.
58 https://www.tesla.com/ownersmanual/models/de_at/GUID-EDA77281-42DC-4618-98A9-CC62378E0EC2.html (19. Januar 2023).
59 Androsch/Knoll/Plimon (Hg.): Technologie im Gespräch, S. 64.
60 Stiftung Technikmuseum Berlin (Hg.): Netz-Dinge, S. 135.

Energie- und Chemikalienverbrauch führt zur Zerstörung der Landschaft, zum Verlust von Acker- und Weideland, zur Verschmutzung der Wasservorkommen, zur Vergiftung der Nahrungsmittel wie auch der im Bergbau tätigen Menschen und der ansässigen Bevölkerung. Ganz zu schweigen von der Missachtung von Arbeitsrechten bei der Förderung der begehrten Rohstoffe.[61] Einmal mehr erfolgt hier eine Ausbeutung des armen Globalen Südens durch den reichen Norden.

Außerdem zeitigt die eingeforderte Digitalisierung der unterentwickelten Welt einen gigantischen Ressourcenbedarf. Dadurch und durch den rasanten Fortschritt in der technischen Entwicklung, der in immer kürzeren Abständen zur Erneuerung der in Umlauf befindlichen Geräte zwingt, aber auch durch den Wunsch derer, die die Geräte nutzen, immer über die aktuelle Generation zu verfügen, wächst der Bedarf auch und vor allem in den reichen Gesellschaften unaufhörlich. Die Folgen sind ein hoher Verschleiß an wertvollen Ressourcen und eine gigantische Menge an Elektroschrott, „E-Waste" genannt. Dieser Giftmüll wird oft zur billigen Entsorgung in Entwicklungsländer verschifft und erneut unter gesundheitsschädlichen Umständen – nicht zuletzt durch Kinder – recycelt.[62]

Initiativen wie das niederländische „Fairphone" und das deutsche „Shiftphone" versuchen, den weltweit stark nachgefragten Konsumartikel Smartphone möglichst nachhaltig in ökologischer und möglichst fair in sozialer Hinsicht herzustellen.[63] Doch kommen diese Ansätze nicht über eine symbolische Bedeutung hinaus. Eine Lösung des Problems bringen sie nicht annähernd. Harald Welzer veranschlagt den Preis eines Smartphones, das ökologisch korrekt und sozial verantwortlich hergestellt würde, mit 2000 bis 3000 Euro und fügt gleich hinzu, dass es bei derartigen Preisen so gut wie undenkbar sei, die ganze Weltbevölkerung auszustatten. Zur Eroberung des Weltmarkts bedarf es billiger Geräte und damit der Ausbeutung von Mensch und Natur.[64]

Es reicht freilich nicht, bei den armen Ländern zu sparen. Für einen nachhaltigen ökologischen Effekt bräuchte es zuvorderst eine radikale Änderung des westlichen Lebensstils. Hard- und Software müssten nicht nur klimaverträglich konzipiert und gebaut werden, sondern auch so, dass sie möglichst lang betrieben werden können, sodass künftig nicht mehr ganze Gerätegenerationen in kurzen Zyklen erneuert werden müssen. Darüber hinaus ist der hohe Energieverbrauch zu senken. Die permanente Vernetzung etwa im Smart Home oder bei der Smart Mobility verbraucht enorme Strommengen, wie auch Streamingdienste.[65] Wäre das Internet ein Land, würde es im Ranking der Stromverbraucher hinter den USA und China auf Platz

---

61 Mierzwa: Digitalisierung, Ökologie und das Gute Leben, S. 18.
62 Ebd., S. 100–101.
63 Stasch: „Smartphone futur", a. a. O., S. 295–296.
64 Welzer: Die smarte Diktatur, S. 76–77.
65 Mierzwa: Digitalisierung, Ökologie und das Gute Leben, S. 88.

drei liegen.⁶⁶ Nicht genug damit, steigt der Energieverbrauch des Internets durch den wachsenden Bedarf an Massenspeichern und Netzwerken weiter an. Roland Mierzwa plädiert für „digitale Askese", für eine Kultur des Verzichts, angesichts der Tatsache, dass Milliarden an technisierten Menschen nachgerade „ein Fiasko für den Globus" bedeuten würden.⁶⁷

---

66 Ebd., S. 53.
67 Ebd., S. 110, S. 112.

Digitale Audiovision zwischen *iTunes*, *Netflix* und *World of Warcraft*

Während Literatur, Musik und Bilder in Europa jahrhundertelang Eliten vorbehalten waren, bietet sich die Mediengesellschaft des 20. Jahrhunderts für weite Kreise der Bevölkerung als Unterhaltungsparadies dar. Sie produziert Druckwerke, Musik und Filme in industrieller Manier und bietet neben vielfältiger Information alles an Unterhaltung, was man sich wünschen kann. Mit der Verbreitung von Personal Computer und Internet erreicht das Versprechen eines unerschöpflichen Angebots eine neue Qualität. Schon deshalb, weil es kaum Kosten verursacht, von einem digitalen Werk Kopien herzustellen. Ein digitales Werk existiert praktisch nicht als Original, sondern von vornherein in zahllosen potenziellen Kopien, die umgehend erzeugt und überallhin übermittelt werden können. Das gilt Ende der 1990er-Jahre auch und vor allem für Musiktitel.

Wie von Bill Gates prophezeit,[1] hält das Internet alsbald massenhaft Inhalte bereit, die bislang nur auf Datenträgern verfügbar waren. Für den Musiksektor ist vor allem die 1998 von Shawn Fanning gegründete Online-Tauschbörse *Napster* symptomatisch. Die Tauschbörse zählt binnen kurzer Zeit weltweit Millionen Personen, die Musikdateien tauschen und auf ihre Player herunterladen. Die softwaretechnische Grundlage bildet das von einer deutschen Firma entwickelte MP3-Format, das Musikdateien in stark komprimierter Form zu speichern und dadurch eine große Zahl an Titeln auf dem Speicher unterzubringen erlaubt. Die massenhaften Gratis-Downloads provozieren allerdings den Widerstand der Musikindustrie, die um ihre Verkaufszahlen fürchtet.[2] Sie verklagt *Napster* wegen Musikpiraterie. Ihr Argument: *Napster* besitze auf die umgeschlagenen Titel keine Verwertungsrechte. *Napster* wird verurteilt, doch der Zeitgeist fällt ein anderes Urteil. Die *Napster*-Community, die 2001 rund 80 Millionen Mitglieder umfasst, tauscht allein im Januar rund zwei Milliarden Dateien.[3] Die Musikindustrie sieht sich ernsthaft bedroht, der Verkauf von CDs („Compact Discs") bricht ein,[4] die Plattenläden geraten ins Hintertreffen. Versuche, die CDs mit Kopierschutz zu versehen und Privatpersonen vor Gericht zu zerren, die „File-Sharing"-Software benutzen, um gegen sie zur allgemeinen Abschreckung horrende Schadenersatzansprüche durchzusetzen, machen den de-

---

1 Gates: Der Weg nach vorn, S. 256–257.
2 Palfrey/Gasser: Generation Internet, S. 163–165.
3 https://de.wikipedia.org/wiki/Napster (19. Januar 2023).
4 Stiftung Deutsches Technikmuseum Berlin (Hg.): Netz-Dinge, S. 39.

saströsen Zustand der Branche offenbar, die ihre eigene Kundschaft wie Diebe behandelt.[5]

Das Problem liegt aber laut Tim Renner, zu dieser Zeit Geschäftsführer von *Universal Music Deutschland*, bei der Musikindustrie selbst. Die Umsatzeinbrüche seien darauf zurückzuführen, dass sich ihr Geschäftsmodell überlebt habe.[6] Der Erfolg der Tauschbörse zeigt auf, dass die Musikfans mit dem bisherigen System unzufrieden sind. Anders als beim Musikhören mit der Stereoanlage daheim ist das persönlich präferierte Musikprogramm jetzt am handlichen Player immer mit dabei, ob in der Straßenbahn am Weg zur Arbeit oder Schule oder bei diversen Aktivitäten in der Freizeit. Mithilfe des Kopfhörers kann es jederzeit abgespielt werden und das Individuum kann sich von der Außenwelt abschotten, sich in ein Refugium zurückziehen. Anstatt diverse CDs mitzuschleppen, bevorzugen Jugendliche Musiktitel aus dem Netz, die sie zudem einzeln beziehen können, ohne ein ganzes Album kaufen zu müssen. Außerdem wollen sie die Titel tauschen können. Musik dient schließlich auch zum Austausch emotionaler Befindlichkeiten. Wie früher im Freundeskreis selbst aufgenommene Musikkassetten mit der persönlichen Lieblingsmusik, so genannte „Mixtapes", getauscht wurden, so wandern zwischen Digital Natives nun individuelle „Playlists" hin und her.[7]

In großem Stil gestohlene Musik zu tauschen, kann aber nicht die Lösung sein, nachdem dies kein tragfähiges Geschäftsmodell darstellt. Wenn die Musikschaffenden weitgehend leer ausgehen, weil ihre Werke kostenlos zirkulieren, läuft sich das System am Ende tot. Eine strukturelle Lösung des Problems ist überfällig. Sie kommt von *Apple*, der Computerfirma, die sich immer stärker dem Unterhaltungsbedürfnis der Menschen annimmt. Nach dem Vorbild von MP3-Playern anderer Hersteller bringt *Apple* zu Beginn des neuen Jahrtausends um 399 Dollar den *iPod* heraus, einen kaum zigarettenschachtelgroßen und keine 200 Gramm schweren Musikplayer mit einer fünf Gigabyte großen Festplatte zum Speichern von bis zu 1000 Musiktiteln. Der Akku hält zehn Stunden lang und der Player erlaubt unterbrechungsfreie Wiedergabe über kleine Kopfhörer selbst beim Joggen. Mit dem *iPod mini* folgt ein noch kleineres und billigeres Gerät um 249 Dollar, das in verschiedenen Farben und mit einem Armband zum Joggen erhältlich ist.[8]

Der *iPod* zeichnet sich gegenüber Konkurrenzprodukten durch seine einfache Bedienbarkeit aus und entwickelt sich zu einem Kultobjekt. Er erobert den Markt und kurbelt das Musikdownloadgeschäft auf dem *iTunes Music Store*, den *Apple* 2003 eröffnet, gehörig an. Bei dieser Downloadplattform handelt sich um eine kostenpflichtige, dafür aber legale Plattform, ins Leben gerufen von Steve Jobs.

---

5 Stöcker: Nerd Attack! S. 196.
6 Renner/Renner: Digital ist besser, S. 89.
7 Palfrey/Gasser: Generation Internet, S. 6.
8 Erdmann: „One more thing", S. 207, S. 237.

Er hat dafür mit den großen Musikverlegern einen Fixpreis für Downloads von 99 Cent pro Song ausverhandelt, wovon 69 Cent an das Plattenlabel gehen. Ein ganzes Album kostet 9 Dollar 99 Cent.[9] Es ist nicht nur eine Lösung des Problems des wilden Downloads, sondern auch ein Geniestreich im Marketing, weil sich *Apple* damit in eine zentrale Position des Musikgeschäfts bringt. Man verdient an jedem verkauften Lied mit.[10] Der Hard- und Softwarehersteller mutiert nun auch zum Content-Provider.

Der *iPod* beschränkt sich indes bald nicht mehr auf die Wiedergabe von Musikdateien. Getreu *Apples* Vision von Multimedia verfügt das Modell *iPod photo* bereits über ein kleines Farbdisplay, auf dem gespeicherte Fotos betrachtet werden können. Dies ermöglicht neben der persönlichen Musiksammlung auch die persönliche Bildergalerie mit sich herumzutragen. Spätere Gerätegenerationen weisen auch eine Videofunktion auf.[11] Vor diesem Hintergrund bietet die von *iTunes Music Store* in *iTunes Store* umbenannte Plattform neben Musik auch Musikvideos, Fernsehserien, Filme und Spiele.[12] An Abspielgeräten folgen Modelle wie der *iPod video* und schließlich der *iPod touch*, der sich äußerlich wie ein Smartphone präsentiert, über einen Touchscreen verfügt und dank eingebauter *WLAN*-Technik („Wireless Local Area Network") kabellos Verbindung zu einem Netzwerk herstellen kann. Um 299 bzw. 399 Dollar – je nach Speichergröße – bietet Letzterer neben Musik und Videos auch Spiele-Apps, die im Übrigen auch auf dem *iPhone* und dem Tablet *iPad* laufen. Der *iPod* ist mittlerweile auch eine beliebte Spielkonsole im Taschenformat.[13] *Apple* bedient die ganze Angebotspalette im Unterhaltungsparadies und hat damit Erfolg.

2006 haben *iPods* in den USA einen Marktanteil von 75 Prozent und der *iTunes Store* sogar von 85 Prozent. Das Angebot umfasst zu dieser Zeit dreieinhalb Millionen Lieder. Bis Oktober 2006 verkauft *Apple* über 67 Millionen *iPods* und über *iTunes* mehr als einhalb Milliarden Lieder. Tendenz steigend. Im Januar 2008 ist die Marke von vier Milliarden Liedern überschritten und im April firmiert *Apple* als größter Musikhändler der USA.[14]

Mit zunehmender Verbreitung des Smartphones geht die Ära des legendären *iPod* aber zu Ende. Der Player wird durch Software am Smartphone ersetzt, ist nun nur noch eine App, wenngleich die Funktion dieselbe bleibt.

Apples Produkte begeistern die Klientel und sorgen bei den Gralshütern überlieferter Kultur für Untergangsstimmung. Letztere sind überzeugt, die immerzu und

---

9   Gartz: Die Apple-Story, S. 270; Erdmann: „One more thing", S. 230.
10 Stöcker: Nerd Attack! S. 197.
11 Erdmann: „One more thing", S. 246, S. 255.
12 Ebd., S. 274.
13 Ebd., S. 274, S. 301.
14 Ebd., S. 279, S. 302.

Abb. 16 Zugang zum Musikuniversum (*iPod* Docking Station) © Technisches Museum Wien.

in Massen verfügbare Musik würde die Besonderheit verlieren, die sie in früheren Jahrhunderten besessen habe, als sie nur zu feierlichen Anlässen erklang.[15] Das ist jedoch das unvermeidliche Schicksal des Kunstwerks im Zeitalter seiner technischen Reproduzierbarkeit, wie dies der Philosoph Walter Benjamin schon in den 1930er-Jahren festgestellt hat. Diese Klage ist bei allen Produkten der modernen Kulturindustrie zu vernehmen und unterschlägt die positiven Seiten der Entwicklung: Verfügbarkeit für weite Teile der Bevölkerung. Im Gegensatz zu früheren Jahrhunderten, als Musik einer gesellschaftlichen Elite vorbehalten war, hat die Kulturindustrie Musik populär und zugänglich gemacht.

Dasselbe gilt für Bilder. Bei *iTunes* steigt auch der Absatz an Serien und Filmen. Vor diesem Hintergrund ist die Neueinführung des *iPad 10* Anfang 2010 zu sehen, eines handlichen, leicht tragbaren „Tablet Computers" mit vergleichsweise großem Touchscreen zum Ansehen von Videos, zum Spielen, Lesen von E-Books aus dem *iBook Store* und zum Surfen im Internet. Das Konzept verspricht ein zunehmend multimediales Unterhaltungsparadies, und zwar jeweils mit Endgeräten und Inhalten. Für den *iPod* hat *Apple* die Musikplattform *iTunes* eingerichtet, für das *iPhone* den *App Store* und für das *iPad* unter anderem den *iBook Store*.[16]

---

15 Stöcker: Nerd Attack! S. 139–140.
16 Erdmann: „One more thing", S. 364.

Gemäß der Überzeugung von Steve Jobs, Computer für Menschen und nicht für Firmen zu bauen, liefert *Apple* Gadgets für die Multimediazukunft und prägt dadurch die Medienkultur nachhaltig. Doch mit der Marktmacht wächst die Kritik. Wettbewerbsschützer treten auf den Plan und werfen *Apple* vor, die dominante Position für überhöhte Tarife und für eine Einschränkung des Angebots zu missbrauchen.[17] Zu Gerichtsverhandlungen führt auch der Umstand, dass *Apple*-Software zunächst nur auf eigener Hardware läuft.[18] Tatsächlich versucht *Apple* seit jeher ein vernetztes Imperium zu errichten, das aus einer Vielzahl an untereinander kompatiblen, eigenen Geräten besteht und gleichzeitig fremde Erzeugnisse blockiert.[19] Nach außen hin wird diese Strategie mit Sicherheitsbedenken gerechtfertigt.[20] Doch ist es ein offenes Geheimnis, dass es dabei um Monopolisierung geht, die zur DNA der Digitalkonzerne gehört, die sich damit am Feld der technischen Konvergenz die Konkurrenz vom Leib halten wollen.

Von der Digitalisierung bleibt auch das fest im Alltag der Nachkriegsgenerationen verankerte Fernsehen nicht verschont. Negroponte hat schon 1995 prophezeit, dass es in der digitalen Ära wenig Echtzeitfernsehen geben werde, nachdem die Stärken des Netzes in einem jederzeit verfügbaren Angebot lägen. Dies würde auch die mächtigen Videotheken verschwinden lassen. Das lästige Hin- und Herschleppen von Kassetten werde durch Übermittlung der Filme in digitaler Form abgelöst.[21]

Negropontes Prophezeiung passt zur Geschichte der Videothek *Netflix*, die 1997 von Reed Hastings und Marc Randolph im kalifornischen Los Gatos gegründet wird, um Filme auf DVD („Digital Video Disc") und Blue-ray mietweise zu versenden. Im Jahr 2000 hat *Netflix* 300.000 Abonnenten und macht Verlust. Die stete Verbilligung von DVD-Playern lässt aber das Geschäftsvolumen wachsen. 2002 hat *Netflix* 670.000 Abonnenten und verschickt täglich 190.000 DVDs. Es folgt der Börsengang des Unternehmens und 2003 das erste Jahr mit Gewinn. 2005 werden täglich eine Million DVDs versendet. Ab 2007, als die Datenübertragungsraten dies zulassen, bietet *Netflix* Abonnements für Filme und Serien im „Streaming"-Modus an.[22] Das heißt, sie werden in Echtzeit aus dem Internet abgerufen.

---

17 Ebd., S. 251, S. 278–279.
18 Ebd., S. 323.
19 Renner/Renner: Digital ist besser, S. 162.
20 Hagen: Smartphones und ihre soziale Sensorik, a. a. O., S. 264.
21 Negroponte: Total digital, S. 208, S. 212.
22 https://de.wikipedia.org/wiki/Netflix (19. Januar 2023).

Der Markt der Heimunterhaltung – des „Home Entertainments"[23] – ist heiß umkämpft. Mit den Download-Shops *Amazon Music*[24] und *Prime Video*[25] tritt *Amazon* als Konkurrent auf den Plan.

Im Zentrum der Heimunterhaltung steht der Bildschirm. Er bietet die Programme und ist maßgeblich für die Darbietungsqualität verantwortlich. Die Ära der klobigen Röhrenbildschirme geht zu Ende, elegante Flachbildschirme treten an ihre Stelle. *Apple* bringt 2004 das „Cinema Display" mit 20-Zoll-Diagonale und einem Breitbildformat von 1680 mal 1050 Pixel als Computerbildschirm heraus.[26] Darin kommt die zunehmende Nutzung auch des Computers zum Anschauen von Filmen zum Ausdruck.[27] Gleichzeitig wird im Wohnzimmer das immer großformatigere Heimkino Wirklichkeit. Auch hier etablieren sich Flachbildschirme. Die höhere Auflösung der „High Definition Television" (HDTV) erzeugt schärfere Bilder und ermöglicht größere Schirme zu produzieren.[28] Allmählich setzt sich das Kinoformat von sechzehn zu neun durch. *Apple* liefert 2007 mit *Apple TV* ein Gerät mit großer Festplatte, das an einen Fernsehbildschirm angeschlossen werden kann, um neben Fotos und Musik auch Filme, die vom Personal Computer oder aus dem *iTunes-Store* im Internet heruntergeladen worden sind, in hoher Bild- und Tonqualität anzuschauen.[29] Nach einem ersten wenig erfolgreichen Anlauf setzt sich die zweite Generation von *Apple TV*, die 2010 auf den Markt kommt, durch. Sie ermöglicht dem Publikum Hollywood-Filme in HD-Qualität zu sehen und bietet Zugang zu den attraktiven Streaming-Angeboten von *Netflix*.[30] In der Folge kommen „Smart TV"-Geräte auf den Markt, die direkten Zugang zum Internet haben,[31] was das Fernsehen nachhaltig verändert.

Bei Programmen, die aus dem Internet abgerufen werden, sind starre Beginnzeiten passé. Das digitale Mediensystem liefert „On Demand", also nach Bedarf, jederzeit. Der strukturierende Einfluss, den das klassische Fernsehen auf den Tagesablauf des Publikums hat, wenn es etwa aktuelle Tagesnachrichten abends, zur besten Sendezeit, zur „Prime Time", sendet, tritt in den Hintergrund. Junge Menschen ziehen es vor, auf gewünschte Inhalte zugreifen zu können, wann immer sie wollen.

---

23 Stone: Amazon, S. 189.
24 https://de.wikipedia.org/wiki/Amazon (19. Januar 2023).
25 https://de.wikipedia.org/wiki/Prime_Video (19. Januar 2023).
26 https://everymac.com/monitors/apple/studio_cinema/specs/apple_cinema_display_20_2.html (19. Januar 2023).
27 https://de.wikipedia.org/wiki/Computermonitor (19. Januar 2023).
28 https://bit.ly/3mKcb84 (19. Januar 2023).
29 Erdmann: „One more thing", S. 284–285; https://de.wikipedia.org/wiki/Apple_TV (19. Januar 2023).
30 Erdmann: „One more thing", S. 305–306.
31 https://de.wikipedia.org/wiki/Smart-TV (19. Januar 2023).

Über das Internet können digitale Programme jederzeit und überall abgerufen werden, ob am Smartphone unterwegs, auf dem Laptop oder dem Personal Computer im Büro, am smarten Fernsehgerät auf der Couch daheim im Wohnzimmer oder aber dem Tablet, das als „Second Screen" immer bereitliegt. War das Fernsehen das Medium eines einheitlichen Programms für ein homogenes Publikum, so ist sein digitaler Nachfolger Ausdruck von Vielfalt und Individualisierung. Der französische Wirtschaftswissenschaftler André Gauron hat schon früh prophezeit, dass sich das Publikum sein Programm künftig selbst zusammenstellen werde inmitten eines reichlichen Angebots, das weit über das klassische Medienangebot hinausgeht:

> Die Medien der Zukunft werden wahrscheinlich einem riesigen Supermarkt gleichen, in dem man unmittelbar neben dem Pizzalieferanten, dem Bankservice und der Hotelreservierung eine Kinemathek, eine Musikothek oder einen Dienst findet, der Universitätsvorlesungen anbietet.[32]

Es liegt auf der Hand, dass sich etablierte Fernsehanstalten und Filmfabriken angesichts der neuen Konkurrenz Sorgen machen. Zumal sich jetzt auch hier die Unkultur des Raubkopierens ausbreitet. Eine ganze „Cracker"-Szene ist aktiv, in der es zum Wettbewerb gehört, über eine digitale Kopie eines Films zu verfügen, noch bevor das Werk veröffentlicht wurde.[33] Doch allmählich ordnen sich wie am Musiksektor auch am Filmsektor die Verhältnisse. *Netflix* etwa erwirbt die Rechte am Online-Vertrieb von Produktionen großer Filmstudios wie *Paramount Pictures*, *Lions Gate Entertainment* und *Metro-Goldwyn-Mayer*. Später beginnt *Netflix* sogar mit Eigenproduktionen wie der erfolgreichen Serie *House of Cards*.[34] In solchen aufwändig gedrehten Staffeln bekommen die großen Filmfabriken Hollywoods starke Konkurrenz. Manch eine reagiert darauf, indem sie ihre Produktionen zunehmend selbst über Streaming anbietet und nicht mehr in Kinos.[35] Anders als klassische Kinofilme treten Streaming-Programme zunehmend in Form von Serien auf, von Staffeln. Dies entspricht der neuen Rezeptionssituation daheim, in der der Ereignischarakter des Kinobesuchs vom zeitlich offenen Fernsehabend abgelöst wird. *Netflix* gilt als das Kino der Zukunft, immer und überall verfügbar mit dem für On-Demand-Dienste charakteristischen Überangebot.

Neben Musik und Filmen wird das Home Entertainment zunehmend von Spielen geprägt. Der Computer bietet sich dank seiner Interaktivität als Plattform für Spiele

---

32 Gauron: Das digitale Zeitalter, a. a. O., S. 30.
33 Stöcker: Nerd Attack! S. 200.
34 https://de.wikipedia.org/wiki/Netflix (3. Februar 2023).
35 https://www.welt.de/wirtschaft/article219183316/Netflix-Prime-Video-Apple-TV-So-retten-Streaming-Dienste-die-Filmstudios.html (19. Januar 2023).

an, in Verbindung mit dem Internet auch für solche, die von mehreren Spielenden online gespielt werden. Diese „Multi User Dungeon"[36] genannten Spiele finden anfangs wegen geringer Übertragungskapazität des Netzwerks nur in Form von Text statt. Jede Einzelheit wird niedergeschrieben, jedes Wort, das eine Figur sagt, und jede Bewegung, die sie macht. Die Protokolle ähneln einem Drehbuch. Die amerikanische Soziologin Sherry Turkle vom *Massachusetts Institute of Technology* spricht von einer neuen Art von Gesellschaftsspiel und einer neuen Form von „kollektiv geschriebener Literatur". Die Spielenden sind Schöpfer einer fiktiven Identität und erschaffen gemeinsam in Echtzeit Geschichten, deren Publikum sie gleichzeitig sind. Je nach Stimmung kann man in den Weiten des Cyberspace neben vielen anderen Erfahrungen auch körperliche Erfahrungen machen. Menschen, die einander im realen Leben nie begegnet sind, verabreden sich zum Cybersex. Es ist zwar virtueller Verkehr, aber mit einer echten Person und damit oft auch mit einem gewissen Maß an Emotionalität.[37] Die virtuelle Welt des Spiels ermöglicht zudem, eine andere Persönlichkeit anzunehmen, eine Person zu verkörpern, die ganz andere Dinge tun kann als die reale dahinter, die mutiger ist oder frecher:

> Du kannst alles sein, was du willst. Wenn du möchtest, kannst du dich völlig umkrempeln. Du kannst ein anderes Geschlecht annehmen, mehr reden, weniger reden. Egal. Wirklich, du kannst der sein, der du sein möchtest, der zu sein du schaffst. Du brauchst dich nicht darum zu kümmern, in was für Schubladen die Leute dich sonst stecken.[38]

Man kann auch mehrere Persönlichkeiten erschaffen, die, je nach Lust und Laune, in verschiedenen Welten unterschiedliche Dinge tun. Die Anonymität des Netzes verleitet zu dieser Art der spielerischen Persönlichkeitsspaltung. Dabei bleibt anzumerken, dass es sich in dieser Frühphase wegen des textbasierten Spielmodus weniger um Kinder als um junge Erwachsene handelt, die mit dem Computer spielen. Turkle sieht einen Grund für die Beliebtheit von Rollenspielen in dieser Altersgruppe im Adoleszenz-Moratorium. Damit ist die Phase des Erwachsenwerdens gemeint, in der sich junge Menschen in verschiedenen Rollen ausprobieren. Da die durchstrukturierte reale Gesellschaft diese Freiheit immer mehr einschränke, biete das Rollenspiel im Netz eine willkommene Möglichkeit sich auszuleben.[39] Zu den Begleiterscheinungen solcher Spiele zählt Suchtverhalten, nachdem viele der Spielenden stunden-, ja tagelang in dieser Welt unterwegs sind, in der sich

---

36 Rötzer: Interaktion, a. a. O., S. 67; Turkle: Leben im Netz, S. 291.
37 Turkle: Leben im Netz, S. 29.
38 Zit. n.: Turkle: Leben im Netz, S. 297.
39 Ebd., S. 329.

ständig etwas ereignet. Man ist geradezu gezwungen, drinzubleiben, um nichts zu verpassen, will man auch weiterhin dazugehören.[40]

Aus der Begegnung von Fernsehen und Computer gehen laut dem ehemaligen *Nintendo*-Mitarbeiter Hiroshi Masuyama bildbasierte Spiele hervor, die die Spielenden in einer Weise einbinden, wie dies Massenmedien davor nicht taten.[41]

Die Gemeinde der Spielenden wächst und umfasst immer mehr Kinder. Dies hat, abgesehen von der unbezweifelbaren Attraktivität der aufwändig produzierten Spielewelten, wohl auch damit zu tun, dass bildhaft animierte Spiele geringere Zugangsbarrieren aufweisen als textbasierte. Zu den gefragtesten Spielen zählen „Ego-Shooter"-Spiele, bei denen man den Blickwinkel einer Spielfigur einnimmt, die in einer aufwändig modellierten dreidimensionalen Fantasiewelt alle möglichen Gegner bekämpft. Bei *Doom*, das 1993 herauskommt, werden auf einem fernen Planeten außerirdische Monster getötet. Bemerkenswert ist das Marketing der Herstellerfirma. Das Spiel wird anfangs verschenkt, mit der ausdrücklichen Aufforderung, es weiterzugeben. Allerdings umfasst die Gratisversion nur die ersten acht Levels; will man die 18 weiteren Levels spielen, muss man das Spiel kaufen.[42]

In den Spielen eröffnet sich in den Weiten der virtuellen Realität ein völlig neuer, dreidimensional animierter Kosmos. Die Spielenden erhalten das Gefühl, sich darin bewegen und mittels eines „Avatars" zielstrebig agieren und auf die Ereignisse reagieren zu können. Es ist diese interaktive Qualität, die die Computerspiele von Filmen unterscheidet. Man sieht nicht bloß die Handlung, sondern ist Teil von ihr. Darin erklärt sich wohl die weitaus größere Faszination wie auch die davon ausgehende Gefahr. Man sieht nicht bloß Gewalt, man übt sie auch aus und ist selbst davon betroffen.[43] Die Intensität der Erfahrung ist unvergleichlich höher als im Kino. Die Shooter-Spiele geraten deshalb in die Kritik. Es wird befürchtet, dass sie bei Spielenden Gewaltneigungen verstärken.

Als sich am 20. April 1999 an der Highschool in Columbine bei Denver ein Amoklauf ereignet, bei dem zwei Jugendliche zwölf Schülerinnen und Schüler und einen Lehrer erschießen, scheint sich diese Annahme zu bestätigen, zumal sich herausstellt, dass die beiden Attentäter gerne *Doom* gespielt haben. In der Folge taucht bei jedem der vor allem in den USA immer wieder vorkommenden „School Shootings" die Frage auf, ob die Amokläufe darauf zurückgeführt werden müssen, dass die fast immer jugendlichen männlichen Attentäter zumeist auch

---

40 Ebd., S. 296.
41 Rötzer: Interaktion, a. a. O., S. 62.
42 Stöcker: Nerd Attack! S. 150.
43 Palfrey/Gasser: Generation Internet, S. 259; Mierzwa: Digitalisierung, Ökologie und das Gute Leben, S. 40.

Abb. 17 Ego-Shooter (Red Orchestra Sniper) © Wikimedia Commons, CC BY 3.0, Tripwire Interactive.

Fans gewalttätiger Computerspiele waren.[44] Zweifellos mag es Jugendliche zu solchen Gewaltspielen hinziehen, die bereits eine einschlägige Vorprägung haben und aggressive Spiele gezielt suchen, um ihren Bedürfnissen nach Aggression Befriedigung zu verschaffen. Darüber hinaus aber spielen viel mehr Jugendliche diese Spiele, die keinerlei Auffälligkeiten zeigen, weil ihnen die Grenzen zwischen Spiel und Wirklichkeit nicht zerfließen. Im Übrigen ist das kulturelle Umfeld in seiner Gesamtheit relevant. So mag der Umstand, dass US-Bürger in einem Ausmaß mit Schusswaffen ausgestattet sind wie kaum eine Bevölkerung eines anderen Landes, ebenfalls erhebliche Schuld daran tragen, dass solche Tragödien in diesem Land so häufig vorkommen.

Microsoft beschäftigt um die Jahrtausendwende mehr als 500 Angestellte in seiner Spieleabteilung. Man produziert Computerspiele wie *Age of Empires*, das ab 1997 am Markt ist. Bei diesem Spiel, das in antiker Zeit angesiedelt ist, versuchen verschiedene Zivilisationen, andere zu besiegen. Als international angelegtes Spiel,

---

44 Stöcker: Nerd Attack! S. 153.

das auch gegen lebende Gegner im Internet gespielt werden kann, bietet es zwölf verschiedene Zivilisationen zur Auswahl: Ägypter, Assyrer, Babylonier, Chosonen (Korea), Griechen, Hethiter, Minoer, Perser, Phönizier, Shang, Sumerer und Yamato. Später kommen Karthager, Makedonen, Palmyrer und Römer hinzu. Ein mitgelieferter Editor ermöglicht, auch eigene Szenarien zu kreieren.[45]

Nach der *Play Station* der japanischen Firma *Sony* und diversen Spielekonsolen der ebenfalls japanischen Hersteller *Nintendo* und *Sega* bringt *Microsoft* mit der *Xbox* eine eigene Spielkonsole heraus. Sie wird an das Fernsehgerät angesteckt, das als Monitor für die realistisch animierte Grafik dient.[46] Um die Illusion zu stützen, wird die Qualität der vermittelten „Virtual Reality" stetig erhöht. Hochauflösende Monitore bieten scharfe Bilder, leistungsstarke Prozessoren spezieller „Gaming PCs" sorgen dafür, dass auch schnellste Bewegungen schlierenfrei dargestellt werden; Raumklang sorgt für den Eindruck, inmitten des Geschehens zu sein, ein ergonomisch geformtes Interface ermöglicht unmittelbare Steuerung und ein bequemer Stuhl das stundenlange Verharren vor dem Bildschirm. Zur Perfektionierung der Illusion werden spezielle Datenbrillen angeboten, die den Kopf umschließen und die Spielenden vollkommen in die virtuelle Welt eintauchen lassen. Dank der perfekten Imitation einer Umgebung kann diese Technologie auch andere Einsatzgebiete erobern wie die Pilotenausbildung im Flugsimulator oder Kampftrainings, wie sie in verschiedenen Armeen abgehalten werden.[47]

Durch Anbindung ans Internet erhalten die Computerspiele eine neue Reichweite. Es eröffnet sich ein grenzenloses Spielfeld, auf dem zahllose Figuren agieren, so genannte Avatare. Dahinter verbergen sich Menschen, die irgendwo auf der Welt an ihren Computern sitzen. Sie übernehmen unterschiedliche Rollen und interagieren miteinander oder gegeneinander. Dieserart erfolgreiche „Massively Multiplayer Online Games" (MMOGs)[48] verweisen auf das Entstehen einer globalen Kultur, getragen von Digital Natives in allen Teilen der Welt.[49]

Der Sektor der Computerspiele wächst zu einem gigantischen Geschäftsfeld heran. Zwar sind manche der Spiele kostenlos, doch bieten sie oftmals ein Sortiment an Utensilien und Waffen an, die man um echtes Geld erwerben kann, um die Gewinnchancen zu erhöhen. Die Spieleindustrie sorgt laufend für neue Angebote auf diesem prosperierenden Markt. Als Motor des Milliardengeschäfts fungieren nationale Gaming-Ligen und internationale Meisterschaften, bei denen Individuen oder Teams gegeneinander antreten.

---

45 https://de.wikipedia.org/wiki/Age_of_Empires (19. Januar 2023).
46 Inside Out, S. 278.
47 Eichhorn: Virtuelle Realität, a. a. O., S. 214.
48 Palfrey/Gasser: Generation Internet, S. 33; https://de.wikipedia.org/wiki/Massively_Multiplayer_Online_Game (19. Januar 2023).
49 Palfrey/Gasser: Generation Internet, S. 34.

Abb. 18 Fliegen lernen ohne Risiko (Flugsimulator Ausstellungsstück der DASA in Dortmund, 2014) © Wikimedia Commons, CC BY-SA 3.0, Itti.

In Seoul finden im Jahr 2000 die ersten *World Cyber Games* statt. Bei den Spielen in Singapur zählt man fünf Jahre später bereits 1,25 Millionen Gamer. An Preisgeldern werden Dollarmillionen ausgespielt. In der Folge gibt es separate europäische, asiatische und amerikanische *World Cyber Games*.[50] Gespielt werden verschiedene Disziplinen für Personal Computer oder *Xbox*, darunter Kriegs- und Kampfspiele wie *World of Warcraft*, das 2004 erscheint. In diesem Spiel sind über Jahre Millionen Menschen registriert, die in der simulierten Welt Aufgaben („Quests") wie Monsterjagen erledigen, oft in Gruppen, was Kommunikation nötig macht.[51]

Ein weiteres überaus erfolgreiches Spiel dieser Ära trägt den Namen *Second Life*. Von der amerikanischen Firma *Linden Lab* 2003 auf den Markt gebracht, weist es zehn Jahre später bereits 36 Millionen Nutzerkonten auf. Rund um die Uhr sind weltweit Zigtausende gleichzeitig eingeloggt. Ziel des Spiels ist es, eine zweite, eine virtuelle Welt zu erschaffen. Die Spielenden erhalten Werkzeuge beigestellt, um ihre Avatare zu gestalten, Objekte zu erschaffen, sich durch die virtuelle Welt

---

50 https://de.wikipedia.org/wiki/World_Cyber_Games (19. Januar 2023).
51 Stiftung Deutsches Technikmuseum Berlin (Hg.): Netz-Dinge, S. 142.

Abb. 19   Weltspielkultur: *World Cyber Games* (2004) © Wikimedia Commons, CC BY 2.0, Peter Kaminski.

zu bewegen, sich auf unterschiedliche Weise zu beschäftigen und mit anderen zu kommunizieren. Gruppenbildung ist ein wesentliches Element, Zusammenarbeit, aber auch Handel und das Anbieten bzw. die Inanspruchnahme von virtuellen Dienstleistungen, nicht zuletzt sexueller Natur.^{52} Es gibt kostenlose und kostenpflichtige Versionen des Spiels, die sich vor allem dadurch unterscheiden, dass man in der Gratisversion kein virtuelles Land auf dem Hauptkontinent „Mainland" erwerben darf, was aber die Grundlage für die Errichtung von wertvollen Häusern oder die Erschaffung von Landschaften bildet. Solche erschaffenen Objekte werden in der Spielwährung *Linden-Dollars* gehandelt, wobei diese oft auch in reale Dollars getauscht werden, sodass das Spiel echte Wirtschaftstransaktionen nach sich zieht. Letztlich erweist sich das selbst geschaffene Paradies in seinen kapitalistischen Ausuferungen als nicht besser als die reale Welt.

Das Spielen von solchen Computerspielen nimmt mitunter exzessive Formen an. Tage und Nächte lang durchzuspielen, ist bei Angehörigen der Szene keine

---

52 https://www.derstandard.at/story/1227286837377/sex-in-second-life-zuerst-muss-man-sich-genitalien-kaufen (19. Januar 2023).

Seltenheit; Spielsucht wird zu einem gesellschaftlichen Problem, wenngleich anfangs Unklarheit darüber herrscht, ob von einer Störung oder von einer Erkrankung zu sprechen ist. Jedenfalls öffnen Kliniken, in denen Spielsucht stationär behandelt wird.[53] Im Gegensatz zu Ländern der westlichen Welt geht die Volksrepublik China restriktiv gegen das wachsende Problem vor. Unter 18-Jährigen wird nur noch an Freitagen sowie Wochenend- und Feiertagen jeweils eine Stunde lang erlaubt, Onlinespiele zu spielen.[54]

---

53 Palfrey/Gasser: Generation Internet, S. 227; Zimmermann: Generation Smartphone, S. 110–111.
54 https://orf.at/stories/3229212/ (12. Januar 2023); https://orf.at/stories/3227138/ (12. Januar 2023).

Von Consumern und Prosumern, oder *YouTube*

Mit der Jahrtausendwende wandelt sich der Personal Computer zusehends in eine Multimedia-Maschine. Die Firma *Apple*, die sich durch ihre Hard- und Software im Grafischen Gewerbe und bei Kreativen aller Sparten bereits einen guten Ruf erworben hat, bietet Foto- und Videokameras, Taschencomputer und Audioplayer als trendige Peripheriegeräte zu stylish gestalteten Mac-Rechnern daheim, denen die Rolle eines „Digital Hub" zukommt.[1] Mit *iLife* bringt *Apple* ein passendes Multimedia-Softwarepaket heraus. Darin enthalten sind über die Jahre Programme wie *iPhoto* zur Bildverwaltung, *iDVD* für die DVD-Produktion, *iMovie* für Videoproduktion und *iWeb* für Webanwendungen sowie die Musiksoftware *GarageBand*.[2] Die leistbare Multimedia- und Internet-Software *iLife* macht es möglich, Fotos, Filme, Musik, Podcasts, Websites und Blogs herzustellen, zu bearbeiten und zu verschicken.[3] Das bisher passive Publikum der „Consumer" verwandelt sich in produzierende Konsumenten, in „Prosumer". Nach Jahrhunderten einer auf professionellen Strukturen basierenden Medienproduktion beginnt jetzt ein Zeitalter des „User Generated Contents" oder „User Created Contents".[4] Für diese zweite Generation des Internets, in dem das Publikum selbst Inhalte produziert, bürgert sich die Bezeichnung „Web2.0" ein.[5]

Von entscheidender Bedeutung sind für diesen Wandel neben einfacher Handhabung medientechnischer Werkzeuge stark sinkende Kosten. Mit der Digitalkamera endet die Ära der analogen Fotografie und damit eine Zeit, in der das Fotografieren teuer und auch anspruchsvoll war, jede Aufnahme wohl überlegt sein musste, weil keine Möglichkeit bestand, daran nachträglich etwas zu korrigieren. Erst Tage später, nach der Entwicklung in einem Labor, bekam man das Ergebnis zu sehen. Einen Schnappschuss zu wiederholen, war praktisch unmöglich. Die digitale Fotografie hingegen erlaubt unzählige Aufnahmen zu machen und dabei das Ergebnis umgehend zu begutachten, die nicht gelungenen Fotos gleich wieder zu löschen und neue zu machen. Sie ermöglicht Spontaneität und Kreativität,[6] erschließt der Fotografie ein breites Publikum.

Anfangs gibt es unter Insidern noch hitzige Debatten darüber, ob die Auflösung der Digitalfotografie jemals an die Qualität analoger Fotografie heranreichen werde.

---

1 Erdmann: „One more thing", S. 209.
2 https://de.wikipedia.org/wiki/ILie (20. Februar 2023)
3 Palfrey/Gasser: Generation Internet, S. 151.
4 Ebd., S. 141.
5 Bieber/Eifert/Groß/Lamla: Soziale Netzwerke in der digitalen Welt, a. a. O., S. 11.
6 Renner/Renner: Digital ist besser, S. 118.

Doch lässt sich die Digitalisierungswelle dadurch nicht aufhalten.[7] Pixeldichte und Bildqualität erreichen bald ein Level, das die Auflösungsfähigkeit des menschlichen Auges übersteigt. Der Vorwurf des „pixelnden" Bilds löst sich in Nichts auf. Sogar der Profisektor steigt auf digitale Arbeitsweise um – schon deshalb, weil digitale Bilder sofort verfügbar und ungleich einfacher zu bearbeiten sind als analoge. Digitale Bildbearbeitung bedarf weder eines Fotolabors noch der zugehörigen Spezialisten, sondern geht einfach am Personal Computer vor sich. Digitale Aufnahmen sind zudem gleich um die halbe Welt transferierbar, was etwa in der Pressefotografie von eminenter Bedeutung ist.[8]

Ähnliches gilt für die Musikproduktion, wo digitale Tonmischpulte ihre analogen Vorläufer ablösen. Dabei ändert sich nicht nur die Technik, mit der Musik aufgenommen und arrangiert wird, sondern mitunter wird Musik bereits im Computer erzeugt. Dies hat nachhaltige Auswirkungen. Heimanlagen, die auf einem Schreibtisch Platz finden, ermöglichen Jugendlichen in ihren Zimmern wie in einem Studio zu komponieren, ohne ein Instrument oder auch nur die Notenschrift beherrschen zu müssen. Gleiches gilt für die Videoproduktion.

Als Plattform, die es auf einfachste Weise erlaubt, eigene Musik und Videos zu präsentieren, etabliert sich *YouTube*. Der griffige Name „deine Röhre" meint „dein Fernsehgerät", was auf das Selbstverständnis von *YouTube* als das Fernsehen des digitalen Zeitalters verweist. Jeder kann sich kreativ betätigen und sich auf der gigantischen Bühne Internet präsentieren. Jeder kann ein Star werden, lautet das Versprechen der Zeit. Die New Yorker Sängerin Lana Del Rey macht es vor. Sie schafft den internationalen Durchbruch, nachdem sie ihr Lied *Video Games* auf *YouTube* veröffentlicht hat, wo es in nur einem Monat mehr als eine Million Mal aufgerufen wird.[9]

Das Internet stellt ein Massenmedium der besonderen Art dar. Sein Wirkmechanismus ist ein anderer als etwa der des Fernsehens: Während dort das Publikum im Moment der Ausstrahlung vor den Bildschirmen versammelt wird, basiert *YouTube* auf dem Prinzip der Viralität. Ein hochgeladenes Video wird von Usern mit anderen geteilt, von diesen mit weiteren und so weiter. Auf diese Weise verbreitet es sich wie ein Virus – mitunter sehr rasch und sehr weit.[10] Durch den Multiplikationseffekt, den Freundeskreise in Sozialen Medien bewirken, kann mitunter viel mehr Publikum erreicht werden als durch eine Ausstrahlung im Fernsehen. Angesichts solcher Qualitäten wird *YouTube* zur bevorzugten Plattform für aufstrebende Musikbands, die nun nicht mehr auf exklusive Fernsehkanäle wie *MTV* oder *Viva* angewiesen

---

7 Stöcker: Nerd Attack! S. 131.
8 Pensold: Eine Geschichte des Fotojournalismus, S. 187–188.
9 https://de.wikipedia.org/wiki/Lana_Del_Rey (19. Januar 2023).
10 Frühbrodt/Floren: Unboxing YouTube, S. 18.

sind. Diese Entwicklung geht einher mit einer grundlegenden Änderung im Medienkonsum: Jugendliche Musikfans sehen immer weniger fern, gleichzeitig nutzen sie immer stärker Soziale Medien.[11] Die Programme von *YouTube* sind jederzeit verfügbar, und zwar auf dem gerade zur Verfügung stehenden Bildschirm – ob am Flachbildschirm daheim oder am Smartphone unterwegs.

YouTube bringt eine völlig neue Medienkultur zutage. Junge Amateure vor allem produzieren mit einfachsten Mitteln Programm für junges Publikum. Geboten wird vor allem Unterhaltung – „Comedy", „Pranks" (Streiche), „Challenges", „Vlogs" (Video-Tagebücher), Musik, Spiele und Lifestyle; in geringerem Umfang anspruchsvolle Bildung und Information.[12] *YouTube* fungiert als Bühne für künstlerische Darbietungen, aber auch als praktischer Ratgeber für den Alltag. Nachdem es Beiträge aus aller Welt sind, fungiert die Plattform auch als Forum einer globalen Kultur. *YouTube* präsentiert sich andererseits aber auch als Müllhalde übelster Inhalte, als Portal für die Hetze politischer Extremisten, für Lügen, Hass und Verschwörungserzählungen, was Fragen nach rechtlicher Handhabe gegen Verhetzung aufwirft, und natürlich ist *Youtube* auch eine Plattform für plumpste Formen von Schleichwerbung.[13]

Bei den Inhalten handelt es sich nicht nur um Neuschöpfungen. Angesichts der Tatsache, dass im Netz ein gigantischer Pool an digitalen Werken verfügbar ist, entfaltet sich auch eine Kultur des Verarbeitens fremder Werke, die unter dem Begriff „Mashup" firmiert, ob Musik-Remixes oder Retuschen von Originalfotos.[14] Diese Recycling-Kultur wird zur hippen Massenkultur, gerät aber in Konflikt mit Prinzipien des Urheberrechts. Eine Neudefinition dessen, was erlaubt und was verboten ist, scheint nötig. Es beginnt ein Ordnungsprozess. Unter dem Schlagwort „Public Domain" werden Inhalte zusammengefasst, deren Urheberrechtsschutz abgelaufen ist und die fortan frei verfügbar sind. Unter der Leitung von Lawrence Lessig entsteht an der Law School der *Stanford University* überdies das Siegel *Creative Commons* für Eigenproduktionen, die rechtefrei gestellt werden sollen.[15] Eine gleichnamige gemeinnützige Organisation mit Sitz in San Francisco vergibt ab 2001 Lizenzen unterschiedlicher Freiheitsgrade, die Nutzung, Verarbeitung und Verbreitung von digitalen Werken durch andere gänzlich freistellen oder unter bestimmten Einschränkungen erlauben.[16] Konkret stellt *Creative Commons* national adaptierte Vorlagen für Lizenzverträge zur Verfügung, um Kreativen die

---

11 Renner/Renner: Digital ist besser, S. 152–153.
12 Frühbrodt/Floren: Unboxing YouTube, S. 6.
13 Ebd., S. 12.
14 Stöcker: Nerd Attack! S. 212.
15 Weitzmann: All you need is CC?, a. a. O., S. 246.
16 Kuhlen: Creative Commons, a. a. O., S. 157; Weitzmann: All you need is CC?, a. a. O., S. 245.

Möglichkeit zu geben, für ihre Werke die gewünschte Rechtefreiheit ausweisen zu können. Das Urheberrecht ersetzen kann *Creative Commons* nicht, es trägt aber zu einer Harmonisierung der Bedingungen in verschiedenen Ländern bei.[17]

Hinter dem Programm von *YouTube* stehen allerdings kommerzielle Intentionen.[18] Die eigentlichen Inhalte sind wie immer in der Internet-Ökonomie nur Mittel zum Zweck. Der idealistische Anspruch des offenen Kanals ist bloß Fassade, soll Publikum anlocken, das billig attraktives Programm produziert, das von Anderen rezipiert wird, wodurch Werbeeinnahmen lukriert werden können. Zunächst erfüllen die Amateurvideos diesen Zweck, bald aber treten die attraktiveren professionellen Videoinhalte wie Musikvideos in den Vordergrund. Voraussetzung dafür war, dass sich Musikverlage, die *YouTube* anfangs wegen Urheberrechtsverletzungen verklagt hatten, wenn User ihre Musikvideos dort hochluden, mit *YouTube* einigten. Fortan erhalten sie als Gegenleistung für jeden Aufruf eines Videos eine Gebühr.[19]

Die wachsende Präsenz von professionellen Inhalten wie Musikvideos führt zur Forderung, das bestehende Urheberrecht zu modifizieren. Es ist ein Grundsatzstreit zwischen Produktschutz im herkömmlichen Sinn und freier Internetnutzung. 2011 gibt es in den USA zwei Gesetzesinitiativen, die das Ziel haben, amerikanischen Urheberrechtsinhabern die Möglichkeit zu geben, gegen die unrechtmäßige Verbreitung ihrer Inhalte vorzugehen. Dabei handelt es sich um den *Preventing Real Online Threats to Economic Creativity and Theft of Intellectual Property Act* (PIPA) und den *Stop Online Piracy Act* (SOPA). Unter den Unterstützern, die ihr geistiges Eigentum schützen wollen, befinden sich vor allem die großen Medienkonzerne wie die *Motion Picture Association of America* (MPAA) und die *Recording Industry Association of America* (RIAA), die um ihre Geschäftsfelder fürchten. Die Gegner hingegen sprechen von Versuchen der Zensur und der Knebelung des Internets. Zu ihnen zählen Konzerne wie *Google*, *Yahoo* und *Facebook*, die auf ihren Plattformen mit „Professionally Generated Content" (PGC) wie Musik- und Filmvideos – also fremden Inhalten – gute Geschäfte machen. Zu den Gegnern zählen aber auch Bürgerrechtler und Journalisten, die fürchten, dass ein generelles Verbot, geschützte Dokumente zu publizieren, jegliche Form von „Whistleblowing", also das Ausplaudern von illegalen Geheimnissen durch Insider, unterbinden würde.

Am 18. Januar 2012 wird der „Blackout Day" ausgerufen. Tausende Webseiten erscheinen an diesem Tag aus Protest schwarz. Außerdem wenden sich Millionen Menschen auf unterschiedlichen Wegen an den Kongress in Washington, um gegen

---

17 Weitzmann: All you need is CC?, a. a. O., S. 249.
18 Frühbrodt/Floren: Unboxing YouTube, S. 2, S. 16–17.
19 Ebd., S. 20.

die Gesetze zu protestieren.[20] Unterstützt werden die Protestierenden von Plattformen wie *Google*, *Wikipedia* und Instanzen wie der *Electronic Frontier Foundation* und *Anonymous*. Letztere führt Hackerangriffe auf die Webseiten von *Universal Music*, des *FBI*, des *US Copyright Office*, der *Recording Industry Association of America* und der *Motion Picture Association of America*.[21]

Die energischen Proteste führen zwar zum Stopp der Gesetzesinitiativen,[22] doch der Gegensatz zwischen dem Schutz des Urheberrechts und dem der Pressefreiheit bleibt bestehen.

YouTube verändert auch den Arbeitsmarkt. Die Plattform bringt das neue Berufsbild „Influencer" hervor. Dahinter steckt zumeist eine Person, die in selbst gedrehten Videos als eine Art virtueller Freund zu ihren Followern spricht, Ratschläge in allen möglichen Fragen des Daseins gibt und dadurch erheblichen Einfluss auf sie gewinnt. Manche Influencer arrivieren zu regelrechten Stars. Die Werbewirtschaft nutzt die Beliebtheit der jugendlichen Video-Protagonisten beim jungen Publikum gezielt zur Propagierung diverser Produkte. Dabei dominieren in Sachen Mode und Schönheitspflege junge Frauen, die ihrer Klientel vermitteln, dass eine Frau vor allem schön auszusehen hat.[23] In Deutschland zählt in den Anfängen der Szene Bianca „Bibi" Claßen zu den erfolgreichsten. Auf ihrem *YouTube*-Kanal „Bibis Beauty Palace" gibt sie anfangs Modetipps und Schminkanleitungen, später bringt sie auch Lifestyle-Themen und Humoristisches vor die Webcam. Ihre Gemeinde zählt Millionen Mitglieder, die sie mit einem ausgesprochen konsumorientierten Stil anspricht.[24] Erfolgreiche Influencer wie sie können ihre Reichweite kommerziell gut verwerten.[25]

Im Lauf der Zeit wandelt sich das Metier. Aus den Jugendlichen, die ursprünglich aus freien Stücken unabhängiges Programm gemacht haben, werden immer mehr professionelle Jungmoderatoren, die, gemanagt von Agenturen im Hintergrund, Videos drehen, mit denen sich Einnahmen aus Werbung maximieren lassen. Um den Werbewert der Plattform *YouTube* insgesamt nicht zu beeinträchtigen, sind bestimmte Themen unerwünscht. Hass, Hetze, Erniedrigung, Drogenmissbrauch, aber auch Krieg, Terrorismus, Extremismus und politische Konflikte sind tabu – aus

---

20 https://www.bing.com/search?q=Protests+against+SOPA+and+PIPA+-+Wikipedia&cvid= 0808eaf0674c4541914dc6ce26e00074&aqs=edge.0.69i59j0j69i11004.5574j0j9&FORM=ANAB01 &PC=U531 (19. Januar 2023). https://en.wikipedia.org/wiki/Talk:Protests_against_SOPA_and_ PIPA/GA1 (18. Februar 2023).
21 Coleman: Hacker, Hoaxer, Whistleblower, Spy, S. 346–348.
22 https://de.wikipedia.org/wiki/Stop_Online_Piracy_Act (19. Januar 2023).
23 Frühbrodt/Floren: Unboxing YouTube, S. 46–47.
24 Ebd., S. 43.
25 https://de.wikipedia.org/wiki/Bianca_Claßen (19. Januar 2023).

Gründen der Geschäftsschädigung, nicht der Moral. Anstelle von problematischen Themen werden Beiträge forciert, die Spaß machen, unterhalten und gute Laune erzeugen.[26] In Beiträgen mit fröhlicher Stimmung sollen die jugendlichen „Content Creators", wie die Schöpfer der Beiträge genannt werden, das junge Publikum zum Konsumieren animieren. In ihren Empfehlungen für Schminkprodukte etwa versprechen sie beste Qualität, hinsichtlich der vorgeführten Klamotten coolstes Aussehen und in ihren Reisebildern locken sie an die angeblich schönsten Plätze der Welt. Ihre Ideologie ist Konsumismus.[27] Sie sind die Apologeten eines schillernden Konsumparadieses auf Erden, das alles für alle bereithält.

Wie auf den Plattformen *Instagram* und *YouTube* werden Videos auf dem chinesischen Videoportal *TikTok* veröffentlicht und geteilt. *TikTok* erweist sich als Trendsetter und kultiviert Videos im Hochformat, so genannte „Verticals". Sie sind am Smartphone praktischer zu rezipieren und finden deshalb auch auf anderen Plattformen Nachahmung. Es sind Videos zu unterschiedlichsten Themen, wenngleich sich die Betreiber ebenfalls um den Anschein eines Unterhaltungsmediums bemühen. Ungeachtet dessen sind auch hier spezielle Moderatoren mit der Durchsetzung einer Zensur befasst. Beanstandete Videos werden blockiert, sodass sie nicht abgespielt werden können. Dieses Verfahren nennt sich „Shadow Banning". Personen, die Videos hochladen, die eine Beanstandung auslösen, müssen mit der Löschung ihres Accounts rechnen – zumindest temporär.

Im Zeichen des Jugendschutzes sind Nacktheit, Alkoholkonsum, aber auch Inhalte zum Thema Sexualität, insbesondere Homosexualität, zunächst verboten. Um aber nicht die eigene Reichweite einzuschränken, werden die Bestimmungen gelockert.[28] Eingedämmt werden auch Themen wie „Slums", „Drogen" und „Prostitution". Dicke Menschen und Menschen mit Behinderung erhalten weniger Aufmerksamkeit als andere, meint der Journalist Tarek Barkouni. Tabu sind politische Inhalte, die den Interessen der Regierung in Peking widersprechen – etwa religiöse und ethische Konflikte innerhalb Chinas, aber auch Proteste in Hongkong.[29]

In manchen Fällen, in denen zensorische Eingriffe unumgänglich wären, finden sie leider nicht statt. Dies gilt vor allem für widerwärtige Beiträge wie die so genannten „Blackout Challenges", bei denen sich Kinder und Jugendliche bis zur

---

26 Frühbrodt/Floren: Unboxing YouTube, S. 54–55.
27 Ebd., S. 44.
28 https://de.wikipedia.org/wiki/TikTok (19. Januar 2023).
29 https://krautreporter.de/4631-wieso-tiktok-mehr-als-nur-quatsch-ist-verstandlich-erklart (19. Januar 2023).

Ohnmacht selbst würgen.[30] Nach dem Tod eines acht- und eines neunjährigen Mädchens infolge einer derartigen Challenge wird *TikTok* in den USA verklagt.[31]

Abgesehen davon erntet *TikTok* von westlichen Offiziellen, aber auch von *Anonymous*, den Vorwurf, als Spionagesoftware der chinesischen Regierung zu dienen und ihr Nutzerdaten zu liefern. Dies führt dazu, dass in Bundesstaaten der USA die Nutzung von *TikTok* für Staatsbeamte aus Sicherheitsgründen untersagt wird.[32] Ein ähnliches Verbot ergeht für Führungskräfte der Europäischen Union.[33] In den USA wird auch ein generelles Verbot diskutiert.

Auf den Plattformen herrscht naturgemäß enormer Konkurrenzdruck um die Aufmerksamkeit des flatterhaften Publikums. Um aus der unüberschaubaren Masse an Beiträgen herauszustechen, müssen Videos möglichst spektakulär sein. Extreme Aktivitäten bekommen in der Regel viel Aufmerksamkeit. Eine Art Real-Life-Abenteuerprogramm bildet das „Train Surfing". Dabei hängen sich die Protagonisten an Züge in voller Fahrt oder klettern auf Zugdächer, um im „Roofride" mitzufahren. Unter dem Motto „Illegal Freedom" unternimmt ein Aktivist, der sich Shiey nennt, Reisen quer durch Europa. Er reist zumeist als blinder Passagier auf Lastenzügen, entweder oben im Laderaum oder im Unterbau des Waggons. Übernachtet wird, wo es ihn hin verschlägt, im Freien in der Hängematte oder im Zelt, selbst bei Minusgraden. Als Tourguide der besonderen Art bietet Shiey seiner Community Ansichten, wie sie Touristenpfade, die er als langweilig abtut, nicht bieten könnten. Um anonym zu bleiben, verdeckt er sein Gesicht von der Nase abwärts immerzu mit einem Halstuch, wenn er zu seinem Publikum in die Kamera seines Smartphones spricht. Er finanziert sich über „Fan Funding", also über freiwillige Zuwendungen von Mitgliedern seiner Community, die Millionen zählt.

Um sein Publikum zu begeistern, muss er Außergewöhnliches bieten. Eine Tour führt Shiey in die Sperrzone des Atomkraftwerks von Tschernobyl, wo der geschickte Kletterer unter anderem das Riesenrad von Prypjat und eine hohe Radar-Antennenanlage erklimmt – vollkommen ungesichert, versteht sich.[34] Bei anderer Gelegenheit entdeckt der „Urban Explorer" in einem Tunnelsystem tief unter einer

---

30 https://praxistipps.chip.de/tiktok-blackout-challenge-das-steckt-hinter-dem-lebensgefaehrlichen-trend_148196 (19. Januar 2023).
31 https://orf.at/stories/3275122/ (19. Januar 2023).
32 https://orf.at/stories/3298542/ (19. Januar 2023).
33 https://orf.at/stories/3306294/ (24. Februar 2023).
34 https://www.srf.ch/kultur/gesellschaft-religion/freiheit-im-sperrgebiet-illegale-tour-durch-die-ruinen-von-tschernobyl (19. Januar 2023).

verlassenen russischen Fabrik einen voll bestückten Atomschutzbunker aus der Zeit der Sowjetunion.[35]

Für das Ausleben seiner anarchischen Freiheitsidee ignoriert Shiey geltende Gesetze und riskiert, im Gefängnis zu landen oder abzustürzen und sich das Genick zu brechen. Wohl aus dem Grund, weil sich manche Jugendliche herausgefordert fühlen, selbst Derartiges zu vollbringen, was ihnen mitunter die Gesundheit oder gar das Leben kostet, nimmt *YouTube* einzelne seiner Videos vom Netz.[36] Ist das Zensur? Oder Jugendschutz?

Unter dem Motto „Ontheroofs" klettern der Russe Vadim Mahkorov und der Ukrainer Vitaly Raskalov ungesichert auf die höchsten Gebäude der Welt, unter anderem auf den mehr als 600 Meter hohen *Shanghai Tower* in der chinesischen Metropole Shanghai. Das lebensgefährliche Freiklettern über Stahlkonstruktionen in größtmöglicher Höhe hat keinen anderen Grund als den, davon Aufnahmen zu machen, um die Aktion in den Sozialen Medien zu präsentieren und Aufmerksamkeit zu erregen.[37] Unter dem Titel *Urbex – Enter At Your Own Risk* erscheint 2016 eine achtteilige Serie bei *Red Bull TV*. „Urbex" steht für „Urban Exploration" und versammelt einige der populärsten „Explorers", darunter Mahkorov und Raskalov, die Städte auf der ganzen Welt von oben und unten erkunden, auf Kräne und Brücken klettern oder in U-Bahn-Schächte absteigen.[38] *Red Bull TV* ist auf Fernsehschirmen, Smartphones und Tablets weltweit empfangbar. Das spektakuläre Programm läuft nicht zufällig auf den Kanälen der bekannten Energy-Drink-Marke, die sich als Promotor einer höchst umstrittenen Kultur des Extremsports vom „Freeride" mit Skiern oder Snowboard im unzugänglichen Hochgebirge bis zum „Basejump" im „Wingsuit" und mit Fallschirm etabliert hat, mit deren Hilfe sie in den Sozialen Medien beim jungen Publikum Werbung für ihr nicht weniger umstrittenes Getränk macht.[39] Aufklärung über die Gefahren dieser Extremsportarten kommt dabei zu kurz.

Obgleich die „Content Creators", wie die Jungproduzenten genannt werden, selbst noch Teens oder Twens sind, haben sie große Vorbildwirkung auf ihr Publikum, nicht nur, was ihre Tipps betrifft, sondern mitunter auch hinsichtlich ihrer Lebensweise. Viele Jugendliche, die die Medienarbeit vor Mikrofon und Kamera als lustvolle und auch sehr einträgliche Tätigkeit begreifen, äußern als Berufswusch, in

---

35 https://www.merkur.de/welt/youtube-forscher-stolpert-ueber-wahnsinns-entdeckung-zr-8282825.html (19. Januar 2023).
36 https://www.dexerto.com/entertainment/youtuber-shiey-hits-out-after-strike-against-illegal-train-surfing-video-1436073/ (19. Januar 2023).
37 https://en.wikipedia.org/wiki/Vitaliy_Raskalov_and_Vadim_Makhorov (19. Januar 2023).
38 https://en.wikipedia.org/wiki/URBEX_%E2%80%93_Enter_At_Your_Own_Risk (19. Januar 2023).
39 https://en.wikipedia.org/wiki/Red_Bull_TV (19. Januar 2023).

Abb. 20 Influencerin gibt Schminktipps per Smartphone © picture alliance / Westend61 | NOVEL-LIMAGE.

ähnlicher Weise im Netz arbeiten zu wollen.[40] Es ist der neue Traumberuf, geradezu paradiesisch, nur mit Spaß und coolen Aktionen viel Geld zu verdienen.

Im Gegensatz zur Spaßkultur existieren im Netz auch dubiose Subkulturen, die ein weites Spektrum an hochgradig problematischen Medieninhalten bieten, darunter sexistische, rassistische, terroristische oder kinderpornografische. Aufnahmen von vermeintlichen Morden werden „Snuff Videos" genannt, wobei die Frage nach der Authentizität der Bilder zumeist unbeantwortet bleibt. Plattformen wie *Facebook* haben unter dem Druck der Politik begonnen, allzu schreckliche Videos durch tausende angestellte Moderatoren entfernen zu lassen. Aber abgesehen davon, dass diese Menschen einen bescheidenen Lohn für ihre psychisch belastende Tätigkeit bekommen,[41] stellt sich die Frage, ob das Internet hinsichtlich solcher menschenverachtenden Inhalte überhaupt angemessen kontrolliert werden kann. Lässt sich dieser riesige Schattenmarkt mit Zensurmaßnahmen und Verboten austrocknen? Skepsis scheint angebracht. Wenn es um Kinder geht, scheint Kontrolle ihres Netzzugangs einfacher. Zum Ausfiltern von ungeeigneten Inhalten wie extremer Gewalt

---

40 Zimmermann: Generation Smartphone, S. 31.
41 Brodnig: Übermacht im Netz, S. 70.

und Hardcore-Pornografie steht spezielle Software wie *Net Nanny* oder *Cyber Patrol* zur Verfügung, die Webseiten sperrt, die auf einer Schwarzen Liste stehen.[42] Eine negative Begleiterscheinung dieser Vorgangsweise ist das „Overblocking", das den Umstand meint, dass mit den bedenklichen auch viele unbedenkliche Inhalte wie Beiträge zur sexuellen Aufklärung gesperrt werden, weil sie unter denselben Schlagworten auftauchen. Solche Kollateralschäden an der Informationsfreiheit gilt es möglichst zu vermeiden, will man der Freiheit des Netzes gerecht werden. Außerdem scheint ein rigoroses Verbot von Inhalten für Kinder wenig zielführend. Murad Erdemir, Direktor der Medienanstalt Hessen, verweist darauf, dass 13-Jährige, die sich im Netz auf die Suche nach Pornografie machen, am Ende fündig werden. Verbote machten wenig Sinn. Es gelte vielmehr zu verhindern, dass Jugendliche unvorbereitet über Gewalt und Pornografie im Netz stolpern.[43] Insofern ist Aufklärung auch dahingehend gefragt, die Jugendlichen darauf vorzubereiten, was sie im Netz erwartet.

Abgesehen davon stellt sich grundsätzlich die Frage, wie sinnvoll es ist, in einem globalen, grenzenlosen Netz Inhalte in manchen Teilen der Welt verbieten und unterdrücken zu wollen, die in anderen Teilen erlaubt sind und zugänglich bleiben. Pornografie ist in asiatischen Ländern verboten, in vielen anderen nicht. In westlichen Ländern werden andere Inhalte eliminiert, die als schädlich angesehen werden – mitunter gänzlich unterschiedliche. Während in Deutschland und Österreich nationalsozialistische Inhalte gesetzlich untersagt, erotische Inhalte aber erlaubt sind, fällt Nationalsozialistisches in den USA unter freie Meinungsäußerung, während Erotik und Nacktheit weitgehend tabuisiert sind. Ganz zu schweigen von diversen Tabus in Gesellschaften, in denen orthodoxe religiöse Vorstellungen das soziale Leben beherrschen. Für diese komplexe Gemengelage funktionierende rechtliche Rahmenbedingungen zu schaffen, ist keine einfache Angelegenheit, aber ohne Zweifel ein unumgängliches Projekt der nächsten Jahre, soll das Internet auch weiterhin für Globalität und Freiheit stehen.

---

42 Palfrey/Gasser: Generation Internet, S. 214–215.
43 Erdemir: Realisierung der Staatsaufgabe Jugendschutz im Web2.0, a. a. O., S. 292, S. 294.

Wikipedia, das Wissen der Welt online

Das Wissen der Welt ist in Europa jahrhundertelang nur einem kleinen Kreis Privilegierter zugänglich. Dazu zählen Kleriker oder Angehörige der Fürstenhöfe sowie die wenigen Gelehrten an den entstehenden Universitäten. Erst der Buchdruck verändert dies nachhaltig. Er sorgt dafür, dass überlieferte Handschriften gedruckt werden und bald auch neue Texte.[1] Er bringt das Buch in großer Auflage hervor, verbreitet das Wissen der Zeit und lässt die moderne Bibliothek entstehen als Hort des gesammelten Wissens. Das gedruckte Wissen stößt Geistesströmungen wie die Reformation und die Aufklärung an und sorgt letzten Endes für die Alphabetisierung der europäischen Bevölkerung. Dies verändert die Gesellschaften grundlegend, deren Mitglieder fortan nicht nur Bücher lesen können, sondern mit den daraus gewonnenen Erkenntnissen die Art ihres Denkens verändern. Charles Van Doren nennt Gutenberg deshalb einen „der revolutionärsten Erfinder der Geschichte".[2]

Ab der Aufklärung wird das Wissen der Welt in Enzyklopädien gesammelt und dient dem strebsamen bürgerlichen Individuum als Grundlage seiner Bildung und seines gesellschaftlichen Aufstiegs. Im 18. Jahrhundert entsteht die französische *Encyclopédie ou Dictionnaire raisonné des sciences, des arts et des métiers* von Denis Diderot und Jean Baptiste le Rond d'Alembert. Sie besteht aus rund 70.000 Artikeln von gut 140 Enzyklopädisten und versammelt, eigenem Anspruch nach, das Wissen ihrer Zeit. Sie stellt sich die Aufgabe, dies im Sinne der angebrochenen Aufklärung zu tun, und gerät dadurch in Konflikt mit der Kirche, die ihr Wissensmonopol bedroht sieht. Doch die Entwicklung lässt sich nicht aufhalten. „Wissen ist Macht", lautet eine Parole aus der Kampfzeit der europäischen Arbeiterbewegung des 19. Jahrhunderts, die auch für ihre Klientel den Zugang zu den Wissensschätzen der Gesellschaft einfordert.

Mit dem Fernsehen kündigt sich im 20. Jahrhundert ein Auszug aus der „Gutenberg-Galaxis" an. Mit der Digitalisierung des 21. Jahrhunderts kommen „Compact Discs" (CDs) auf den Markt, die Texte, Ton- und Bilddokumente zu speichern erlauben. Es heißt, neben Schallplatte und Videokassette seien auch Bücher aus Papier bald verzichtbar.[3] In diesem Sinn produziert *Microsoft* ab 1993 die Enzyklopädie *Encarta*, die auf einer einzigen CD für nicht einmal 100 Dollar erhältlich ist. Im Vergleich dazu sind für eine papierene Enzyklopädie an die

---

1 Van Doren: Geschichte des Wissens, S. 469–470; Burke: Papier und Marktgeschrei, S. 20.
2 Van Doren: Geschichte des Wissens, S. 470.
3 Ebd., S. 467.

2000 Dollar zu veranschlagen.⁴ Weiters spricht für die elektronische Version, dass sie neben zigtausenden Texten illustrierende Ton- und Bildelemente, Videos und Animationen enthält, die ein weitaus umfassenderes Wissen vermitteln.⁵ Sie kann nach den Kategorien Zeit, Thema und Ort durchsucht und die angezeigten Ergebnisse können angeklickt und gleich am Schirm gelesen werden.

Für den Produzenten liegen die Vorteile einer digitalen Enzyklopädie auf der Hand. Die enormen Produktions- und Materialkosten, wie sie eine vielbändige und vieltausendseitige Ausgabe aus Papier verursacht, fallen weg. Außerdem kann eine digitale Wissenssammlung relativ leicht und kostengünstig aktualisiert und erweitert werden. Bis zum Jahr 2000 steigt der Umfang der *Encarta* von acht auf vierzig Millionen Worte. Für Besitzerinnen und Besitzer bietet sich die Möglichkeit, ihre Version durch monatliche Updates aktuell zu halten.⁶ Auch dies ist ein überzeugendes Argument für die digitale Version. Im Übrigen kalkuliert *Microsoft* mit diesem Update-Geschäft.⁷

Allerdings kann sich das Konzept der CD in der Internet-Ära nicht halten. Es treten immer mehr Portale in Erscheinung, die ein schnell wachsendes Repertoire an Information zum „Download" oder „Streaming" anbieten: umfangreiche, umgehend abrufbare und oft auch kostenlose Information. Letztlich wird die *Encarta* zum Opfer von Online-Enzyklopädien wie der *Wikipedia*, die einen sagenhaften Aufstieg vollzieht.⁸

Anfang 2001 von dem Amerikaner und vormaligen Börsenhändler Jimmy Donal Wales gegründet, wird *Wikipedia* von der *Wikimedia Foundation* betrieben, einer nicht auf Profit ausgerichteten, aus Spenden finanzierten Stiftung mit Sitz in San Francisco, Kalifornien. Die Plattform ist erklärtermaßen werbefrei und gehorcht dem Prinzip des „Sharings", des Teilens. Hochwertige Artikel zu allen möglichen Themen sollen künftig allen Menschen uneingeschränkt und kostenlos offenstehen. Im Kern besteht die Enzyklopädie aus „Wikis", das sind Webseiten nach dem „Open Source"-Gedanken, die das Prinzip von freier Information und offenem Quellcode von Software auf Wissenssammlungen übertragen.⁹ Der Name *Wikipedia* steht für eine Kombination der Begriffe „Wiki", der Hypertextseiten meint, die gelesen und bearbeitet werden können, und „Encyclopedia". Er meint insofern offenen Zugang zum gesammelten Wissen wie zur Autorenschaft. Die Beiträge entstehen nach dem Prinzip des kollaborativen Schreibens, verfasst honorarfrei von Personen aus dem

---

4 Inside Out, S. 262.
5 Gates: Der Weg nach vorn, S. 172; https://de.wikipedia.org/wiki/Microsoft_Encarta (19. Januar 2023).
6 Inside Out, S. 67.
7 Zimmer: Die Bibliothek der Zukunft, S. 88.
8 https://de.wikipedia.org/wiki/Microsoft_Encarta (19. Januar 2023).
9 Schlieker/Lehmann: Verknüpft, verknüpfter, Wikis, a. a. O., S. 257.

Kreis des Publikums.[10] Jedermann und jedefrau kann einen Beitrag nach bestimmten Regeln des wissenschaftlichen Arbeitens und nach der Leitlinie des neutralen Standpunktes[11] (englisch „Neutral Point of View", NPOV[12]) verfassen, überarbeiten und aktualisieren. Der deutsche Philosoph Richard David Precht vergleicht *Wikipedia* mit einer „Allmendeweide, auf der jeder seine Schafe weiden lassen kann und auf der zum Nutzen aller gearbeitet wird."[13] Der Wikipedianer Erik Möller sagt: „Während der klassische Enzyklopädie-Betrieb eine rigide Expertokratie ist, hat Wikipedia seine Wurzeln eher im Anarchismus und in der Basisdemokratie."[14] Aber natürlich geht auch *Wikipedia* auf Menschen mit einer gewissen Expertise zurück. Ein großer Teil der Beiträge stammt von einem sehr kleinen Personenkreis, bestehend mehrheitlich aus Männern, was den Vorwurf nach sich zieht, weibliche Themen würden vernachlässigt und Autorinnen gemobbt.[15] Doch existieren redaktionelle Strukturen, die sich um Ausgewogenheit bemühen. Unangemessene Inhalte, die nicht dem neutralen Standpunkt entspringen, aber auch unsinnige, provozierende, beleidigende oder auch gezielt aufhübschende Texte versucht man draußen zu halten, Urheberrechtsverletzungen zu vermeiden. In solchen Fällen sind interne Diskussionen unter den Mitarbeitenden mit der Möglichkeit einer Löschung vorgesehen.[16] Diese Diskussionen können mitunter recht ruppig vor sich gehen. Auch *Wikipedia* ist nicht frei von Hierarchien, Allüren und Feindseligkeiten.

Jede Seite der Enzyklopädie stellt einen „Hypertext" dar, das heißt, sie enthält Schlagworte, die als Links ausgeführt sind, über die Suchende zu weiterführenden Artikeln innerhalb der Enzyklopädie gelangen können. Die Hypertextualität erlaubt entlang spezifischer Interessen zu surfen. In dieser Struktur werden auch neue Bildungsprinzipien deutlich. Im Zeitalter unendlicher Wissensbestände kann es nicht mehr um die Aneignung gesammelten Wissens gehen, sondern um die richtige Aufnahme vernetzten Wissens.[17]

Wikipedia wächst rasch an, versammelt Beiträge in zahlreichen Sprachen und lässt damit sämtliche gebundenen Enzyklopädien weit hinter sich. Unter jungen Leuten steht *Wikipedia* bald für Wissen an sich.[18] Lediglich in Wissenschaftskreisen

---

10 Pscheida: Das Wikipedia-Universum, S. 332.
11 Stiftung Deutsches Technikmuseum Berlin (Hg.): Netz-Dinge, S. 146.
12 Schlieker/Lehmann: Verknüpft, verknüpfter, Wikis, a. a. O., S. 256.
13 https://de.wikipedia.org/wiki/Wikipedia (19. Januar 2023).
14 Schlieker/Lehmann: Verknüpft, verknüpfter, Wikis, a. a. O., S. 259.
15 https://netzpolitik.org/2018/its-a-mans-world-wie-weibliche-editorinnen-von-der-wikipedia-verdraengt-werden/ (19. Januar 2023).
16 https://de.wikipedia.org/wiki/Wikipedia (19. Januar 2023).
17 Bast: Die Kultivierung von Ungewissheit, a. a. O., S. 24.
18 https://de.wikipedia.org/wiki/Wikipedia (19. Januar 2023).

herrscht Skepsis.[19] Dort wird kritisiert, dass die Qualität der Beiträge nicht an die klassischer Enzyklopädien wie der *Encyclopaedia Britannica* heranreiche, da sie von anonymen Autorinnen und Autoren stammen würden, während die *Britannica* auf einen professionellen Stab zurückgreifen könne.[20] Untersuchungen zeigen jedoch, dass Artikel in *Wikipedia* nicht viel mehr Fehler enthalten als Artikel in der *Encyclopaedia Britannica*.[21]

Bleibt der Vorwurf der Nichtzitierbarkeit der von mehreren anonymen Autoren stammenden und sich dynamisch verändernden Artikel. Das stellt zweifellos ein formales Problem dar. Aber sind unveränderlich gedruckte und namentlich gezeichnete Texte deshalb richtiger? Demgegenüber ließe sich ins Treffen führen, dass Fehler in der Druckversion auf ewig existieren, in einer dynamischen Online-Enzyklopädie aber nicht. Dem Vorwurf, *Wikipedia* fördere – wie Suchmaschinen im Allgemeinen – die „Copy-&-Paste-Kultur", die Kultur des Kopierens und Abschreibens, hält der Gründer Wales nicht ganz zu Unrecht entgegen, dass schon früher aus Lexika abgeschrieben worden sei. Und die Behauptung, durch Nutzung des Internets verlerne man das Lernen, sei schlicht Unsinn.[22]

Wikipedia steht für eine neue Form des Lernens, für „E-Learning", einem zeit- und ortsunabhängigen, individuellen Lernen, nach eigenen Interessen und mit beliebig häufigem Wiederholen. Es ist die Vision einer demokratisierten Bildungskultur, die niemanden ausschließt. Es braucht nur Zugang zum Internet und das nötige Maß an Selbstorganisation.[23] Man muss aber über spezielle Kenntnisse verfügen, um sich das neue Wissen dienstbar machen zu können. Weiterbildung ist nötig, um sich im ausufernden Angebot zurechtzufinden. Der britische Historiker Peter Burke warnt davor, dass wir „Informationsgiganten" werden könnten bei gleichzeitiger Gefahr „Wissenszwerge" zu bleiben.[24]

Die Digitalisierung schafft auch neue Probleme. Sie separiert die Generationen voneinander: in junge Menschen, die den selbstverständlichen Umgang mit dem Netz und seinen Angeboten pflegen, und in die Vorfahren aus der Vorcomputerära, die sich schwertun, die neuen Regeln und Konventionen zu übernehmen. Die Digitalisierung trennt aber auch die Bildungsschichten voneinander: je höher die Bildung, desto intensiver die Netznutzung und damit wohl auch der Benefit, der daraus gezogen wird. Es gilt insofern auch dem Wachsen der Kluft zwischen gut und weniger gut Gebildeten zu begegnen und einer Entwicklung vorzubeugen, in der Informationsaneignung zur Fast-Food-Kultur wird, zu einer oberflächlichen

---

19 Zimmermann: Generation Smartphone, S. 148.
20 Palfrey/Gasser: Generation Internet, S. 192.
21 Burke: Die Explosion des Wissens, S. 322.
22 Reischl: Die Google-Falle, S. 122.
23 Mierzwa: Digitalisierung, Ökologie und das Gute Leben, S. 34–35.
24 Burke: Die Explosion des Wissens, S. 13.

Kultur des raschen Erwerbens und Konsumierens von kontextlosen Informationsstücken ohne nachhaltigen Bildungseffekt. „Google macht denkfaul", warnt Roland Mierzwa. Dank der ständig abrufbaren Information werde nicht mehr nachgedacht, nicht mehr gemerkt, nicht mehr kompaktes Wissen aufgebaut, wie dies im Zeitalter des papierenen Buches selbstverständlich war. Dadurch gehe die Fähigkeit tiefgründigen Denkens verloren. Gutes Allgemeinwissen sei aber gerade für den Umgang mit *Google* wichtig, um die Suchmaschine effizient nutzen und die Schätze im Netz finden und heben zu können. Es geht dabei auch darum, die angezeigten Ergebnisse zu hinterfragen und bewerten und aus „Filterblasen" ausbrechen zu können.[25]

An einer Digitalisierung des Weltwissens arbeiten auch die *Google*-Chefs Larry Page und Sergy Brin. Sie planen, die Bücher der Welt einzuscannen und sie der Menschheit zugänglich zu machen. Diese Pläne entspringen aber weniger humanistischem Idealismus, als der Intention, Werbeeinnahmen zu lukrieren. *Google* macht das Weltwissen zu einer Marketingplattform.

Im Rahmen des Projekts *Print Publisher Program* (*Google Print*) präsentiert *Google* bereits erschienene Bücher in Form ausgewählter Seiten im Netz. Interessierte können das Inhaltsverzeichnis, den Klappentext und Auszüge aus den Kapiteln lesen, müssen aber das Buch kaufen, wenn sie mehr wollen. In einem weiteren Projekt mit dem Titel *Print Library Program* beginnt *Google*, urheberrechtsfreie Bücher großer Bibliotheken zur Gänze zu scannen und online zugänglich zu machen.[26] Zahlreiche Bibliotheken, darunter die *Österreichische Nationalbibliothek*, lassen große Teile ihrer Buchbestände durch *Google* digitalisieren.[27] Seitens der Autoren und Verlage, die um ihr künftiges Geschäftsfeld fürchten müssen, kommt Protest. Man wirft *Google* vor, auch urheberrechtlich geschützte Bücher zum eigenen geschäftlichen Vorteil zu veröffentlichen. Es kommt zu Klagen.[28]

Abgesehen davon wird die Digitalisierung des kulturellen Erbes zu einer vordringlichen Aufgabe. Die *Library of Congress* in Washington digitalisiert unter dem Titel „American Memory"[29] Urkunden, Bücher, Fotos, Karten, Filme und Tondokumente und erlaubt kostenlose Nutzung via Internet. In Europa will das Projekt einer digitalen Bibliothek mit dem Titel „Europeana" das Kulturerbe in Gestalt von Text-, Bild-, Ton- und Filmdateien bewahren.[30] Hunderte Bibliotheken,

---

25 Mierzwa: Digitalisierung, Ökologie und das Gute Leben, S. 33.
26 Thomas: Wissenschaft in der digitalen Welt, a. a. O., S. 315–316.
27 https://de.wikipedia.org/wiki/Google_Books (19. Januar 2023).
28 Levy: Google Inside, S. 456.
29 https://de.wikipedia.org/wiki/American_Memory (19. Januar 2023); https://memory.loc.gov/ammem/index.html (19. Januar 2023).
30 https://de.wikipedia.org/wiki/Europeana (19. Januar 2023); https://www.europeana.eu/de (19. Januar 2023).

Archive, Museen und Sammlungen liefern Millionen an Digitalisaten, die penibel in Katalogen verzeichnet werden und in vielen Fällen von überall auf der Welt aufgerufen werden können.

Eine Gefahr für die freie Verbreitung des Wissens besteht in Tendenzen, wissenschaftliche Erkenntnisse zu kommerzialisieren und einem engen elitären Kreis vorzubehalten. Betroffen sind davon vor allem die wissenschaftlichen Disziplinen, deren Erkenntnisse unmittelbar durch eine Industrie ausgebeutet werden können. Dagegen regt sich Widerstand. Anfang 2002 findet auf Initiative der *George-Soros-Stiftung* in Budapest eine Konferenz unter dem Titel „Public Access" statt, deren Anliegen darin besteht, dass wissenschaftliche Literatur im Internet kostenlos zugänglich sein soll. Im Folgejahr findet eine internationale „Open-Access"-Konferenz in Berlin statt, aus der die *Berlin Declaration* hervorgeht, die neuerlich freien Zugriff auf Forschungsliteratur fordert.[31] Die Unterzeichnenden stellen sich den Herausforderungen des Internets „als künftigem Medium zur Wissensverbreitung".[32] Ebenfalls 2003 erscheint im Rahmen eines Informationsgipfels der *Vereinten Nationen* eine *Charta der Bürgerrechte für eine nachhaltige Wissensgesellschaft*. Wissen wird dabei als „Erbe und Besitz der Menschheit" begriffen, als öffentliches Gut, das für alle überall und jederzeit verfügbar zu sein habe und nicht durch Patent- und Urheberrechtsansprüche verknappt werden dürfe.[33] Diese Forderung soll verhindern, dass insbesondere unterentwickelte Staaten aufgrund finanzieller Schwäche von Wissen und Fortschritt abgekoppelt werden.

In großen Teilen der Welt haben Menschen jedoch noch keinen Zugang zum Internet, weil sie nicht über die nötige Hardware verfügen, was faktisch einen Ausschluss bedeutet.[34] Mit dem Netzzugang fehlt eine wesentliche Voraussetzung für die Persönlichkeitsentwicklung der Bürgerinnen und Bürger, was wiederum die Chancen des Staates auf Entwicklung mindert.[35] Die materielle Entwicklung setzt eine kulturelle und diese eine digitale voraus.

2005 präsentiert Nicholas Negroponte auf dem Weltwirtschaftsforum in Davos das „Hundred-Dollar-Laptop-Project" des *Massachusetts Institute of Technology*. Er gründet die gemeinnützige Initiative „One Laptop per Child", mit dem Ziel, jedem Kind einen Personal Computer zu geben und ihm dadurch Zugang zur digitalen Welt zu eröffnen.[36] Dies gilt auch und vor allem für Kinder in entlegensten Weltregionen, in denen es an moderner Strominfrastruktur mangelt. Die digitale

---

31 Passek: Open Access, a. a. O., S. 339–344.
32 Berliner Erklärung über offenen Zugang zu wissenschaftlichem Wissen, a. a. O., S. 345.
33 Charta der Bürgerrechte für eine nachhaltige Wissensgesellschaft, a. a. O., S. 164.
34 Stiftung Deutsches Technikmuseum Berlin (Hg.): Netz-Dinge, S. 153.
35 Charta der Bürgerrechte für eine nachhaltige Wissensgesellschaft, a. a. O., S. 165.
36 https://de.wikipedia.org/wiki/OLPC_XO-1 (19. Januar 2023).

Landschaft verspricht ein Bildungssystem mit modernen Lehrinhalten, welches Bevölkerungen von Entwicklungsländern, die bislang keine Gelegenheit hatten, Schulen und Universitäten zu besuchen, Chancen eröffnet. Eric Schmidt und Jared Cohen sehen in der fortschreitenden globalen Vernetzung eine reale Chance, jahrhundertealte Ungerechtigkeiten zu beseitigen. Sie verweisen auf Afghanistan, ein Land mit einer der höchsten Analphabetenrate weltweit, und auf die Möglichkeiten, die sich dem Land bieten würden.[37] Keine zehn Jahre nach Erscheinen ihres Buches zeigen die dramatischen aktuellen Entwicklungen im Land am Hindukusch die Brisanz des Problems. Seit dem Abzug der westlichen Truppen und der Rückkehr der Taliban an die Macht werden Mädchen und Frauen wieder grundsätzlich von Schulen und Universitäten verbannt. Es ist ein Rückfall in dunkle Zeiten. Vor dem Hintergrund solcher Entwicklungen gilt es, das Recht auf Wissen, auf freies Denken und freie Meinung allgemein zu verankern. Es ist die westliche Aufklärung, die hierbei Pate steht, was die berechtigte Frage aufwirft, ob diese die richtige Medizin für alle Länder der Welt darstellt.[38] Man könnte antworten: vielleicht nicht die einzige, absolute, aber zumindest eine, die antiquierten Tyranneien entgegenwirkt.

In der Volksrepublik China arbeitet ein umfassender, von der regierenden Kommunistischen Partei kontrollierter Zensurapparat, der den Zugang zum Wissen der Welt gezielt einschränkt. Im Westen ist die Rede von „The Great Chinese Firewall".[39] Praktisch alle Medien werden zensuriert – von der Presse, der Literatur, dem Fernsehen und dem Film über Computerspiele und Messagingdienste bis zum Internet. Regimekritische Webseiten werden blockiert, verbotene Worte und Bilder in Echtzeit aus der Kommunikation der Menschen gelöscht. Informationen, die die Macht des Staates aushöhlen, die nationale Einheit gefährden oder die Ehre und die Interessen Chinas bedrohen, werden konsequent unterdrückt, um den Einfluss des Westens auf die chinesische Bevölkerung zu unterbinden. Manche große amerikanische Plattform wird kurzerhand gesperrt.[40] In den Jahren 2004 bis 2006 trifft es *Wikipedia*, weil die Machthaber in Peking im Wissen um die Macht des Wissens kritische Artikel unterdrücken wollen. *Wikipedia*-Gründer Wales widersetzt sich aber der Forderung der chinesischen Regierung, sensible politische Einträge in der chinesischen *Wikipedia*-Version zu sperren, weil, wie er sagt, Zensur der Idee von *Wikipedia* grundlegend widerspreche. Wahrheit sei nicht verhandelbar.[41]

Google lernt diese Praxis erstmals 2002 kennen, als die chinesische Zensur die Adresse www.google.com für die chinesische Bevölkerung kurzerhand sperrt, wenn

---

37 Schmidt/Cohen: Die Vernetzung der Welt, S. 40.
38 Lehmann: Der lange Weg zur Wissensgesellschaft, a. a. O., S. 39.
39 Schmidt/Cohen: Die Vernetzung der Welt, S. 131.
40 Ebd., S. 130–131.
41 https://de.wikipedia.org/wiki/Wikipedia (19. Januar 2023).

Abb. 21 Ein Laptop für jedes Kind (selbst gebaute OLPC-Laptop-Ladestationen im Klassenzimmer) © Wikimedia Commons, CC BY-SA 3.0, Rudolf Simon.

auch nur für knapp zwei Wochen.[42] China gilt für *Google* aber als so bedeutsamer Markt, dass das Unternehmen die herrschenden Zustände akzeptiert und einige Jahre später trotz allem eine Niederlassung in Peking einrichtet. Ab Januar 2006 existiert die Adresse *www.google.cn*,[43] doch ziehen sich Lizenzverhandlungen bis Mitte 2007 hin, da nicht klar ist, ob *Google* als Internetdienst oder als Nachrichtenportal zu gelten hat. Letzteres ist ausländischen Unternehmen in China nämlich verboten.[44] In der Folge verpflichtet sich *Google*, Seiten, die von der Regierung in Peking beanstandet werden, nicht anzuzeigen. Dazu zählen Seiten über die Regionen Tibet und Taiwan, die um ihre Unabhängigkeit vom chinesischen Zentralstaat kämpfen, oder auch Seiten zur Niederwerfung der Demokratiebewegung in Peking selbst durch das kommunistische Regime im Jahr 1989 am Platz des Himmlischen Friedens, dem Tian'anmen.[45] Der Anspruch, allen Menschen der Welt das gesamte Wissen der Welt zu erschließen, erleidet einen schweren Rückschlag.

---

42 Levy: Google Inside, S. 348–349.
43 Ebd., S. 357, S. 361.
44 Ebd., S. 376.
45 Reischl: Die Google-Falle, S. 60.

Abb. 22 Hinter den „Ohren" des 100-Dollar-Laptops verbirgt sich die W-LAN-Antenne © Technisches Museum Wien.

Manche amerikanischen Plattformen geraten sogar in den Verdacht der aktiven Kollaboration mit dem chinesischen Regime. *Google* gibt die Identität eines regimekritischen Journalisten preis, der daraufhin im Gefängnis landet, und *Microsoft* schließt kurzerhand einen regimekritischen Blog, um Peking zu gefallen.[46] Doch nach weiteren Eskalationen wollen die *Google*-Gründer die Unterwerfung unter die Zensur beenden. Sie fordern die Regierung in Peking auf, freie Verhältnisse zu ermöglichen und drohen andernfalls ihren Rückzug aus China an.[47] Es kommt nicht zum Einlenken der Regierung in Peking, sondern zum Rückzug *Googles*. Ab 2010 bietet das Unternehmen der chinesischen Bevölkerung über den Umweg Hongkong freie Information auf *google.com*, worauf die Staatszensur zumindest keinen direkten Zugriff hat.[48]

Leider steht die ehemalige britische Kolonie Hongkong mittlerweile aber vor ihrer Unterwerfung unter das chinesische Regime, wodurch sich auch dieses Fenster zur westlichen Welt zu schließen droht. Noch kämpfen in Hongkong junge Aktivistinnen und Aktivisten gegen die Vereinnahmung ihrer Stadt. Sie stellen

---

46 Levy: Google Inside, S. 363.
47 Ebd., S. 397.
48 Ebd., S. 398; Jaekel: Die Macht der digitalen Plattformen, S. 12.

sich auf den Straßen der Staatsmacht, organisieren sich via Soziale Medien und posten Handyvideos von gewaltsamen Einsätzen der Polizeikräfte. Es geht darum, die ganze Welt zum Augenzeugen zu machen und die Demonstrationen auf die internationale Öffentlichkeit auszuweiten. Die Bilder gleichen denen in anderen Ländern: Smartphones und Laptops gegen Schlagstöcke und Wasserwerfer.

Im Oktober 2021 wird mit der *Microsoft*-Jobplattform *LinkedIn* die letzte amerikanische Plattform geschlossen, die in China offiziell noch tätig war. Ihr soll eine chinesische Version nachfolgen, die allerdings nicht mehr die Möglichkeit bieten soll, Artikel und Beiträge zu teilen. Diese Maßnahme ist nur eine von vielen gegen die Kultur des Westens gerichteten Maßnahmen, die der Stützung von Chinas Großmachtpolitik dienen. Aus demselben Grund forciert China eigene Plattformen, die die amerikanischen Konkurrenten verdrängen sollen, um westliche Einflüsse auf die chinesische Bevölkerung einzudämmen, das „geistige Opium" fernzuhalten. Wie zuvor auf industriellem Gebiet werden jetzt die amerikanischen Plattformen kopiert und im Sinne eigener Interessen weiterentwickelt. Chinas Antwort auf *Amazon* ist *Alibaba*, auf *YouTube Douyin*, auf *Google Baidu*. Die politische Führung will mit Druck von oben eine neue chinesische Gesellschaft formen, die Chinas Großmachtpolitik mitträgt. Im Westen ist die Rede von einer „Kulturrevolution2.0".[49]

Dieser Versuch des Regimes in Peking, die digitale Landschaft nach eigenen Standards zu prägen, könnte sich als geeignet erweisen, eine der grundlegenden Annahmen über das Internet zu widerlegen: dass es eine globale Kultur zutage bringe. *Google*-Chef Eric Schmidt hält es für durchaus denkbar, dass sich in absehbarer Zeit im englischsprachig geprägten Internet Teilnetze herausbilden, die speziellen kulturellen oder religiösen Kriterien gehorchen und auch in anderen Sprachen und Alphabeten erscheinen. Neben einem chinesischen könnte es ein von Russland dominiertes oder auch ein von mehreren sunnitischen Staaten dominiertes, islamistisches Netz geben, mit je spezifischen Wahrheiten. In Letzterem würde die Scharia gelten, Waren- und Geldgeschäfte müssten ohne Zinsen vor sich gehen, Religionswächter würden Inhalte überwachen und bei Verstößen eingreifen. Themen zu Homosexualität sowie Frauenthemen wären verboten ebenso wie über ethnische und religiöse Minderheiten.[50] Mit dieser Unterwerfung des Internets unter autoritäre politische oder religiöse Dogmen wäre die globale Freiheit des Geistes endgültig Geschichte.

---

49 https://orf.at/stories/3232755/ (19. Januar 2023); https://www.nzz.ch/feuilleton/die-negative-energie-der-elitenkultur-chinas-neuste-saeuberungen-ld.1646761?reduced=true (19. Januar 2023); https://orf.at/stories/3227138/ (19. Januar 2023); https://orf.at/stories/3229212/ (19. Januar 2023); https://www.tagesspiegel.de/gesellschaft/panorama/kulturrevolution-20-6715135.html (19. Januar 2023).

50 Schmidt/Cohen: Die Vernetzung der Welt, S. 137.

Widerstand gegen die Staatsgewalt: von *Anonymous* zu *Wikileaks*

Massenmedien sind integraler Bestandteil der modernen Demokratie. Der Buchdruck hat zur Zeit der Aufklärung in Broschüren und Zeitungen ein Forum der öffentlichen Meinung geschaffen und damit die Weichen in Richtung der bürgerlichen Demokratie gestellt. Dahinter steht das Prinzip, dass Bürger über aktuelle politische Debatten sachlich und korrekt informiert werden, um danach, auf der Grundlage ihres Wahlrechts, die richtigen Kandidaten zu wählen. Radio und Fernsehen haben dieses Forum im 20. Jahrhundert erweitert und im 21. Jahrhundert eröffnet das Internet den klassischen Massenmedien eine neue Dimension an Reichweite. Online-Ausgaben entstehen, in denen aktuelle Nachrichten sofort publiziert und jederzeit aktualisiert werden können und die Text-, Bild-, Film- und Tonbeiträge bieten. Einer der Pioniere des Online-Journalismus, Markus Deggerich, verweist auf die Vorzüge. Zum einen kann die Multimedialität, die das Netz bietet, für die Berichte ausgereizt werden; zum anderen können Leserinnen und Leser unmittelbar eingebunden werden und Berichte in den zugehörigen Foren kommentieren.[1] Trotzdem sind sie vergleichsweise billig in ihrer Herstellung, immer aktuell und seitens des Publikums via Smartphone oder Laptop jederzeit und überall abrufbar. Wozu dann noch ein Massenpublikum zu bestimmten Zeitpunkten vor den Fernsehschirmen zu den Nachrichtensendungen versammeln? Wozu noch papierene Tageszeitungen teuer auf Papier drucken und auf umständliche Weise verbreiten, zumal sie tags darauf sowieso Altpapier sind?

Die Generationen des elektronischen Zeitalters bevorzugen aktuelle Berichterstattung ebenso wie Unterhaltungsprogramm in digitaler Form, zugeschnitten auf individuelle Präferenzen.[2] Diese Generationen werden der papierenen Zeitung ebenso erbarmungslos den Rücken kehren wie dem klassischen Fernsehen mit seinen starren Sendezeiten. Die Zukunft gehört dem Online-Angebot, das jederzeit aktuelle Information bereithält. *Microsoft* betreibt seit 1996 gemeinsam mit dem Broadcaster *NBC* den Nachrichtensender *MSNBC*.[3] Im Programmangebot finden sich neben konventionellen Fernsehsendungen auch kurze Web-Videos, die auf *msnbc.com* stündlich aktualisiert abgerufen werden können.[4] Das Programm von *msnbc.com* soll persönlicher sein als herkömmliches Fernsehen und besser an

---

1 Lehmann: Neuer Wein in neuen Schläuchen, a. a. O., S. 229–230.
2 Gates: Der Weg nach vorn, S. 244.
3 https://de.wikipedia.org/wiki/MSNBC (19. Januar 2023).
4 Inside Out, S. 165.

den individuellen Alltag angepasst, an das Informationsbedürfnis, an die zeitliche Verfügbarkeit, das verwendete Gerät und den Ort.[5]

Darüber hinaus versetzt das Internet das Individuum in die Lage, sich über den Bezug von „News" hinaus jederzeit direkt am öffentlichen Diskurs aktiv zu beteiligen, seine Meinung auf diversen „Blackboards" zu äußern. Mit einem Computer, einem Modem und einem Telefonschluss ausgestattet, könne jeder verlegerisch tätig werden, prophezeit der amerikanische Journalist Howard Rheingold bereits in den 1990er-Jahren: Jeder Schreibtisch könne zur Sendeanstalt werden. Tatsächlich können Gruppen von Menschen, die über die ganze Welt verstreut sind, per E-Mail ungehindert miteinander kommunizieren, Manifeste publizieren, Debatten führen oder Aktionen organisieren.[6] Man kann Mitglied einer „Newsgroup" werden und mit Gleichgesinnten Neuigkeiten austauschen.[7] Bei *Googles* Dienst *blogger.com* kann man ab 1999 einen „Blog" schreiben, nach dem Logbuch eines Schiffes ursprünglich „Weblog" genannt, eine Art öffentliches Tagebuch mit persönlichen Kommentaren zum aktuellen Zeitgeschehen.[8] Man kann auf anderer Leute Blogs reagieren, mit anderen Bloggern diskutieren oder aber auch die Leserschaft einladen, die eigenen Blogs zu kommentieren und zu kritisieren.[9] Angesichts von Software für „Desktop Publishing",[10] die die hohen Kosten für Verlag, Druckerei, Vertrieb und Marketing erspart, können einfache Menschen Bücher und Broschüren verfassen und selber im Netz publizieren. Es ist eine Entwicklung von historischer Tragweite, wenn das Publikum Zugang zu den Produktionsmitteln der öffentlichen Meinung erhält. Das Internet ermöglicht insofern auch solchen Stimmen gehört zu werden, die bislang ungehört blieben. Im Gegensatz zu „Top down"-Kampagnen, wie sie das Fernsehen fördert, eröffnen sich gute Chancen für „Bottom up"-Kampagnen.[11] Einfach wie nie zuvor können Menschen in der anonymen Welt draußen Gleichgesinnte finden, eine „Community" gründen und eine „Grassroots"-Bewegung initiieren. Auch das „Crowdfunding", das Geldsammeln im öffentlichen Raum, wird durch das Internet enorm vereinfacht.[12]

Aus der Bewegung der Globalisierungskritiker geht *Indymedia* (für „Independent Media Center") hervor, ein internationales Non-Profit-Netzwerk, gebildet von Medienaktivistinnen und -aktivisten. *Indymedia* ist ein Nachrichtenportal im Internet für alternative Nachrichten, ein Diskussionsforum für politisch Interessierte,

---

5 Ebd., S. 275.
6 Rheingold: Die Zukunft der Demokratie; a. a. O., S. 193.
7 Gates: Der Weg nach vorn, S. 305.
8 Stiftung Deutsches Technikmuseum Berlin (Hg.): Netz-Dinge, S. 149.
9 Röll: „Am Anfang war das Wort", a. a. O., S. 90.
10 Rey: Elektronisches Publizieren; a. a. O., S. 140.
11 Baringhorst: Politischer Konsumerismus im Netz, a. a. O., S. 179.
12 https://de.wikipedia.org/wiki/Crowdfunding (17. Februar 2023).

aber auch eine Plattform für die Planung von Aktionen. Man will aufklärerischen Journalismus bieten, etablierte Massenmedien kritisch hinterfragen wie auch amtierende Regierungen. Dabei spielen die Sozialen Medien eine bedeutende Rolle. Schon in den Anfängen der Bewegung deckt *Indymedia* anlässlich einer Tagung der *World Trade Organization* 1999 in Seattle durch Berichte, Bilder und Videos in alternativen Kanälen Polizeiübergriffe auf Demonstrierende auf.[13] Mit dieser neuen Perspektive, die den Blick der Beteiligten widerspiegelt und eingefahrene Sichtweisen infrage stellt, erhält die etablierte Berichterstattung eine Frischzellenkur und die Protestkultur ein neues, weites Feld.

Die Digitalisierung scheint mit der „Cyber Democracy" ein neues Politikzeitalter einzuläuten, eine neue Form der Zivilgesellschaft, in der schwerfällige Verfahrensweisen wie landesweite Wahlen durch digitale Basisdemokratie abgelöst würden, in der per Klick in Echtzeit und durch umfassend informierte Bürgerinnen und Bürger abgestimmt würde; so zumindest die Vision großer Plattformen wie *Google*.[14] Zur Vision der digitalen Demokratie gehört, dass Wählerinnen und Wähler künftig die für ihre Meinungsbildung nötigen Informationen höchst aktuell aus Sozialen Medien beziehen, über die sie mit Gleichgesinnten in ständigem Kontakt stehen. Über die Sozialen Medien können sie ihren Freundeskreis gegebenenfalls gleich auch für politische Aktionen mobilisieren. Anders als die etablierten Massenmedien, die gemeinhin als anonyme Instanzen in Erscheinung treten und ein redaktionell vorgefertigtes Bild der Welt sozusagen von oben herab vermitteln, suggerieren Soziale Medien, Information und Kommunikation auf Augenhöhe zu bieten. Die Nachrichten und Kommentare, die sie kolportieren, stammen oft nicht von etablierten Medienkonzernen, denen perfide politische und kommerzielle Eigeninteressen unterstellt werden können, sondern aus unbekannter Quelle, weitergeleitet von Freunden aus der Gruppe. Sie erscheinen deshalb unverdächtiger, glaubwürdiger, was auch erklären mag, warum sich manche Menschen von den klassischen Massenmedien abwenden und mitunter völlig unbestätigten Nachrichten Glauben schenken. Warum sollen Freunde lügen?

In Wahrheit widerspiegeln diese Nachrichten jedoch kein ausgewogenes Bild der Welt. Oft handelt es sich um „Feel Good Content", also um Inhalt, der das Gefühl vermittelt, die Welt sei in Ordnung, um jeder Gesellschaftskritik den Wind aus den Segeln zu nehmen, sowie um Inhalte, die die in Unordnung geratene Welt in den Blick nehmen und umgehend Lösungen für die erkannten Probleme anbieten. Das Teilen eines Artikels über einen angeblich korrupten Politiker etwa vermittle das Gefühl, etwas tun zu können und ein Stück Kontrolle über die Situation gewinnen

---

13 Böhm: Gegenöffentlichkeit im Internet, a. a. O., S. 129–130.
14 Jaekel: Die Macht der digitalen Plattformen, S. 15.

zu können, so Fritz Jergitsch.[15] Je mehr Menschen die Nachricht teilten, desto größer werde der öffentliche Druck auf den Politiker zurückzutreten. Mit anderen Worten, es ist ein Gefühl der Macht gegenüber einer in der modernen Gesellschaft verbreitet erlebten Ohnmacht. Die Sozialen Medien sind Foren dieser Macht.

An der Seite dieser Gegenkultur wächst auch eine Graswurzelbewegung des Cyberspace, die nur im Netz existiert, keine geschlossene Organisation verkörpert, eher einen losen globalen Verbund. Die Rede ist von *Anonymous*, jener geheimnisvollen Institution, die anfangs im Umfeld von schadenfroher, mitunter bösartiger Troll-Aktivität auszumachen ist.[16] 2008 nimmt sie gegen die dubiose Sekte *Scientology* Stellung.[17] In der Folge tritt sie als eine Art Internetpolizei für Redefreiheit und die Unabhängigkeit des Internets ein, fordert freien Zugang zu allen Daten im Netz und lehnt gesetzliche und urheberrechtliche Beschränkungen ab. Einen zentralen Bestandteil dieser Freiheit bildet Anonymität.[18] Man kämpft gegen Kontroll- und Zensurversuche durch Organisationen, Konzerne und staatliche Behörden unter anderem durch illegale Hackerangriffe und kultiviert einen „Hacktivismus" – die Synthese aus Hackertum und Aktivismus.[19] Eine der Losungen lautet: „Ihr nennt es Piraterie. Wir nennen es Freiheit".[20] Eine andere: „Wissen ist frei. Wir sind Anonymous. Wir sind Legion. Wir vergeben nicht. Wir vergessen nicht. Rechnet mit uns."[21] Als Erkennungszeichen dient die Maske des britischen Attentäters Guy Fawkes, der im 17. Jahrhundert das britische Parlament zu sprengen versuchte.[22]

Als Folge der globalen Finanzkrise nimmt in den USA die antikapitalistische „Occupy Wall Street"-Bewegung Gestalt an. Sie konstituiert sich im Sommer 2011 vorerst im Netz mit dem Blog *occupywallstreet.org* und der Domäne *occupywallst.org*. Die junge Bewegung nutzt gezielt Medien wie *Facebook* und *Twitter*. Dass Laptops und Smartphones zum Erscheinungsbild der Demonstrationen gehören, verweist auf den Ursprung der Bewegung in der Mittelklasse der Gesellschaft.[23] Unterstützung kommt von *Anonymous*.

Beim Versuch, die New Yorker Wall Street zu besetzen, um gegen den übermäßigen Einfluss der Finanzwirtschaft zu protestieren, kommt es zu polizeilichen Übergriffen. Ein hochrangiger Polizeibeamter entleert seinen Pfefferspray ohne

---

15 Jergitsch: Die Geister, die ich teilte, S. 92.
16 Brodnig: Der unsichtbare Mensch, S. 114–115.
17 Coleman: Hacker, Hoaxer, Whistleblower, Spy, S. 5.
18 Brodnig: Der unsichtbare Mensch, S. 31.
19 Stiftung Deutsches Technikmuseum Berlin (Hg.): Netz-Dinge, S. 159.
20 Zit. n.: Aust/Amann: Digitale Diktatur, S. 250.
21 Zit. n.: Ebd., S. 251.
22 Stiftung Deutsches Technikmuseum Berlin (Hg.): Netz-Dinge, S. 157.
23 https://de.wikipedia.org/wiki/Occupy_Wall_Street (19. Januar 2023).

ersichtlichen Grund in die Gesichter dreier junger Demonstrantinnen, die ohnehin schon durch ein Absperrnetz separiert worden sind. Anwesende filmen den Vorfall und stellen das Video ins Netz, wo es viral geht.[24] *Anonymous* postet daraufhin den Namen und die Adresse des Polizisten und nachdem die New Yorker Polizeiführung dessen Tat anfangs noch verteidigt, schwenkt sie um und verurteilt ihn zuletzt wegen Verletzung der Vorschriften zum Verlust von zehn Urlaubstagen.[25]

US-amerikanische Behörden zählen zu den vorrangigen Zielen von *Anonymous*, weil sie als Machtapparat einer Supermacht ein rotes Tuch für die selbst ernannte Bürgerrechtsguerilla darstellen. Umgekehrt gehen Geheimdienste, Polizei und Justiz energisch gegen die ungeliebten Hacker vor, weil diese mit ihrem außergewöhnlichen Knowhow den staatlichen Machtapparat zu unterwandern drohen.[26] Als anonyme Computerspezialisten haben die Mitglieder von *Anonymous* den Nimbus einer Geheimloge, fähig, im Hintergrund die Fäden zu ziehen. Dieser Aktivismus ist nicht ungefährlich und kann für Überführte mit langjährigen Gefängnisstrafen enden.

Geheimdienste und Armeen tendieren seit jeher dazu, Berichterstattung über ihre Einsatzgebiete zu unterdrücken. Dies gilt besonders für Kriegseinsätze. Unschöne Bilder, wie sie jeder militärische Konflikt produziert, sollen nicht an die Öffentlichkeit gelangen. Diesbezüglich erwächst den US-amerikanischen Behörden ein starker Gegner in dem australischen „Cypherpunk" und Hacker Julian Assange, einem „Shootingstar" der Szene.[27] Assange kämpft gegen autoritäre Regimes, wozu er auch die USA zählt. Ausgehend von der Überzeugung, dass man nur auf enthüllte Ungerechtigkeit reagieren könne, macht er es sich mit der von ihm initiierten Plattform *WikiLeaks* (von „Wiki" für Seite und „Leaks" für Lücken) zur Aufgabe, Undemokratisches publik zu machen.[28] 2010 gewinnt *WikiLeaks* besondere Bedeutung durch die Veröffentlichung streng geheimer diplomatischer Korrespondenz, die zwischen US-Botschaften und dem Außenministerium in Washington geführt wurde. Darüber hinaus veröffentlicht *WikiLeaks* Dokumente aus den Kriegen in Afghanistan und im Irak, die für geheim erklärte Ereignisse, oft verharmlosend als Kollateralschäden bezeichnet, offenlegen. Unter dem Titel „Collateral Murder" wird ein Video veröffentlicht, das zeigt, wie aus einem amerikanischen Kampfhub-

---

24 https://de.wikipedia.org/wiki/Occupy_Wall_Street (19. Januar 2023).
25 Coleman: Hacker, Hoaxer, Whistleblower, Spy, S. 327–328.
26 Ebd., S. 402.
27 Aust/Amann: Digitale Diktatur, S. 257.
28 Stöcker: Nerd Attack! S. 278.

schrauber heraus irakische Zivilisten beschossen werden.[29] Das Video stammt von einem Whistleblower namens Bradley Manning.[30]

WikiLeaks wird nach Veröffentlichung des brisanten Materials von allen Seiten bedrängt. US-Präsident Barack Obama weist die illegale Veröffentlichung kategorisch zurück; die rechtslastige vormalige Gouverneurin von Alaska, Sarah Palin, fordert, Assange zu jagen wie al-Qaida- und Taliban-Führer.[31] Joe Lieberman, Senator von Connecticut, interveniert bei *Amazon*, *WikiLeaks* die Zusammenarbeit aufzukündigen. Beamten, Militärangehörigen und sogar Studentinnen und Studenten wird behördlicherseits untersagt, die veröffentlichten Dokumente einzusehen. Ihnen wird gedroht, die Internetnutzung werde überwacht und protokolliert und sie würden im Falle einer Übertretung später keinen Job im Staatsdienst bekommen.[32] Und auch die Privatunternehmen ordnen sich der Staatsraison unter. *Amazon Web Services* sperrt der Plattform *WikiLeaks* die Server, auf denen sie die unzähligen Geheimdokumente abgelegt hat, und der amerikanische Provider kündigt ihr die Domain *wikileaks.org* auf, wodurch sie für Interessenten und Informanten nicht mehr erreichbar ist. Finanzunternehmen wie *Paypal*, *Mastercard* und *Visa* beenden ihre Dienstleistung für *WikiLeaks*, was die Verwaltung der Spendengelder blockiert. All dies ohne jede Verurteilung durch ein reguläres Gericht.

Der amerikanische Geheimdienst *Central Intelligence Agency* (CIA) beschäftigt sich schon länger mit der Gefährlichkeit von *WikiLeaks* und mit der Frage, wie man die Plattform unschädlich machen könnte. Bezeichnenderweise bringt *WikiLeaks* ein streng geheimes Dokument der CIA, das diese Pläne belegt, ans Licht der Öffentlichkeit.[33] John Perry Barlow von der *Electronic Frontier Foundation*, der sich den Kampf für die Rechte von Bürgern gegenüber der Macht der Staaten im Netz auf die Fahnen geschrieben hat, ruft auf *Twitter* den Informationskrieg aus: „Das Schlachtfeld ist Wikileaks. Ihr seid die Truppen."[34] Unterstützung kommt wieder von *Anonymous*, den anonymen Rächern, die im Gegenzug unter dem Titel „Operation Avenge Assange" die Server diverser Finanzunternehmen mit Mails überschwemmen und lahmlegen:

> Wir haben zwar nur eine lockere Beziehung zu WikiLeaks, doch wir kämpfen für dieselben Ziele. Wir wollen Transparenz und sind gegen Zensur. Der Versuch, WikiLeaks zum Schweigen zu bringen, ist ein großer Schritt in Richtung einer Welt, in der wir nicht mehr sagen können, was wir denken, und in der wir unsere Meinungen und Gedanken nicht

---

29 Ebd., S. 280.
30 https://de.wikipedia.org/wiki/Chelsea_Manning (19. Januar 2023).
31 Coleman: Hacker, Hoaxer, Whistleblower, Spy, S. 120.
32 Stöcker: Nerd Attack! S. 282–283.
33 https://de.wikipedia.org/wiki/WikiLeaks (19. Januar 2023).
34 Zit. n.: Stöcker: Nerd Attack! S. 284.

mehr ausdrücken können. Dies dürfen wir nicht zulassen […] Daher werden wir unsere Ressourcen nutzen, um Bewusstsein zu schaffen, um diejenigen zu unterstützen, die unsere Welt in Richtung Freiheit und Demokratie führen, und diejenigen zu bekämpfen, die dies verhindern wollen.[35]

Kritiker bezeichnen die Veröffentlichungspraxis von *WikiLeaks* als verantwortungslos. Der Geheimnisverrat bedrohe neben der staatlichen Sicherheit die persönliche Sicherheit der in den Dokumenten genannten Personen, etwa einheimischer Informanten. Auf einer ethischen Ebene gründet das Argument, dass die Veröffentlichung der Dokumente nicht als Ergebnis seriöser journalistischer Recherche angesehen werden kann, sondern eher als Kopierleistung von Hackern. Die Dokumente gelangen völlig unreflektiert in großer Quantität ins Netz, das mag eine plakative Abrechnung mit Herrschaftswissen alten Zuschnitts sein, anspruchsvoller Journalismus ist es nicht. Assange rechtfertigt sein Vorgehen mit der Brisanz der Lage. Er sieht das Internet, das als ein Instrument der Emanzipation entstanden sei, zum gefährlichsten Wegbereiter des Totalitarismus mutiert und befürchtet, dass es die digitalisierte Gesellschaft in einen Überwachungsalbtraum führe.[36]

Für die Beteiligten endet die Affäre in einem Desaster. Bradley (später Chelsea) Manning wird zu 35 Jahren Haft und einer Geldstrafe von 100.000 Dollar verurteilt,[37] doch erlässt Präsident Obama einen Großteil der Haftstrafe.[38] Julian Assange entzieht sich jahrelang in der ecuadorianischen Botschaft in London dem Zugriff der schwedischen und der amerikanischen Justiz, die ihn wegen Vergewaltigung bzw. wegen Hochverrats anklagen wollen. Doch im April 2019 wird er von dem südamerikanischen Staat auf die Straße gesetzt und von britischen Behörden vor dem Botschaftsgebäude verhaftet. Ein Verfahren bezüglich Auslieferung in die USA folgt. Dort droht ihm ein Prozess und eine Haftstrafe von 175 Jahren, unter Umständen auch die Todesstrafe. Noch schriller erscheint die Angelegenheit, als bekannt wird, dass die Regierung von Obamas Nachfolger Trump aus Sorge, Assange könnte durch den russischen Geheimdienst entführt werden, Pläne geschmiedet habe, ihn zu ermorden.[39] Das klingt nach dem Rachereflex eines gedemütigten Geheimdienstes, der mitansehen musste, wie *WikiLeaks* seine Geheimnisse offengelegt hat und den Gegner nun zum Schweigen bringen will. Es ist kein Ruhmesblatt, wie eine der bedeutendsten Demokratien der Welt derart elementare Fragen der Pressefreiheit diskutiert.

---

35 Zit. n.: Schmidt/Cohen: Die Vernetzung der Welt, S. 238.
36 Aust/Amann: Digitale Diktatur, S. 13.
37 Ebd., S. 265.
38 https://de.wikipedia.org/wiki/Chelsea_Manning (19. Januar 2023).
39 https://www.diepresse.com/6039868/bericht-cia-wollte-unter-trump-assange-entfuehren-und-toeten (19. Januar 2023).

Abb. 23 Julian Assange, Staatsfeind (2014)
© Wikimedia Commons, CC BY-SA 2.0, David G. Silvers.

Indessen spielen Soziale Medien auch auf der Seite von Bürgerrechtsbewegungen in autoritär regierten Staaten eine zunehmend wichtigere Rolle. In Tunesien und Ägypten machen sich 2010/2011 politische Liberalisierungsbestrebungen bemerkbar, die von einer jungen, westlich ausgerichteten Generation getragen werden. Es sind Rebellen der Digitalära, die sich gegen staatliche Zensur- und Propagandaapparate zur Wehr setzen. Diese jungen Menschen bedienen sich der neuen Medien, um Versammlungen und Protestmärsche zu organisieren.[40] Außerdem filmen sie mit ihren Smartphones blutige Straßenschlachten, um die herrschende Polizeigewalt zu dokumentieren. In Sozialen Medien formiert sich die neue Gegenöffentlichkeit, die rasend schnell anwächst.[41] Die Bezeichnung „Facebook-Revolution" geht um und wirft die nicht unerhebliche Frage auf, ob es zu diesen Protestbewegungen auch ohne digitale Medienlandschaft gekommen wäre?

Als Beteiligte fungieren *WikiLeaks* und *Anonymous*. Eines der von *WikiLeaks* 2010 veröffentlichten diplomatischen Telegramme enthält eine Beschreibung des korrupten Regimes des tunesischen Präsidenten Ben Ali und des ausschweifenden Lebensstils seiner Familie. Der Schwiegersohn halte einen Tiger, der täglich vier Hühner zu fressen bekomme. Es sind Nachrichten wie diese, die vor allem in den ärmeren, hungernden Teilen der Bevölkerung den Zorn auf das Regime wachsen lassen, nachdem *WikiLeaks* das Telegramm ins Französische übersetzt und auch

---

40 Jergitsch: Die Geister, die ich teilte, S. 19.
41 Aust/Amann: Digitale Diktatur, S. 138.

in Tunesien verbreitet hat.⁴² Von *Anonymous* ist ein offener Brief gezeichnet, der den Westen ermahnt, die in Tunesien ausgebrochenen Unruhen zur Kenntnis zu nehmen – auch wenn man dort keine ökonomischen Interessen habe. Präsident Ben Ali bediene sich eines großen Zensurapparats, lasse Webseiten und Blogs von Dissidenten blockieren, aber auch offene Plattformen, auf denen aktuelle Nachrichten verbreitet werden. Außerdem würden seitens offizieller Stellen private E-Mail- und *Facebook*-Konten von Personen gehackt, die sich politisch betätigten. *Anonymous* reagiert darauf mit der Verlautbarung, im Gegenzug Webseiten der tunesischen Regierung attackieren zu wollen. Gleichzeitig treffe man Vorkehrungen, dass die tunesische Bevölkerung anonym ins Internet gelangen und Information erhalten könne, die ihnen ihre Regierung vorenthalte.⁴³

Der Arabische Frühling macht auch deutlich, dass Aktivistinnen und Aktivisten seitens der Regimes über ihre Accounts identifiziert und verfolgt werden.⁴⁴ Vor diesem Hintergrund nutzen sie mit dem „Deep Net" oder „Dark Net" zunehmend jene digitale Unterwelt, die ein Vielfaches des regulären Internets ausmacht, aber nicht über reguläre Suchmaschinen zugänglich ist.⁴⁵ Hier lassen sich digitale Spuren auch durch mächtige Behördenapparate kaum verfolgen. Ähnliches gilt für Plattformen wie *Telegram* oder *WhatsApp*, die für verschlüsselte Korrespondenz genutzt werden können, zum Austausch von Fotos, Videos und anderen Dokumenten, aber auch als Kommunikationsnetzwerk.⁴⁶ Von den Sicherheitsbehörden zahlreicher Staaten wird die Zulassung von Verschlüsselungssoftware für Privatpersonen deshalb grundsätzlich abgelehnt.⁴⁷ Sie wollen ihre Fahndungsmöglichkeiten und die Kontrolle über das Netz nicht verlieren. Diese Forderung liefert jedoch die Opposition in vielen Ländern den herrschenden Regimes aus und mit der Freiheit der Kommunikation letztlich auch die Demokratie.

Die Organisation *Reporter ohne Grenzen* setzt sich weltweit für freien Journalismus ein und tritt gegen staatliche Zensur und Unterdrückung ein. Man wendet sich gegen die Verfolgung politischer Blogger und die Schließung unliebsamer Webseiten durch Regierungen; man prangert an, dass kritische Stimmen oft einfach zum Verstummen gebracht werden. Für das Jahr 2012 verzeichnet *Reporter ohne Grenzen* weltweit neben Dutzenden Entführungen 47 getötete Personen, die Blogs oder Berichte verfasst haben, sowie 88 Getötete, die journalistisch tätig waren.⁴⁸

---

42 Coleman: Hacker, Hoaxer, Whistleblower, Spy, S. 149–150.
43 Ebd., S. 153.
44 Aust/Amann: Digitale Diktatur, S. 22.
45 Jaekel: Die Macht der digitalen Plattformen, S. 3.
46 https://de.wikipedia.org/wiki/Telegram (19. Januar 2023); https://en.wikipedia.org/wiki/WhatsApp (19. Januar 2023).
47 Androsch/Knoll/Plimon (Hg.): Technologie im Gespräch, S. 40.
48 https://www.reporter-ohne-grenzen.de (19. Januar 2023).

Mit besonderer Brutalität geht die islamistische Terrororganisation *Islamischer Staat*, die im Gefolge des Irakkrieges im Nahen Osten kurzzeitig ein staatsähnliches Gebilde errichtet, gegen Widerspruch vor. Dies zeigt das Beispiel der 30-jährigen Bloggerin Rukia Hassan, die in Aleppo Philosophie studiert und sich der Protestbewegung gegen den syrischen Machthaber Baschar al-Assad anschließt. Sie berichtet auf ihrer *Facebook*-Seite über den Alltag in der Stadt Rakka, die im Sommer 2013 unter das Terror-Regime des so genannten *Islamischen Staates* gerät und zu einer der Hochburgen des *IS* wird. Sie mokiert sich über die von heiligem Eifer getriebenen Gotteskrieger und deren Versuche, das Internet abzudrehen, um die Bevölkerung von der Außenwelt abzuschneiden: „Nur zu, schaltet das Internet ab. Unsere Brieftauben kümmern sich nicht darum."[49] Dabei scheint sie sich der Gefahr bewusst, in der sie schwebt. Über ihre persönliche Lage schreibt sie: „Ich lebe unter Bedrohung. Sie werden mich verbrennen und enthaupten. Aber ich ziehe es vor, in Würde meinen Kopf zu verlieren, als würdelos zu leben."[50] Im Januar 2016 ergeht aus oppositionellen syrischen Quellen die Meldung, dass sie von Angehörigen des *Islamischen Staates* enthauptet wurde.[51]

Hinter solchen Grausamkeiten steht nicht bloß die Idee einer drakonischen Strafe für persönliche Verfehlungen, sondern die einer Botschaft an die Öffentlichkeit der freien Welt: Wir werden eurer Ideologie den Kopf abschlagen! Bereits im Sommer 2014 ermordete ein Angehöriger des *Islamischen Staates* den renommierten amerikanischen Journalisten James Foley. Die inszenierte Hinrichtung ist auf einem mehrminütigen Video auf *YouTube* zu sehen, wenn auch nicht die Enthauptung selbst.[52] Das abscheuliche Schauspiel bildet eine ultimative Absage an die Presse und die Pressefreiheit und damit an die Wahrheit des Westens.

Durch den Ausschluss freier Medien aus Krisengebieten drohen viele Konflikte gänzlich aus dem Blickfeld der Weltöffentlichkeit zu geraten. Im Zeitalter digitaler Medien liefern allerdings Einheimische vor Ort mit ihren Smartphones in kurzen Textnachrichten, Bildern und Videos einen unmittelbaren Eindruck vom Geschehen. Dieser von anonymen Laien ausgeübte „Citizen Journalism" bildet einen immer bedeutsameren Bestandteil der internationalen Berichterstattung. Immer und überall präsent und dabei unvergleichlich preisgünstig, lässt er allerdings auch befürchten, dass klassische Medienunternehmen, die sich angesichts

---

49 https://www.bernerzeitung.ch/lieber-den-kopf-in-wuerde-verlieren-als-wuerdelos-zu-leben-552278714464 (19. Januar 2023).
50 https://www.welt.de/politik/ausland/article150683265/Lieber-den-Kopf-verlieren-als-wuerdelos-zu-leben.html (19. Januar 2023).
51 https://www.stuttgarter-zeitung.de/inhalt.is-und-soziale-medien-dschihad-30.b6aa76e6-1d17-4752-9ace-f9d46fcf58c3.html (19. Januar 2023).
52 https://de.wikipedia.org/wiki/James_Foley_%28Journalist%29 (19. Januar 2023).

der wachsenden digitalen Konkurrenz ohnehin schon in latenter Finanznot befinden, künftig noch weniger eigenes Personal an Brennpunkte des Weltgeschehens entsenden, sondern sich auf Augenzeugen aus dem betreffenden Gebiet verlassen. Diese Praxis wirft die nicht unwesentliche Frage auf, wer für den Wahrheitsgehalt der Berichte und Aufnahmen bürgt, wenn die Urheberschaft unbekannt bleibt?[53] Wird damit nicht der Propaganda Tür und Tor geöffnet?

Für die Betroffenen kommt im anonymen Bürgerjournalismus jedenfalls auch die Hoffnung auf das ultimative Befreiungsmedium zum Ausdruck, die schon in das frühe Radio gesetzt wurde. Damals, nach dem Ersten Weltkrieg, dachte man, Funkwellen würden alle Staatsgrenzen überwinden und künftig verhindern, dass eine Regierung ihr Land vom Rest der Welt und damit von der Wahrheit abschneiden könne. Doch diese Hoffnung erfüllt sich nicht.[54] Es folgt der Zweite Weltkrieg. Auch in dieser Zeit lässt sich Abschottung nicht verhindern, wie auch nicht im nachmaligen Digitalzeitalter. Um eine Mobilisierung der Bevölkerung in seinem Land im Keim zu ersticken, schaltet der ägyptische Machthaber Husni Mubarak in Ägypten einfach das Internet samt dem Mobilfunknetz ab.[55] Und die politische Opposition in Syrien muss Ende 2012 die Erfahrung machen, dass ihre Computer mit Schadsoftware infiziert wurden, die Passwörter ausliest, Tastatureingaben registriert, Screenshots macht, eigenständig Programme lädt, Kameras und Mikrofone fernsteuert und die geerntete Information an eine Adresse weiterleitet, die der staatlichen Telekom gehört.[56] Revolution zu machen gegen Staatsautoritäten ist äußerst schwierig, wenn jene die Netzwerke kontrollieren.

Diese Erfahrung machen auch iranische Oppositionelle immer wieder, auch im September 2022, als es nach dem Tod der 22-jährigen Jina Mahsa Amini zu Unruhen kommt. Die junge Frau ist wegen ihres „unislamischen" Kleidungsstils von der für ihre Brutalität berüchtigten Religionspolizei festgenommen worden und danach in Polizeigewahrsam unter mysteriösen Umständen gestorben.[57] Als dies bekannt wird, kommt es zu teils heftigen Protesten auf den Straßen. Die Sicherheitskräfte gehen hart gegen die Demonstrierenden vor; es gibt zahlreiche Todesopfer. Der Protest richtet sich gegen die religiöse Bevormundung in der Islamischen Republik. Frauen legen öffentlich ihre Kopftücher ab, verbrennen diese und schneiden sich vor laufender Kamera demonstrativ ihre Haare. Internationales Forum des Protests sind vor allem die Sozialen Medien, auf denen die einschlä-

---

53 Pensold: Was zählt, sind die Bilder, S. 193–194.
54 Brodnig: Lügen im Netz, S. 120.
55 Schmidt/Cohen: Die Vernetzung der Welt, S. 204.
56 Ebd., S. 94.
57 https://orf.at/stories/3286394/ (19. Januar 2023).

Abb. 24 Immer zur Stelle: Citizen Journalist © Wikimedia Commons, CC BY 2.0, Kuba Bożanowski.

gigen Videos kursieren.[58] Das Regime reagiert umgehend mit der Störung des Internets, der Abschaltung der Mobilfunkdienste und der Sperrung der letzten freien Plattformen wie *WhatsApp* und *Instagram*. Es folgen brutale Einsätze der Sicherheitskräfte und die Vollstreckung von Todesurteilen. Die Zeit wird es weisen, ob sich die aufkeimende Revolution dauerhaft niederschlagen lässt.

---

58 https://www.derstandard.at/story/2000139294899/anhaltende-wut-im-iran-nach-tod-vonmahsa-amini (19. Januar 2023); https://www.n-tv.de/mediathek/videos/politik/Iranerinnen-schneiden-Haare-ab-und-verbrennen-Hijabs-article23598324.html (19. Januar 2023).

Shitstorm und Hatespeech, oder die virtuelle Meute

Es gehört zu den Paradoxien der Digitalära, dass die neue Redefreiheit, die das weltweite Netz verspricht, aus dem Netz heraus gefährdet ist. Als „Trolle" werden anonyme Kommentatoren bezeichnet, die sich in Newsgroups, Foren, Chatrooms oder Blogs einschleichen, um die Community durch gezielte Provokationen zu stören.[1] Sie bedenken Kommentare Anderer mit wütender Entrüstung bis hin zur Beschimpfung und bösartigen Hassbotschaften. Sie erfreuen sich am Leiden Anderer, wenn sie diese in Rage oder zur Verzweiflung bringen.[2]

Ein ähnliches Netzphänomen ist der „Shitstorm". Dabei handelt es sich um ein im Netz rasch aufziehendes Unwetter, eine plötzlich auftretende Welle an heftiger, oft untergriffiger Kritik an einem Kommentar in einem Blog, einem sozialen Medium oder auf einer Webseite samt persönlicher Schmähung und nicht selten sogar Bedrohung. Bezeichnend dafür ist das Schicksal der 30-jährigen Justine Sacco. Sie befindet sich auf dem Weg nach Südafrika, um Ferien zu machen, und setzt einen Tweet ab, bevor sie ins Flugzeug nach Kapstadt steigt: „Going to Africa. Hope I don't get AIDS. Just kidding. I'm white!"[3]

Dieser unbedachte Witz rächt sich bitter. Als sie Stunden später aus dem Flugzeug steigt, hat sich ihr Leben auf den Kopf gestellt. Im Netz hat sich als Reaktion auf ihren Tweet ein weltweiter Shitstorm gebildet, obwohl ihre Bemerkung, worauf der Soziologe Harald Welzer hinweist, genau genommen nicht rassistisch war, sondern eine ironische Auseinandersetzung mit rassistischen Stereotypen.[4] Aber derartige Differenzierungen macht die Meute im Netz nicht, die sich aufmacht, ihre Beute zu Tode zu hetzen – zumindest in den sozialen Tod. Sacco wird zum führenden Thema auf *Twitter*, woraufhin sie ihren Job verliert, bei ihrer südafrikanischen Familie Unverständnis erntet und sich einer Verfolgung ausgesetzt sieht, die im Netz beginnt und auf das reale Leben übergreift. Bei ihrer Ankunft am Flughafen sieht sie sich wildfremden Menschen gegenüber, die unerlaubt Fotos von ihr machen, um diese ins Netz zu stellen.[5]

Abgesehen davon, dass dieser Shitstorm hochgradig anmaßend und selbstgerecht ist, erfolgt die Verurteilung zu Unrecht, weil die Aussage, auf die er sich bezieht,

---

1 https://de.wikipedia.org/wiki/Troll_%28Netzkultur%29 (19. Januar 2023).
2 Brodnig: Hass im Netz, S. 42.
3 https://www.nytimes.com/2015/02/15/magazine/how-one-stupid-tweet-ruined-justine-saccos-life.html (19. Januar 2023).
4 Welzer: Die smarte Diktatur, S. 21.
5 https://www.nytimes.com/2015/02/15/magazine/how-one-stupid-tweet-ruined-justine-saccos-life.html (19. Januar 2023).

falsch aufgefasst und kolportiert wird.[6] Doch geht es bei einem Shitstorm grundsätzlich weniger um Wahrheit als um Erregung. Der Shitstorm ist Teil der öffentlichen Empörungskultur, die sich im Zeitalter Sozialer Medien gebildet hat. Was einen Shitstorm besonders gefährlich macht, ist der Umstand, dass er ins Monströse anwachsen kann und ihm Betroffene schutzlos ausgeliefert sind. Oft berufen sich die vor Wut Schnaubenden zur eigenen Rechtfertigung auf die Meinungsfreiheit, wobei sie in ihren persönlichen Angriffen die Freiheit der Angegriffenen in den Staub treten.[7] Dass die Angriffe zumeist im Schutze der Anonymität geführt werden, löst in Fachkreisen eine Debatte aus, ob nicht für jedes öffentliche Zu-Wort-Melden die Nennung eines Klarnamens verpflichtend sein sollte.[8] Man könnte dadurch möglicherweise anonym geführte Angriffe eindämmen, den virulenten Hass zurückdrängen.

Anetta Kahane von der deutschen *Amadeu Antonio Stiftung* sagt über den losgebrochenen „Kulturkampf der Gegenwart":

> Seit der Erfindung der Sozialen Netzwerke, des interaktiven Internets, erfahren wir mehr über den Hass unserer Mitmenschen, als uns lieb ist. Vorurteile zu haben oder zu hassen ist schon ein Unterschied. Im Netz sehen wir beides. Doch da auch in diesem Medium wie im richtigen Leben der Lauteste zuerst gehört wird, bemerken auch wir zuerst den Hass. Er findet sich in Kommentarfunktionen der Zeitungen, in Auseinandersetzungen bei Facebook, Twitter oder anderen Netzwerken und er kommt auch als persönliche Mitteilung an Personen, deren Herkunft oder Ansicht den Hass von der Leine lässt. Zudem wirkt Hass ansteckend, wenn er geduldet wird oder gar Beifall bekommt. Die Hemmschwelle dafür sinkt in der Anonymität und vor dem Bildschirm, denn der Hasser muss niemandem dabei ins Gesicht schauen. Ob grob oder subtil vorgetragen: In der Masse von Einschlägen des Hasses in Foren oder Kommentaren ziehen sich die Nicht-Hasser bald zurück. Was sollen sie auch tun? Wem Hass als Persönlichkeitsmerkmal oder Frustreaktion nicht zur Verfügung steht, der kann sich in einer von Hass dominierten Atmosphäre nicht lange aufhalten. Ist das Feld dann erst geräumt, siegt der Hass und feiert sich selbst.[9]

Oft aber steht hinter sprachlicher Gewalt im Internet, die unter der Bezeichnung „Hate Speech" firmiert, nicht, wie es äußerlich scheinen mag, die allgemeine Empörungskultur, die es zweifellos auch gibt. Die Extremismusforscherin Julia Ebner

---

6 Welzer: Die smarte Diktatur, S. 22.
7 Brodnig: Hass im Netz, S. 90.
8 Brodnig: Der unsichtbare Mensch, S. 32.
9 Amadeu Antonio Stiftung: „Geh sterben!", S. 7.

verweist darauf, dass die Kultur der Hassrede zumeist auf organisierten Strukturen basiert. Besonders in der politischen Kommunikation rechter Kreise bildet sie ein systematisch eingesetztes Werkzeug zur Unterminierung des demokratischen Diskurses. Sie dient vor allem dazu, Andersdenkende zum Schweigen zu bringen. Diese Taktik nennt sich denn auch „Silencing".[10] Es ist die Pervertierung des demokratischen Diskurses, wenn eine aggressive Minderheit den Eindruck zu vermitteln versucht, die Mehrheitsmeinung zu vertreten, und andere Meinungen niedermacht.[11] Im Zuge solcher Angriffe auf Massenmedien erfahren Beiträge von Journalistinnen ein Vielfaches an Anpöbeleien gegenüber denen ihrer männlichen Kollegen. Sie reichen von derber Beschimpfung über sexuelle Belästigung bis zu Vergewaltigungs- und Morddrohungen. Es ist erschreckend, wie selbstverständlich solche aggressiven Angriffe mittlerweile zum Berufsbild der Journalistin oder auch der Politikerin gehören und wie machtlos Justiz und Behörden diesem Phänomen meist gegenüberstehen. Ebner wird selbst Ziel solcher Attacken, nachdem Mitglieder der rechtsextremen *Reconquista Germanica*, in deren Netzwerk sie sich unter falscher Identität zu Recherchezwecken eingeklinkt hat, ihre wahre Identität herausfinden.[12]

In der Politik führt dieserart perfide Stimmungsmache mitunter dazu, dass demokratisch gewählte Politiker, vor allem aber Politikerinnen, zum Schutz ihrer selbst und ihrer Familien von ihren Ämtern zurücktreten. Und wenn sich wegen latenter Einschüchterungen keine seriöse Nachfolge organisieren lässt, können die Extremisten selbst frei gewordene Ämter übernehmen. Die Demokratie gerät unter Druck aus den Tiefen des Netzes. In diesem Zusammenhang ist die schweigende Mehrheit der Bevölkerung gefordert, sich dagegen zu Wort zu melden, aufzuzeigen, dass es eine von vielen Menschen vertretene Gegenmeinung gibt, zu verhindern, dass das Klima durch die aggressive Minderheit vergiftet wird.[13]

Während Frauen viel häufiger Opfer von Angriffen im Netz werden, sind es viel häufiger Männer, die hasserfüllte Inhalte verbreiten.[14] Eine eigene Gruppe bilden Männer, die sich in einer „Femokratie" wähnen und von Frauen beherrscht fühlen. Sie richten oft systematisch anonyme Hasskommentare gegen den Feminismus und gegen feministische Initiativen in der Presse oder im Netz.[15] Sie unterstellen Aktivistinnen niedere Beweggründe für ihr Tun, um die Legitimität ihres Anliegens infrage zu stellen: Geldgier, Aufmerksamkeitsbedürfnis oder Hass auf Männer, auf

---

10 Ebd., S. 19.
11 Brodnig: Hass im Netz, S. 109–110.
12 Ebner: Radikalisierungsmaschinen, S. 148.
13 Brodnig: Hass im Netz, S. 92.
14 Ebner: Radikalisierungsmaschinen, S. 147.
15 Brodnig: Der unsichtbare Mensch, S. 127, S. 133.

Weiße, auf Deutsche, wie die Berliner Journalistin und Bloggerin Yasmina Banaszczuk meint. Mitunter würden Aktivistinnen im Internet regelrecht ausrecherchiert und bloßgestellt, um sie einzuschüchtern. Gescheiterte Karrieren und zerbrochene Beziehungen oder ein unerfülltes Sexualleben werden dann mitunter als die „wahren" Gründe genannt, warum sie sich im Feminismus engagieren würden. Die gegen die Frauen gerichteten Attacken reichen von „Beschimpfungen über Drohungen bis hin zu Stalking."[16]

Die Aggression gegen feministische Bewegungen resultiert bisweilen auch aus dem Umstand, dass sich junge Männer radikalisieren, weil sie keine Lebens- oder Sexualpartnerinnen finden können.[17] Diese Männer, die oft dem rechtsextremistischen Milieu nahestehen, begreifen ihre unfreiwillig zölibatäre Lebensweise als Verletzung ihnen zustehender Rechte. Sie bezeichnen sich nach einer in den USA entstandenen Bewegung als „Incels" (von „Involuntary Celibate"). Die Bewegung der unfreiwillig Zölibatären zeichnet sich durch Propagierung einer hegemonialen Männlichkeit, gepaart mit Frauenhass und Gewaltfantasien in Sozialen Medien aus. Nicht immer bleibt es bei Fantasien. Über hetzerische Kommentare wird nach und nach ein Klima geschaffen, welches die Hemmschwelle zur Gewaltausübung senkt, so die Psychologin Dorothee Scholz.[18] Irgendwann ist die Schwelle überschritten und es findet sich ein Mitglied der Gruppe, das Fakten schafft und einer Frau Gewalt antut, sie mitunter tötet.[19] Solche Attentäter werden danach in den einschlägigen Foren als Helden gefeiert.

Neben emanzipierten Frauen gilt der Hass rechtsextremer Machos auch Männern mit Migrationshintergrund, die als Konkurrenten am Paarungsmarkt gesehen werden. Fließend sind zumeist die Grenzen zur Ablehnung von Homosexualität und sonstigen Formen sexuellen Selbstverständnisses abseits der heterosexuellen Norm. Sexualität solle nicht einem zweckentfremdeten Vergnügen, sondern der Reproduktion der Gesellschaft, genauer der „Rasse", dienen, wie dies in diesen Kreisen propagiert wird.

Die langen Listen an „Femiziden" in unseren Gesellschaften zeichnen ein betrübliches Bild der Lage, wobei anzumerken bleibt, dass die Tötung von Frauen häufig auch in machoistisch geprägten Kulturmilieus zugewanderter Volksgruppen auftritt. Auch hier fordert der männliche Herrschaftsanspruch weibliche Unterwerfung ein und droht andernfalls mit gewaltsamer Bestrafung. In solchen Fällen wird als Grund für Gewalt gegen Ehefrauen, Töchter oder Schwestern oft die Wahrung der Familienehre angeführt.

---

16 Amadeu Antonio Stiftung: „Geh sterben!", S. 20.
17 Ebner: Radikalisierungsmaschinen, S. 77.
18 Amadeu Antonio Stiftung: „Geh sterben!", S. 25.
19 https://de.wikipedia.org/wiki/Incel (19. Januar 2023).

Das Netz erfüllt für Extremisten mehrere wichtige Funktionen. Anders als in Zeiten vor dem Internet, als sie kaum über große publizistische Plattformen zur Propagierung ihrer kruden Ideen verfügt haben, können sie sich jetzt auf die neuen Kanäle stützen. Diese weisen Vorzüge auf wie große Reichweite bei hoher Verbreitungsgeschwindigkeit, aber auch die Möglichkeit, Interessierte unter Wahrung von Anonymität persönlich anzusprechen. Das geschieht nicht zuletzt im Schutz des Dark Net. In diesem abgeschiedenen Bereich sind extremistische und terroristische Gruppen vor dem Zugriff von Behörden weitgehend sicher. Hier können sie sich organisieren und Chatplattformen betreiben, auf denen sich die Mitglieder radikalisieren. Die geheime, illegale Gruppe im Netz wird für oft sehr junge Suchende zur Bezugsgruppe, die nicht nur dieselben ideologischen Positionen teilt, sondern auch die Funktion sozialer Kontakte erfüllt.[20] Teil einer solchen Gruppe zu sein, kann gegen Vereinsamung helfen; viele Mitglieder sind Einzelgänger mit gestörten Persönlichkeiten. Dies gilt wohl für rechtsradikale wie für islamistische Extremisten gleichermaßen.

Nachdem der *Islamische Staat* (IS) 2014 im Irak und in Syrien Gebiete erobert und ein eigenständiges Staatsgebilde, das „Kalifat", ausgerufen hat, werden gezielt junge Menschen für den „Dschihad", den „Heiligen Krieg", angeworben. Üblicherweise geschieht das auf nach Geschlechtern getrennten Kanälen im Internet. Die Kontaktaufnahme erfolgt oft via *Facebook* und geht dann in verschlüsselten Chatrooms weiter, wo die Angeworbenen zu fanatischen Kämpfern und Selbstmordattentätern oder willigen Dienerinnen gemacht werden sollen.[21] Die Sozialen Medien wie *Telegram* und *Twitter* verwandeln sich in Kanäle düsterer Umerziehung.

In seiner Außendarstellung nutzt der *Islamische Staat* überdies Formate wie *YouTube*. Dabei entsteht ein eigener Stil zwischen mittelalterlicher Mystik und moderner westlicher Videoclipkultur, nachdem viele Mitglieder der Terrororganisation aus westlichen Gesellschaften stammen.[22] Der Islamwissenschaftler Marwan Abou-Taam verweist auf die Ähnlichkeit der IS-Videos mit Rekrutierungsvideos der amerikanischen Armee. Soldaten kämen mit dem Hubschrauber angeflogen, bei Sonnenuntergang; starke Männer würden aussteigen, durch den Matsch marschieren und glänzende Gewehre tragen. Das Romantische spiele eine Rolle wie auch das Bedürfnis „nach Abenteuer, Männlichkeit, Zelebration von Männlichkeit."[23]

Neben Bildern kämpfender Krieger unter der Fahne des IS sind auch Bilder von Demütigungen, Folterungen und sogar von brutalen Hinrichtungen politischer

---

20 Ebner: Radikalisierungsmaschinen, S. 25.
21 Ebd., S. 90, S. 94.
22 https://de.wikipedia.org/wiki/Islamischer_Staat_(Organisation) (19. Januar 2023).
23 https://www.deutschlandfunk.de/medienstrategie-des-is-das-virtuelle-kalifat-100.html (19. Januar 2023).

Gegner zu sehen, um den Rest der Welt einzuschüchtern. Romantische bis grausige Bilder, dynamisch montiert und untermalt von religiösen Gesängen und der unvermeidlichen Parole „Allahu akbar", das ist das stilistische Instrumentarium. Predigten, Lesungen oder religiöse Erörterungen wie bei früheren islamistischen Bewegungen, gibt es nicht mehr.[24] Bei der IS-Propaganda handelt es sich um eine extremistische Popkultur.

Die Plattformen reagieren. *Twitter* sperrt 2015 rund 360.000 Konten, die dem IS zugerechnet werden. Es wird jedoch befürchtet, dass für jedes gesperrte Konto zehn neue Konten entstehen. Das wuchernde Netz ist auf diese Weise kaum unter Kontrolle zu bekommen. Abgesehen davon weichen die Extremisten ins Dark Net aus, wenn zu viel gesperrt wird. Abou-Taam rät angesichts dessen, sich weniger der Bekämpfung der Propaganda zu widmen als der demokratischen Erziehung von Jugendlichen, um sie von vornherein gegen extremistische Ideen zu immunisieren: „Dass Menschen lernen, mit Medien umzugehen, ist viel wichtiger als die Medien an sich."[25]

Der Zorn des Islamismus richtet sich vor allem gegen westliche Großstädte. Allein bei den Mordanschlägen in Paris im November 2015 kommen 130 Menschen ums Leben.[26] Ereignisse wie dieses werden der Erzählung der Dschihadisten eingefügt, wonach Muslime überall auf der Welt unterdrückt würden und befreit werden müssten. Die moralische Empörung und das Rachebedürfnis sprechen vor allem Jugendliche an, die im Alltag Diskriminierung erfahren.[27] Neben einer Karriere als Selbstmordattentäter oder -attentäterin lockt die Vision, in eine islamistische Gesellschaft – das „Kalifat" – zu übersiedeln. Dabei bleibt es unverständlich, warum junge Frauen und Männer aus vernachlässigten Randbezirken westeuropäischer Städte den Weg dorthin finden und ein Leben der relativen sozialen Sicherheit gegen ein archaisches Dasein im permanenten Kriegszustand eintauschen. Junge Männer ziehen in den Kampf auf Leben und Tod, Frauen, oft noch im Teenageralter, folgen, heiraten bigamistische Kämpfer, bekommen Kinder und fristen ein vorsintflutlich anmutendes Dasein als rechtloses Eigentum ihrer Ehemänner. Wie groß muss die Enttäuschung in ihrem bisherigen Leben gewesen sein? Wie groß der Hass auf die Gesellschaft, die ihnen den sozialen Aufstieg verwehrt hat?[28]

---

24 Ebd.
25 Ebd.
26 https://www.wikiwand.com/de/Terroranschl%C3%A4ge_am_13._November_2015_in_Paris (19. Januar 2023).
27 https://www.deutschlandfunk.de/medienstrategie-des-is-das-virtuelle-kalifat-100.html (19. Januar 2023).
28 https://www.stuttgarter-zeitung.de/inhalt.is-und-soziale-medien-dschihad-30.b6aa76e6-1d17-4752-9ace-f9d46fcf58c3.html (19. Januar 2023).

Obwohl im rechtsextremistischen Milieu nicht eine Religion im Vordergrund steht, scheinen die Motive ähnlich wie im islamistischen Extremismus. Auch hier ist es ein religiös verbrämter, sektiererischer Hass, der die Bewegung antreibt. Probleme wie Arbeits- und Erfolglosigkeit verschwänden, würde das „Fremde" aus der Gesellschaft entfernt; so die Legende. Für Islamisten sind das die Ungläubigen, für Rechtsextremisten „rassisch" Fremde. Amerikanische Neonazis sprechen in einer über allem schwebenden Vision davon, in Nordamerika einen Staat mit ausschließlich weißer Bevölkerung errichten zu wollen. Nichtweißen und Juden, ebenfalls als „Nichtweiße" begriffen, soll eine Zugehörigkeit verwehrt werden.[29] Dafür bedürfe es zunächst des Kampfes gegen Feinde in der bestehenden Gesellschaft mit anschließender Machtübernahme. Legitimiert wird der politische Kampf durch die Mär vom „Großen Austausch",[30] wonach in geheimen, im Verborgenen agierenden Kreisen Pläne verfolgt würden, die weiße Mehrheitsbevölkerung allmählich durch zugewanderte Bevölkerungsgruppen zu ersetzen. Dahinter stünden „Globalisten", „Multikulturalisten" oder einfach „die Juden".[31] Allen voran wird der „Rothschild-Clan" dieser Weltverschwörung bezichtigt, der sich auf jüdische Agenten wie den Milliardär und Investor George Soros stütze, welcher im Hintergrund der Politik die Strippen ziehe.[32] Das ist im Wesentlichen die Erzählung, die durch die Sozialen Medien wandert.

Die Lüge vom geplanten Austausch grassiert auch in Europa, wo sie vor allem gegen ankommende Flüchtlinge eingesetzt wird. Wie weit solche Verschwörungserzählungen bereits in den Bereich der Realpolitik vorgedrungen sind, zeigt das Beispiel Ungarns, wo Ministerpräsident Viktor Orbán seit Langem schon mit angeblichen Unterminierungsversuchen des Investors Soros Stimmung macht und Wahlen gewinnt. Orbán selbst präsentiert sich als starker Führer, der dagegen in aller Entschlossenheit vorgeht.

„Q clearance Patriot" nennt sich eine Figur, die 2017 in den USA auf den Plan tritt und behauptet, Zugang zu geheimdienstlichen Informationen zu haben. Der Begriff „Q clearance" steht im amerikanischen Energieministerium für die höchste Sicherheitseinstufung. Daraus und aus der Silbe „Anon", die für einen anonymen Nutzer steht, entsteht die Bezeichnung *QAnon*, unter der eine geheimnisvolle Instanz dubiose Neuigkeiten postet wie die, dass Hillary Clintons Festnahme und Ausweisung bevorstehe. Später erwächst aus dieser Wurzel eine rechtsextreme Gruppe, die im Internet alle möglichen bösartigen und absurden Theorien verbreitet. Im Mittelpunkt steht die Behauptung, eine globale satanistische Elite, der

---

29 Ebner: Radikalisierungsmaschinen, S. 27–28.
30 Ebd., S. 40.
31 https://de.wikipedia.org/wiki/Gro%C3%9Fer_Austausch (19. Januar 2023).
32 Brodnig: Lügen im Netz, S. 28.

Abb. 25 *QAnon*-Gefolgschaft (Jake Angeli, Qanon Shaman am 15. Oktober 2020 in Peoria, Arizona) © Wikimedia Commons, public domain, TheUnseen011101.

auch hochrangige Mitglieder der Demokratischen Partei angehörten, entführe Kinder, halte sie gefangen und töte sie, um aus ihrem Blut ein Verjüngungsserum für sich zu brauen.[33] In Anlehnung an jahrhundertealte antisemitische Legenden wird die Mär eines ominösen geheimen „Deep States" kolportiert, der das Trinkwasser vergifte, durch eingeweihte Bankiers dafür sorge, dass auf der Welt Kriege geführt würden und durch hörige Massenmedien eine allgemeine Gehirnwäsche betreibe. Die Regierung gilt als geldgierige Firma, die Impfstoffe mit Gift strecken lasse und die Menschen krank mache, um sie besser ausbeuten zu können. Politiker würden Kinder missbrauchen und die Bevölkerung ausspionieren. Von der Regierung würden auch Terroranschläge inszeniert, während es die Eliten selbst seien, die Terror ausübten.[34] Die drei Familien Saud, Rothschild und Soros würden die Welt beherrschen und „The New World Order" stellen.[35] So abstrus diese Postulate auch sein mögen, ihre Verbreitung ist enorm.

Die Hoffnungen der Mitglieder der amerikanischen *QAnon*-Bewegung ruhen auf Donald J. Trump, als dieser zum Präsidenten der Vereinigten Staaten von Amerika gewählt wird. Er werde die gigantische Verschwörung in den USA aufdecken. Das „Great Awakening", das lang ersehnte Erwachen, werde kommen und Trump die

---

33 https://de.wikipedia.org/wiki/QAnon (19. Januar 2023).
34 Ebner: Radikalisierungsmaschinen, S. 177.
35 Ebd., S. 182.

Verantwortlichen, darunter Barack Obama und Hillary Clinton, zur Rechenschaft ziehen und wegsperren.[36] Die Bewegung, die gelangweilte Teenager, Rechtsextremisten, Klimawandelleugner und Evangelikale in ihren Reihen versammelt, wie Julia Ebner feststellt,[37] zählt letztlich Millionen Follower und stellt eine eminente Gefahr für die amerikanische Demokratie dar.[38]

Verschwörungserzählungen wie diese sind deshalb so gefährlich, weil sie spektakulär daherkommen und via Soziale Medien direkt ins öffentliche Bewusstsein gelangen. Sie halten sich nicht mit mühseliger geistiger Durchdringung der Materie und der Erörterung von Argumenten auf, sondern bieten eine scheinbar schlüssige Welterklärung und einfache, wenn auch falsche Lösungen für schwierige Probleme. Sie fallen vor allem bei Menschen, die ihrer Umwelt mit einem Gefühl zunehmender Ohnmacht gegenüberstehen, auf fruchtbaren Boden, weil sie ihnen versprechen, Kontrolle über ihr Leben zurückzugewinnen. Außerdem stärken sie das Gruppengefühl in der Gefolgschaft und betten damit das sich schwach fühlende Individuum in die Sicherheit eines anonymen Verbands an Gleichgesinnten ein.[39] Nicht selten wird das Anliegen mit einem übersteigerten missionarischen Eifer vertreten.

Dank global vernetzter Sozialer Medien finden derartige Verschwörungserzählungen auch in Europa wie auch auf anderen Kontinenten eine wachsende Fangemeinde. In Norwegen begründet Anders Behring Breivik im Juli 2011 den kaltblütigen Mord an 77 Menschen, überwiegend Jugendlichen, die an einem Zeltlager teilgenommen haben, mit rassistischen Umsturzphantasien.[40] Ein ähnliches Manifest existiert von Brenton Tarrant, der im neuseeländischen Christchurch im März 2019 in zwei Moscheen 51 Menschen umbringt.[41] Die schrecklichen Mordanschläge auf nichtweiße und nichtchristliche Bevölkerungsgruppen folgen der Strategie, einen „Rassenkrieg" vom Zaun zu brechen, an dessen Ende die weiße Bevölkerung triumphieren würde. In den „Shootings" genannten Massenmorden manifestieren sich die rassistischen Weltbilder einer offen faschistischen Bewegung, die eine Herrschaft der „Weißen" mit Gewalt durchsetzen will. Zur Popularisierung dieser gewalttätigen Ideologie werden solche Mordanschläge mit Kopfkamera im Stile eines Egoshooter-Spiels gefilmt und live ins Netz übertragen, um möglichst viel Aufmerksamkeit und Zuspruch zu bekommen. In den Chats der extremistischen Zirkel ernten solche Ereignisse euphorischen Beifall. Im Gegensatz dazu wollen offizielle Stellen dem „Akt der Gewalt", wie die neuseeländische Premierministerin

---

36 Ebd., S. 174.
37 Ebd., S. 176.
38 https://de.wikipedia.org/wiki/QAnon (19. Januar 2023).
39 Brodnig: Einspruch, S. 45, S. 47.
40 https://de.wikipedia.org/wiki/Anders_Behring_Breivik (19. Januar 2023).
41 https://de.wikipedia.org/wiki/Brenton_Tarrant (19. Januar 2023).

Jacinda Adern sagt, keine Bühne bieten.[42] Doch als *Facebook*, *YouTube*, *Google* und *Twitter* das von Tarrant gepostete Videomaterial eine halbe Stunde nach der Tat sperren, hat es sich bereits millionenfach weiterverbreitet.

---

42 https://www.spiegel.de/netzwelt/netzpolitik/christchurch-polizei-will-videos-vom-anschlag-aus-dem-internet-entfernen-a-1258011.html (19. Januar 2023).

Dramamaschine: Trump und *Twitter*

Demokratische Willensbildung setzt freie Information voraus. Traditionellerweise sind die klassischen Massenmedien für die Lieferung solcher Information zuständig. Inzwischen versprechen die Sozialen Medien ihren Mitgliedern, unabhängige Nachrichten direkt in ihre *Newsfeeds* zu liefern. Hinter der Auswahl der übermittelten Nachrichten steht jedoch ein tendenziöses System. Algorithmen reihen die Beiträge nach der Zahl ihrer „Likes", „Comments" und „Shares". Häufig gelikte, kommentierte und geteilte Beiträge werden als besonders interessant gewertet und kommen in der Reihung ganz nach oben. Das, was am meisten Aufmerksamkeit erzeugt und dadurch profitabler vermarktet werden kann, rückt in den Vordergrund. Dabei lösen emotionale Beiträge offenbar stärkere Effekte aus als nüchtern sachliche. Als *Twitter* während der Flüchtlingskrise des Jahres 2015 seinen Newsfeed von chronologischer auf algorithmische Beitragsreihung umstellt, treten Angst fördernde Beiträge in den Vordergrund.[1]

Ingrid Brodnig spricht vom Algorithmus als „Drama-Maschine".[2] Dank des Algorithmus obsiegt das Spektakuläre über das Wahre, könnte man sagen. Diese Boulevardisierung geht auf Kosten von Ausgewogenheit. Zur Verzerrung des Weltbilds kommt der Umstand, dass ein gehöriger Teil etwa der auf *Facebook* verbreiteten Aussagen schlicht falsch ist. *Facebook* fungiert als bevorzugtes Forum für Falschmeldungen, und zwar im Falle politisch rechter Webseiten sogar doppelt so oft wie im Falle linker.[3]

Abgesehen davon entfalten Algorithmen Eigendynamik. Mitglieder bekommen hauptsächlich solche Nachrichten zugestellt, die ihrem Profil entsprechen und ihre Meinung bestätigen. Für diese Verengung ihrer Weltsicht wird von dem amerikanischen Internet-Experten Eli Pariser der Begriff der „Filter Bubble" geprägt.[4] Gemeint ist damit eine Art thematische Blase, in der sich gefilterte Information anreichert. Widersprüchliches wird ausgespart.

Darüber hinaus verliert Information ihren objektiven Charakter, wird buchstäblich subjektiv. *Google* hat Ende 2009 die personalisierte Suche eingeführt. Suchende werden seither durch den Algorithmus anhand von Dutzenden Merkmalen eingeschätzt. Dies beginnt beim Ort, an dem sie sich während des Einloggens befinden, und reicht über den Browser, den sie benutzen, bis zu den Suchbegriffen, die sie

---

1 Jergitsch: Die Geister, die ich teilte, S. 126.
2 Brodnig: Lügen im Netz, S. 45.
3 Ebd., S. 92.
4 Jaekel: Die Macht der digitalen Plattformen, S. 11; Brodnig: Hass im Netz, S. 32–33.

eingeben. Diese Differenzierung führt dazu, dass zwei Personen auf dieselbe Suchanfrage, je nach ihrer Interessensveranlagung, unterschiedliche Ergebnisse erhalten. So kann die eine Person, die nach „British Petrol" sucht, Seiten zu Möglichkeiten der Geldanlage erhalten, während eine andere auf die von der Ölplattform *Deepwater Horizon* verursachte Ölpest geleitet wird.[5] *Google* entscheidet das. Auch *Facebooks* personalisierter *Newsfeed* steht im Verdacht, eine solche Wirkung zu haben.[6]

Abgesehen davon wird Angehörigen von *Facebook*-Freundeskreisen wohl zu Recht nachgesagt, sie würden einander in ihrer Haltung und damit auch in ihrem Irrglauben gegenseitig bestärken, weil sie auch von ihren Freunden wie in einer „Echokammer" überwiegend nur das zu hören und zu lesen bekämen, was sie ohnehin glauben.[7] Jede Gruppe tendiert zu einem homogenen Meinungsbild. Man glaubt sich unter seinesgleichen, teilt Ideen, die man ungern öffentlich, also außerhalb der schützenden Gruppe äußern würde, und schottet sich gegen widersprechende Meinungen ab, um der kognitiven Dissonanz zu entkommen, die sich zwischen dem Trugbild, das in der Gruppe gepflegt wird, und der Wirklichkeit auftut. Dies ist fatal, denn das menschliche Gehirn verdichtet gleichlautende Aussagen zu einem stringenten Weltbild. Je mehr solcherart tendenziöse Information verdichtet wird, umso schwerer wird es, mit gegenläufiger Information durchzudringen.[8] Man kann *Facebook* den Vorwurf nicht ersparen, eine verzerrte Weltsicht der Menschen zu zementieren.

Eli Pariser zeigt sich ernüchtert. Von der ursprünglichen Vision, das Internet lasse das politische Establishment direkt mit dem Wahlvolk kommunizieren und gebe Letzterem die Macht, geeint aufzutreten und Anliegen gemeinsam vorzubringen, bleibt wenig übrig:

> Eine Zeit lang schien es, als würde das Internet die Gesellschaft komplett redemokratisieren. Blogger und Bürger-Journalisten würden die öffentlichen Medien mit einem Streich neu formieren. Politiker könnten mit einer breiten Unterstützung durch kleine, regelmäßige Spenden auskommen. Regierungen auf allen Ebenen würden transparenter und wären ihren Bürgern deutlicher Rechenschaft schuldig. Aber die von mir erträumte Ära der Bürgerbeteiligung ist nicht eingetreten. Demokratie verlangt, dass man Dinge aus den Blickwinkeln anderer sieht, doch wir sind immer mehr in unseren eigenen kleinen Welten gefangen. Demokratie verlangt gemeinsame Grundsätze, aber man setzt uns in parallele, aber getrennte Universen.[9]

---

5 Pariser: Filter Bubble, S. 10.
6 Brodnig: Lügen im Netz, S. 176.
7 Jaekel: Die Macht der digitalen Plattformen, S. 185.
8 Brodnig: Hass im Netz, S. 151.
9 Pariser: Filter Bubble, S. 13.

Getrübt wird die Vision der Internet-Demokratie vor allem auch dadurch, dass die Meinungsbildung, insbesondere vor Wahlen, gezielt manipuliert wird. Im amerikanischen Präsidentschaftswahlkampf des Jahres 2007 zwischen dem Demokraten Barack Obama und dem Republikaner John McCain werden erstmals Soziale Medien großzügig genutzt. Beide Kandidaten richten Profilseiten bei *Facebook* und *MySpace* ein, um junges Publikum zu erreichen.[10] Im Unterschied zu klassischer Wahlwerbung sind die Sozialen Medien interaktiv und erlauben, eine unterstützende Community zu versammeln, Anregungen und Kommentare entgegenzunehmen und zu beantworten. Doch bei dieser unschuldigen Praxis bleibt es nicht.

Bald kommen „Social Bots" (von „Robots") ins Spiel. Dabei handelt es sich um spezielle Programme, die sich hinter gestohlenen Identitäten verbergen und gegen Bezahlung automatisch zahlreiche unterstützende Likes erzeugen, um den Kandidaten oder die Kandidatin im Netz populärer erscheinen zu lassen. Sie wirken als automatisierte Stimmungsmacher. Man kann auch negative Bewertungen des Konkurrenten kaufen.[11] Alles an Manipulation scheint möglich.

Medien erschaffen das Bild der Wirklichkeit mit, an dem Menschen ihr Denken und ihr alltägliches Handeln, vor allem aber auch ihre politische Wahlentscheidung ausrichten; seit der Jahrtausendwende sind es vor allem Soziale Medien, die dies tun.[12] Mit fatalen Folgen. Gestützt auf den raschen und einfachen Zugang zu einem breiten Publikum, bringen sie weitgehend frei von journalistischer Sorgfaltspflicht und Qualitätskontrolle, wie sie etablierten Medienunternehmen auferlegt sind, oft blanke Lügen in Umlauf. In Anlehnung an Günther Anders, der den Aufstieg des Faschismus in den 1930er-Jahren mit dem technischen Fortschritt in der Medientechnik in Zusammenhang gebracht hat, vertritt Julia Ebner die These, dass auch nun wieder eine Ära einer neuen Medientechnik angebrochen ist, in der die digitalen „Radikalisierungsmaschinen" von rückwärts gerichteten Ideologien als Machtbasis mit großem Potenzial genutzt werden.[13]

Symptomatisch für diese sich rasch verbreitende Unkultur ist der dem rechtsextremen Spektrum zugehörige und Verschwörungstheorien verbreitende texanische Moderator Alex Jones. Er betreibt eine Radiosendung, die Webseite *infowars.com* und den internetbasierten Fernsehkanal *prisonplanet.com*.[14] Jones prägt den Begriff

---

10 Bieber/Eifert/Groß/Lamla: Soziale Netzwerke, a. a. O., S. 57.
11 Brodnig: Lügen im Netz, S. 128, S. 131.
12 Schetsche/Lehmann/Krug: Die Google-Gesellschaft, a. a. O., S. 21.
13 Ebner: Radikalisierungsmaschinen, S. 10.
14 https://en.wikipedia.org/wiki/Alex_Jones#: :text=Alex%20Jones%20Alexander%20Emerick%20Jones%20%28born%20February%2011%2C,across%20the%20United%20States%20%28syndicated%20and%20internet%20radio%29 (3. Februar 2023).

eines Informationskrieges[15] gegen das politische Establishment. Dazu zählen alle Personen und Institutionen, die sich in sachlicher Weise zu umstrittenen politischen Problemen wie Zuwanderung öffentlich äußern und natürlich auch die klassischen Massenmedien, die als „Fake News" (in deutschsprachigen Landen als „Lügenpresse") diffamiert werden. Dahinter steht die Legende, wonach die Bevölkerung durch eine gleichgeschaltete Berichterstattung gezielt hinters Licht geführt werde; nur auf den alternativen Kanälen finde man die Wahrheit. Tatsächlich werden in diesen Kanälen immer wieder Halb- und Unwahrheiten lanciert, um die Gefolgschaft gegen die offizielle Politik aufzuhetzen und sie etwa vor angeblich drohender Überfremdung durch Menschen aus anderen Teilen der Welt in Angst und Schrecken zu versetzen. Es ist blanke Hetze mit dem Ziel, die gesellschaftliche Ordnung zu stürzen.

Präsidentschaftskandidat Donald J. Trump bedient sich im Wahlkampf für die Präsidentschaftswahl 2016 solcher zweifelhaften Methoden. Der Milliardär Trump macht Stimmung gegen das politische Establishment, gegen die etablierte Medienlandschaft, kokettiert mit Rechten und dem Rassismus. Auf *Facebook* zirkuliert ein von Trumps Wahlkampfmanagement gepostetes Video einer Rede, die er in Mount Pleasant in South Carolina gehalten hat. Er verspricht darin ein hartes Vorgehen gegen Terrorismus, den er willkürlich mit Einwanderung in Zusammenhang bringt. Der amtierende Präsident Barack Obama habe illegale Einwanderer besser behandelt als verwundete amerikanische Soldaten, behauptet er völlig haltlos. Im Gegensatz dazu verspricht er einen Einwanderungsstopp für Menschen aus muslimischen Ländern. Wesentliche Teile seiner Anhängerschaft sind begeistert über diesen offen rassistischen Angriff auf die Menschenrechte. Trump bringt damit die Verantwortlichen von *Facebook* in die Bredouille. Einerseits lehnen sie den hetzerischen Inhalt ab, zu dessen weltweiter Verbreitung ihre Plattform aber maßgeblich beiträgt, andererseits versammelt Trump ein riesiges Publikum hinter sich, das man nicht vergraulen will. Letzten Endes schreckt man davor zurück, das Video zu entfernen, um bei der republikanischen Wählerschaft nicht in den Geruch zu kommen, die Demokraten zu unterstützen.[16] Und man fürchtet natürlich den politischen Einfluss der Republikaner in Washington.

Darüber hinaus leistet *Facebook* anderweitig Schützenhilfe für die Republikaner. Die von Trumps Chefberater Stephen K. Bannon geführte britische Firma *Cambridge Analytica* greift die privaten Daten von zig Millionen *Facebook*-Mitgliedern ohne deren Zustimmung ab, wertet sie aus und benutzt sie für politische Werbung. Zunächst legt *Cambridge Analytica* durch Auswertung unterschiedlicher Quellen

---

15 Brodnig: Hass im Netz, S. 57–58.
16 Frenkel/Kang: Inside Facebook, S. 22–23.

verlässliche Persönlichkeitsprofile von Bürgerinnen und Bürgern an (220 Millionen Menschen allein in den USA), die via *Facebook* mit individualisierten Botschaften versorgt werden. Diese Technik wird „Microtargeting" genannt.[17] Der Direktor der Firma, Alexander Nix, nennt als Beispiel für die Funktionsweise seiner Technologie, einer als ängstlich erkannten Person ein Bild eines Wohnungseinbruchs zuzustellen samt der Botschaft, das Recht auf Waffenbesitz stelle eine Versicherung dar.[18] Das ist nicht mehr Wahlwerbung, sondern Manipulation.

Berühmtester Kunde der Firma ist das Wahlkampfteam von Trump.[19] Mithilfe dieser Daten können Wählergruppen ihrer politischen Einstellung konform angesprochen werden: Solche, die mit Trump sympathisieren, werden im Rahmen der Kampagne mit triumphalen Bildern des Kandidaten bedacht, an Unentschlossene und mit der Gegenkandidatin Clinton Sympathisierende hingegen richten sich Behauptungen, die den Ruf ihrer Kandidatin schädigen sollen, so genannte „Dark Posts".[20] Afroamerikanern gegenüber wird ein altes Clinton-Zitat lanciert, wonach schwarze Männer „Super-Raubtiere" seien, und es werden Frauen präsentiert, die ihren Ehemann, den früheren Präsidenten Bill Clinton, des sexuellen Missbrauchs beschuldigen.[21] Die individuell zugeschnittene Einschüchterung, bei der jeder und jede das Passende zu hören bekommt, droht jegliche faire Wahlauseinandersetzung ad absurdum zu führen.[22]

Im Wahlkampf arbeiten überdies russische Hacker daran, Clintons Mailaccount zu hacken, um vertrauliches Material zu veröffentlichen und sie zu diskreditieren und so den Wahlausgang zu beeinflussen.[23] Über die Präsidentschaftskandidatin zirkulieren zahlreiche Gerüchte, die sie als inkompetent und verantwortungslos dastehen lassen. Frei erfundene Nachrichten schildern sie im Koma liegend oder wissen davon zu berichten, dass ihr Ehemann Bill ein uneheliches Kind gezeugt habe.[24] Andere Meldungen kolportieren, dass sie selbst ein uneheliches Kind geboren und Terroranschläge auf amerikanischem Boden angeordnet habe.[25] Weitere Meldungen erklären sie gleich für tot und durch eine Doppelgängerin ersetzt oder behaupten, der als Deep State bezeichnete Verschwörungszirkel würde heimlich ihre Wahlkampagne unterstützen.[26] Es gibt kein Niveau an Debilität, das nicht un-

---

17 Brodnig: Lügen im Netz, S. 157.
18 Narval: Aufbruch zur Digitalen Republik, a. a. O., S. 146.
19 Frenkel/Kang: Inside Facebook, S. 182–183.
20 Brodnig: Lügen im Netz, S. 161.
21 Jergitsch: Die Geister, die ich teilte, S. 73.
22 Narval: Aufbruch zur Digitalen Republik, a. a. O., S. 147.
23 Frenkel/Kang: Inside Facebook, S. 119.
24 Ebd., S. 105.
25 Ebd., S. 135.
26 Ebd., S. 150.

terschritten würde. Dabei sind es überwiegend *Facebook* nutzende Trump-Wähler, die von den Falschmeldungen erreicht werden.[27]

Als Ursprung vieler gefälschter Beiträge wird eine in St. Petersburg sitzende Trollfabrik namens *Internet Research Agency* (IRA) ausgemacht.[28] Sie stellt Falschmeldungen in großer Zahl ins Netz, um die amerikanische Bevölkerung zu entzweien.

Abgesehen von russischen Stellen wie der *Internet Research Agency*, die das Interesse haben, das amerikanische Wahlergebnis zugunsten des russlandfreundlichen Kandidaten Trump zu beeinflussen, gibt es auch Privatpersonen, die Falschinformation verbreiten und dabei kein politisches Ziel verfolgen. In einer ärmlichen Kleinstadt in Nordmazedonien etwa verdient eine Clique Jugendlicher mit solchen Lügengeschichten und mithilfe des Werbebannerdienstes *Ad Sense* von *Google* viel Geld. Ihre erfundenen Geschichten erreichen Millionen Amerikanerinnen und Amerikaner, ziehen mehr Klicks nach sich als wahre und erzielen entsprechend hohe Werbeeinnahmen. Als *Google* gegen die lancierten Falschmeldungen vorgeht und sie aus seinem Werbenetzwerk *Ad Sense* verbannt, ist Trump bereits gewählt.[29] Verantwortung übernimmt man nicht. Auf den Einfluss seines Portals angesprochen, weist auch *Facebook*-Gründer Zuckerberg jegliche Manipulationsvorwürfe zurück. Es bestehe kein Zusammenhang zwischen Falschmeldungen auf *Facebook* und der Wahl des neuen Präsidenten, meint er.[30]

Nach Trumps Wahlsieg stellt sich die Frage, inwieweit er diesen zirkulierenden Falschinformationen zu verdanken hat.[31] 2017 richtet das *Federal Bureau of Investigation* (FBI) eine *Foreign Interference Task Force* (FITF) ein, die mit den Plattformen kooperiert – vorrangig mit *Facebook* –, um nach falschen ausländischen Accounts und Kampagnen zu suchen, die politisch Einfluss zu nehmen versuchten. Zu den Midterm-Wahlen des Jahres 2018 meldet die Task Force gemeinsam mit dem *Department of Homeland Security* ein Netzwerk aus mehr als 100 *Facebook*- und *Instagram*-Accounts der berüchtigten russischen *Internet Research Agency*. Sie werden gelöscht. In der Folge wird das Thema russischer Einflussnahme auf Betreiben von Trump heruntergespielt, weil damit auch die Legitimität seiner Wahl zum Präsidenten zusammenhängt.[32]

Als Präsident kann sich Trump vor allem auf den „Micro Blogging"-Dienst *Twitter* stützen.[33] *Twitter* erlaubt Kurznachrichten mit einer Höchstlänge von 140 Zeichen

---

27 Brodnig: Lügen im Netz, S. 22.
28 Frenkel/Kang: Inside Facebook, S. 159–160.
29 Jergitsch: Die Geister, die ich teilte, S. 86–89.
30 Ebd., S. 90.
31 Frenkel/Kang: Inside Facebook, S. 137.
32 Jankowciz: How to Lose the Information War, S. 196–198.
33 Jergitsch: Die Geister, die ich teilte, S. 20–21, S. 144.

an Abonnenten, so genannte „Follower", zu verschicken. Jeder Follower erhält in seinem Feed alle Tweets derjenigen, die er abonniert hat. Auf seinem Account zeigt eine Liste alle Abonnierten an, eine andere erfasst die Follower eines jeden Abonnierten. Insgesamt entsteht auf diese Weise ein Interessensnetzwerk, eine „Community of Interest", deren Mitglieder sich gegenseitig als „Friends" begreifen. Dies macht es leicht, Gleichgesinnte zu finden und jenen gegebenenfalls zu folgen. Anders als etwa *Facebook*, wo Freundschaftsbeziehungen symmetrisch ausgestaltet werden und der Freundschaftsstatus zu einem wechselseitigen Austausch von Neuigkeiten führt, ist *Twitter* asymmetrisch organisiert, als Einbahnverkehr, und eignet sich deshalb ganz besonders für eine große Gefolgschaft einer prominenten Person.[34]

Als perfektes Präsidentensprachrohr verschafft *Twitter* Trump exklusiven und raschen Zugang zur Öffentlichkeit jenseits des etablierten Mediensystems. Am Ende zählt Trumps Gefolgschaft knapp 89 Millionen Follower.[35] Trump nutzt diese Möglichkeit exzessiv. Er regiert richtiggehend mithilfe von Tweets, schickt zigtausende Kurznachrichten, die als offizielle Stellungnahmen des Weißen Hauses angesehen werden. Tag für Tag und oft auch nachts sendet er Nachrichten in die Welt, die sich nicht an Maßstäben wie Moral und Anstand messen lassen. Er attackiert darin politische Gegner, aber auch Sonderermittler, die gegen ihn ermitteln, und vor allem Medienunternehmen, die sich ihm in den Weg stellen. Er spart nicht mit Beleidigungen und Untergriffen, um seine Kritiker zu diffamieren.[36]

Trump scheint grundsätzlich nicht an Wahrheit interessiert. Die Währung, an die er glaubt, ist Wirkung, auch wenn er damit die amerikanische Verfassung verhöhnt. Seitens der klassischen Massenmedien werden dem neuen Präsidenten im Laufe seiner Amtszeit abertausende Falschaussagen und irreführende Behauptungen vorgeworfen.[37] Im Fahrwasser ultrarechter amerikanischer Medienfiguren wie dem Radiomoderator Alex Jones, der gerne „alternative" Nachrichten verbreitet,[38] lässt er durch seine Beraterin Kellyanne Conway selbst alternative Fakten präsentieren.[39] Im Gegenzug greift Trump in skrupelloser Weise seriöse Medienunternehmen an, die ihm widersprechen. Er unterstellt ihnen „Fake News"[40] und versucht sie in der Öffentlichkeit zu diskreditieren, um ihren Einfluss zu brechen. Trump will offenbar die freie Medienlandschaft, die die Grundlage der Demokratie bildet, zerschlagen,

---

34 Jungherr: Twitternde Politiker, a. a. O., S. 103, S. 106–107.
35 https://en.wikipedia.org/wiki/Social_media_use_by_Donald_Trump (17. Januar 2023).
36 Jergitsch: Die Geister, die ich teilte, S. 144–145.
37 Ebd., S. 86.
38 Brodnig: Lügen im Netz, S. 86–87.
39 https://de.wikipedia.org/wiki/Alternative_Fakten (19. Januar 2023; Brodnig: Lügen im Netz, S. 199–200.
40 Ebner: Radikalisierungsmaschinen, S. 126.

die Pressefreiheit abschaffen und durch eine von ihm gelenkte Berichterstattung über Soziale Medien ersetzen, um seine Macht zu festigen. Dies wird aus Äußerungen seines Beraters Bannon deutlich, der in den freien Medien die eigentliche Opposition erkennt, die es zu bekämpfen gelte; die Demokratische Partei zähle daneben kaum mehr.[41]

Populisten wie Trump geht es vorrangig darum, in der Bevölkerung starke Emotionen wie Wut und Angst hervorzurufen, die unvergleichlich stärker mobilisieren als Fakten dies tun. Der Spektakelwert seiner meist derben, immer aber emotionalisierenden Ausritte erweist sich als das größte Kapital, vor allem bei *Twitter* und *Facebook*, wo lange Zeit kaum Prinzipien wie journalistische Sorgfaltspflicht und Wahrheitsanspruch vorherrschen. Dieses Fehlen der Qualitätskontrolle prädestiniert die Plattformen als Sprachrohre des Autoritarismus. Für die Zukunft der Demokratie lässt dies nichts Gutes erwarten, denn demokratisches Leben wird schwierig, wenn Fakten nicht mehr außer Streit stehen.

Zaghaft regt sich Widerstand. Nach der Tötung des Afroamerikaners George Floyd durch einen weißen Polizisten droht Trump angesichts von gewaltsamen Demonstrationen der „Black Lives Matter"-Bewegung auf die Demonstranten schießen zu lassen, falls es zu Plünderungen käme. *Twitter* wehrt sich gegen die völlige Vereinnahmung und versieht den Kommentar mit einem Warnhinweis, wonach darin Gewalt verherrlicht werde. Trump droht daraufhin der Plattform offen mit Regulierungen und damit, *Section 230* des *Communications Decency Acts*[42] zu annullieren. Dabei handelt es sich um ein Gesetz, das die Plattformen vor Klagen gegen gepostete Inhalte Externer schützt.[43]

Es ist ein Dilemma, hervorgerufen nicht zuletzt durch besagtes Gesetz aus der Obama-Ära, das die damals noch jungen, aufstrebenden Social-Media-Unternehmen aus jeglicher Verantwortung für die von Mitgliedern ihrer Gemeinden geposteten Inhalte entlassen hat, um sie vor einer existenzbedrohenden Flut an Klagen zu bewahren. Die Unternehmen haben sich darauf berufen, keine „Publisher" mit Redaktionsstab zu sein, die man für Inhalte verantwortlich machen könne, sondern lediglich technische Plattformen für Inhalte fremder Personen, für die diese selbst verantwortlich seien.[44] Nun, Jahre später, sind die Plattformen Giganten der Medienöffentlichkeit, die des Schutzes der Gesellschaft weitaus weniger bedürfen als die Gesellschaft des Schutzes vor ihnen. Immer deutlicher macht sich das Fehlen klarer gesetzlich geregelter Verantwortlichkeiten für veröffentlichte Inhalte bemerkbar, wie sie für jedes klassische Massenmedium

---

41 Frenkel/Kang: Inside Facebook, S. 291.
42 https://bit.ly/3mJO21n (17. Januar 2023).
43 Frenkel/Kang: Inside Facebook, S. 316–317.
44 Ebd., S. 94.

existieren. Es erweist sich als Versäumnis, die rechtlichen Standards der analogen Welt nicht von vornherein in die digitale mit übernommen zu haben.

Besonders kuriose Blüten treibt die Kultur der politischen Lüge während der weltweiten Corona-Pandemie, die sich ab dem Frühjahr 2020 über den Globus ausbreitet. Präsident Trump versucht zunächst die Gefahr, die von dem Virus ausgeht, herunterzuspielen – wohl, um von den unzureichenden Präventionsmaßnahmen seiner Administration abzulenken. Er verbreitet via *Facebook* die Mär, dem Virus sei mit Desinfektionsmitteln und UV-Licht beizukommen. Seitens der Plattform unterlässt man es, Trumps Account zu sperren.[45]

Dieser offenkundige Unsinn verweist im Übrigen auf eine gewisse geistige Nähe zu im Netz grassierenden Corona-Leugnungen. Es sind Behauptungen zu lesen, wonach eine geheime Gruppe an einflussreichen Personen um den Milliardär Bill Gates das weltweite Impfprogramm gegen das Corona-Virus mit dem Ziel forciere, allen Menschen unbemerkt Chips zu implantieren, um sie damit fernsteuern zu können. Den Hintergrund dieser abstrusen Unterstellung bildet der Umstand, dass Gates einen großen Teil des Vermögens, das er mit *Microsoft* verdient hat, der im Jahr 2000 gegründeten *Bill & Melinda Gates Foundation* zuführt, die in humanitärer Weise Medikamente- und Impfstoffentwicklung finanziert. Daraus wird die verschwörerische Legende gesponnen, er wolle die Weltbevölkerung durchimpfen, um persönlich Profit zu machen. Darüber hinaus hat die Gates-Stiftung kurz vor Ausbruch der Pandemie folgendes Katastrophenszenario simuliert: In China springt ein Virus von einem Tier auf einen Menschen über und verbreitet sich global; ein Szenario, das Jahre später genau so eintritt. Dies nährt die Verschwörungstheorie, wonach die Verbreitung des Virus von Gates schon lange geplant und gezielt umgesetzt worden sei. Der Tübinger Professor Michael Butter sagt, dass es Verschwörungstheorien zum Thema Gates und Impfungen schon vor Corona gegeben habe und dass irgendjemand offensichtlich viel Aufwand treibe, damit Seiten mit solchen Falschinformationen bei den Suchmaschinen im Internet weit oben erscheinen.[46] Die Verschwörungserzählung rund um Gates macht deutlich, wie Verschwörungserzählungen grundsätzlich funktionieren. Sie enthalten oft einen wahren Kern – Gates fördert Impfprogramme –, um ihre darauf aufbauende absurde Erzählung von der absichtlich ausgelösten Pandemie glaubwürdiger erscheinen zu lassen.

Die Frage bleibt, wer hinter den systematischen Lügenkampagnen steht. Sind es russische oder chinesische Quellen, die die westlichen Gesellschaften destabilisieren

---

45 Ebd., S. 314; Jankowicz: How to Lose the Information War, S. xiii–xiv.
46 https://www.aerzteblatt.de/nachrichten/117772/Verschwoerer-machen-Bill-Gates-fuer-die-Pandemie-verantwortlich (17. Januar 2023).

wollen? Die auf diese Weise ihre eigenen geopolitischen Visionen zu unterstützen versuchen? Diese Frage ist nicht ohne Brisanz, weil sie die nicht zu unterschätzende Gefahr birgt, selbst Verschwörungstheorien aufzusitzen.

Die politisch motivierte Lüge ist in den USA spätestens mit Trump salonfähig geworden. Nach der letzten Wahl 2020, die Trump eine klare Niederlage beschert, behauptet er wider alle Auszählungsergebnisse, gewonnen zu haben. Zuvor hat er erfolglos verlangt die Auszählung der Stimmen zu beenden und ihn zum Sieger zu erklären. Er bezichtigt seine Gegner von der Demokratischen Partei eines groß angelegten Wahlbetrugs, ohne einen Beweis dafür vorzulegen. Darüber hinaus reicht er zahlreiche Klagen bei Gerichten gegen vorliegende Auszählungsergebnisse ein, und obwohl diese Klagen reihenweise abgewiesen werden, setzt er seine Hetzkampagne fort. Am 6. Januar 2021 heizen Trump und der ehemalige New Yorker Bürgermeister Rudy Giuliani in Ansprachen die Lüge vom Wahlbetrug an und rufen die in Washington versammelten Anhänger zum gewaltsamen Sturm auf das Kapitol auf.[47] Trump fordert sie auf, wie verrückt zu kämpfen, sonst „habt ihr bald kein Land mehr".[48] Der teils bis an die Zähne bewaffnete Mob setzt sich in Richtung Kapitol in Bewegung, wo er gegen den Widerstand von Sicherheitskräften ins Gebäude einzudringen versucht. Die Situation eskaliert. Vor Fenstern und Türen herrscht Tumult und rohe Gewalt. Es bleiben Todesopfer zurück. Es ist das tragische Ende eines seit Jahren andauernden Prozesses, in dem, wie Nina Jankowicz resümiert, das politische Establishment die Bedrohung durch gezielte Desinformation unterschätzt oder sogar als das kleinere Übel gegenüber der Zensur akzeptiert habe.[49] Die amerikanische Demokratie ist schwer angeschlagen.

Allerdings bieten die Sozialen Medien auch den Gegnern des plumpen Putschversuchs nie dagewesene Möglichkeiten. Nachdem sich die militanten Gruppen, die das Kongressgebäude gestürmt haben, wie Schlachtenbummler selbst ausgiebig auf *Facebook* & Co. präsentiert haben, existieren zahllose Bild- und Videodokumente vom Geschehen. Diese Aufnahmen werden nun vielen Beteiligten zum Verhängnis, da die Justizbehörden für ihre Ermittlungen auf diese reiche Sammlung an Beweismitteln zurückgreifen können.[50] Im Netz entfaltet sich überdies ein beispielloses freiwilliges „Crowdsourcing", im Zuge dessen Forscherinnen und Forscher, Journalistinnen und Journalisten darangehen, in akribischer Detailarbeit an dem reichhaltigen Bild- und Videomaterial einzelne Gewalttäter zu identifizieren

---

47 https://tinyurl.com/2zpgurlp (17. Januar 2023).
48 Jergitsch: Die Geister, die ich teilte, S. 13.
49 Jankowciz: How to Lose the Information War, S. xvii.
50 Jergitsch: Die Geister, die ich teilte, S. 14.

Abb. 26   Ruft Trump zum Sturm des Kapitols auf? © Wikimedia Commons, public domain, *Voice of America*.

und den Behörden anzuzeigen.⁵¹ Für viele machtberauschte Putschisten endet das Abenteuer vor Gericht und im Gefängnis.

Der abgewendete Putsch hat auch im Führungszirkel von *Facebook* Konsequenzen. Es werden Stimmen laut, Trump wegen Anstiftung zu Gewalt gegen die Organe der Demokratie von der Plattform zu verbannen.⁵² In der Folge sperren *Facebook*, *Twitter* und *YouTube* Trumps Account. Zu spät, möchte man meinen. Der Ungeist ist aus der Flasche und nichts bringt ihn wieder dorthin zurück. Im Übrigen stellt sich die Frage, ob die Sperrung nicht auch Zensur darstellt. Persönlichkeiten der internationalen Politik treten gegen diesen Schritt ein, mit der Begründung, man dürfe es nicht in die Hände der Internetkonzerne legen, was wann öffentlich diskutiert werde. Es ist ein Dilemma. Selbst demokratische Grundrechte beschneiden oder sehenden Auges deren Unterwanderung akzeptieren? Die gerufenen Geister wird man nicht mehr los.

Trump selbst kündigt infolge seiner Sperrung eine eigene Social-Media-Plattform an, um den großen Plattformen, die ihn boykottieren, die Stirn zu bieten. Wie zum Hohn soll die private Plattform *Truth Social* heißen. Er will zurück an die Öffentlichkeit und damit zurück an die Macht. Er argumentiert: „Wir leben in einer Welt, in der die Taliban eine große Präsenz auf Twitter haben, aber euer amerikanischer

---

51 https://www.derstandard.at/story/2000123187565/sturm-auf-kapitol-forscher-nutzen-crowdsourcing-fuer-suche-nach-angreifern (17. Januar 2023).
52 Frenkel/Kang: Inside Facebook, S. 344.

Abb. 27   Suche nach den Tätern im Netz (*FBI*-Plakat zur Suche nach den Täters des Sturms auf das US-Kapitol am 6. Januar 2021) © Wikimedia Commons, public domain, *Federal Bureau of Investigation*.

Lieblingspräsident wurde zum Schweigen gebracht".[53] Fritz Jergitsch zieht eine nüchterne Bilanz:

> Zu Beginn der 2020er-Jahre steht fest, dass sich unsere gesellschaftspolitischen Hoffnungen in die neue Technologie nicht erfüllt haben. Von einer aufgeklärten Gesellschaft, in der Propaganda und Lügen kurze Beine haben, in der Autokraten ihre Macht verlieren, weil ihnen die Öffentlichkeit einen unerbittlichen Spiegel vorhält, sind wir weit entfernt. Im Gegenteil: Soziale Netzwerke, Algorithmen und Technologieriesen haben den Mächtigen neue Werkzeuge in die Hand gegeben, um die Massen nach ihrem Gutdünken zu manipulieren, gegeneinander aufzuhetzen und dabei ihre eigene Agenda zu verfolgen.[54]

Angesichts solcher Auswüchse wird deutlich, dass die Internetkonzerne eine Machtposition erklommen haben, die ihnen nicht zusteht. Im Führungszirkel von *Facebook* wird Selbstkritik laut. *Facebook* würde die Gesellschaften spalten und durch seine Algorithmen bewirken, dass bei Konflikten unentwegt Öl ins Feuer gegossen werde. Chris Hughes, einst Zimmergenosse von Zuckerberg in Harvard und Mitbegründer von *Facebook*, bezeichnet das, was aus ihrem einst idealistischen Projekt

---

53 https://orf.at/stories/3233544/ (17. Januar 2023).
54 Jergitsch: Die Geister, die ich teilte, S. 11.

geworden ist, als dunkle Macht, als gefährliches Monopol, das unter Missbrauch der Privatsphäre der Mitglieder den Großteil seiner Umsätze mache und dabei auch noch durch Verbreitung von Falschinformation die Demokratie untergrabe.[55] Er fordert die Aufspaltung in drei unabhängige Unternehmen: *Facebook*, *Instagram* und *WhatsApp*.[56] Frances Haugen, eine ehemalige leitende Mitarbeiterin und jetzt Whistleblowerin, liefert brisante interne Unterlagen, die im Herbst 2021 unter dem Titel *The Facebook Files* im *Wall Street Journal* veröffentlicht werden. Im Zuge einer Anhörung im Senat fordert Haugen ein regulierendes Eingreifen der Politik, um den Konzern zu verpflichten, das Wohl der Klientel über seine Profitinteressen zu stellen.[57] Bald darauf spricht sie auch vor dem Parlament der *Europäischen Union* über die umstrittenen Geschäftspraktiken und fordert die Union auf, eine strenge gesetzliche Regelung mit Vorbildwirkung für andere Länder, auch die USA, zu schaffen, um *Facebook* und Konsorten in die Schranken zu weisen und um „die Zukunft von Technologie und Demokratie in Einklang zu bringen".[58]

Eine zentrale Forderung ist die, hetzerische Inhalte rasch zu löschen. Diese ist aber nicht einfach umzusetzen, weil sie auch auf starken politischen Widerstand trifft. So fürchtet die Republikanische Partei in den USA, dass bei solchen Löschungen konservative Positionen unterdrückt würden. Der republikanisch regierte Staat Texas untersagt deshalb 2021 den Plattformen, politische Inhalte zu zensurieren. Ein analoges Gesetz im Staat Florida ist von einem Bundesrichter allerdings bereits als verfassungswidrig erkannt worden.[59] Es ist eine bizarre Debatte, in der es um die Freiheit geht, ungestraft Behauptungen in die Welt zu setzen, die dem Wahrheitsbeweis nicht standhalten. Es ist eine Meinungsfreiheit der Mächtigen, die sich gegen die Machtlosen richtet und damit das ursprüngliche demokratische Anliegen pervertiert. Als Elon Musk, 2022 angeblich der reichste Mensch der Welt, um 44 Milliarden Dollar *Twitter* kauft, kommt der einflussreiche Kurznachrichtendienst in die Verfügung einer einzigen Person, die sich schon früher kategorisch gegen jede Form von Zensur ausgesprochen hat – auch gegen die Sperrung des umstrittenen Präsidenten Trump!

Musk ist auch selbst eifriger *Twitter*-Nutzer mit geschätzten 83 Millionen Followern. Was diese konzentrierte Medienmacht in den Händen einer einzigen Person bedeutet, zumal einer Person, deren Vermögen von den Börsen abhängt, ist leicht vorstellbar.[60] Dazu kommt, dass Musk einen grotesken Ankaufspoker spielt. Er sagt

---

55 Frenkel/Kang: Inside Facebook, S. 257.
56 Brodnig: Übermacht im Netz, S. 52.
57 https://orf.at/stories/3231218/ (17. Januar 2023); https://de.wikipedia.org/wiki/Frances_Haugen (17. Januar 2023); https://orf.at/stories/3234123/ (17. Januar 2023).
58 https://orf.at/stories/3235632/ (17. Januar 2023).
59 https://orf.at/stories/3228076/ (18. Januar 2023).
60 https://orf.at/stories/3261910/ (18. Januar 2023).

an einem Tag, dass er *Twitter* kaufen werde und am nächsten, dass er doch nicht kaufen werde. Es sind Äußerungen, die den Börsenwert des Unternehmens rauf- und runterjagen. Gerüchte, Musk beabsichtige, den Kampf gegen Hassbotschaften zurückzufahren, führen überdies zum Rückzug großer Werbekunden wie *General Motors*, *General Mills* oder *Volkswagen*, was dem Unternehmen ebenfalls nicht guttut. Musk reagiert auf den Werbeboykott mit der Drohung, die betreffenden Konzerne bloßzustellen.[61] Vollends auf die Spitze getrieben wird die Unsicherheit nach erfolgter Kaufentscheidung durch Musks Entschluss, nicht nur bisheriges Führungspersonal von *Twitter* zu kündigen, sondern auch einen Gutteil der Belegschaft.[62]

Die Folgen sind unmittelbar zu spüren. Bei den amerikanischen Midterm-Wahlen im November 2022 wird Kritik laut, dass die Glaubwürdigkeit von Tweets nicht mehr so rasch wie bisher überprüft und mit allfälligen Warnungen versehen werden.[63] Das hat wohl mit den massenhaften Kündigungen zu tun, die Musk ausgesprochen hat; vielleicht auch mit Musks absolutistischem Freiheitsverständnis, das er in der Folge noch mehrmals erkennen lässt. Der demokratische US-Senator Ed Markey hält Musk angesichts gefälschter *Twitter*-Accounts vor, die Kontrolle zu verlieren und Twitter zum „Wilden Westen der sozialen Netzwerke" zu machen. Er möge die Kontrolle wiederherstellen, andernfalls werde der Kongress dafür sorgen.[64]

---

61 https://www.msn.com/de-at/nachrichten/digital/twitter-musk-droht-werbekunden-und-schimpft-auf-aktivistengruppen-die-die-redefreiheit-zerst%C3%B6ren/ar-AA13LIvg (18. Januar 2023).
62 https://www.tagesschau.de/wirtschaft/twitter-entlassungen-105.html (18. Januar 2023).
63 https://www.msn.com/de-at/nachrichten/other/es-wird-eng-f%C3%BCr-elon-musk-und-twitter/ar-AA13UsQj (18. Januar 2023).
64 https://www.bing.com/search?q=Musk+in+Streit+mit+US-Senator+nach+Fake-Account-Chaos+-+news.ORF.at&cvid=2cacdee29cd1428f97239c8261351100&aqs=edge.0.69i59j69i11004.1028j0j4&FORM=ANAB01&PC=U531 (18. Januar 2023); https://orf.at/stories/3293614/? (24. Februar 2023).

Datenschutz, Datendiebstahl, Datenkrieg

Charakteristisch für die digitalisierte Gesellschaft sind in der Frühzeit die entstehenden Datenbanken. Behörden richten solche Datenbanken ein, die von beamtetem Personal bearbeitet werden. Über Portale im Netz können die Bürgerinnen und Bürger Amtswege erledigen und realen Parteienverkehr vermeiden. Im Zeichen von „E-Government" werden in Ländern wie Österreich Formulare am Computer zu Hause elektronisch abgerufen, ausgefüllt und via Internet gleich bei der entsprechenden Stelle eingereicht. Schafft man es, die Webseiten korrekt zu bedienen, gelangen die eingegebenen Daten automatisch zur Weiterverarbeitung. Das Ausstellen von Dokumenten auf Papier wird in vielen Fällen obsolet und die Abwicklung von Vorgängen kann deutlich beschleunigt werden. Das Amt verlagert sich ins Netz, die digitale Unterschrift macht persönliches Erscheinen überflüssig. Die Identität einer Person konzentriert sich in einer „Bürgerkarte".[1] Zumindest gilt dies für Personen, die über die nötige Technik sowie über die nötigen Kenntnisse verfügen. Anderen droht, von staatlichen Leistungen ausgeschlossen zu werden.

Auch das Gesundheitswesen nutzt die Rationalisierungseffekte der Digitalisierung. Die Speicherung der Krankengeschichte einer Person in einer zentralen Datenbank soll helfen, Kosten durch Doppel- und Fehlbehandlungen zu reduzieren. Nichts soll übersehen und eine ganzheitliche Sicht auf den Patienten möglich werden. Gesammelte medizinische Daten ermöglichen hochgradig individualisierte Therapie und erlauben unter Einbeziehung unterschiedlicher medizinischer Befunde, komplexe Diagnosen zu stellen. Basierend auf dem Erfahrungswissen, das in internationalen Datenbanken ruht, können Computer bestimmte Diagnosen exakter treffen, als einzelne medizinische Spezialisten dies vermögen.[2] In dieser Entwicklung eröffnen sich ungeahnte Möglichkeiten für die Gesundheitspolitik.

In Österreich gibt es seit 2013 eine digital gestützte Krankenverwaltung, genannt „Elektronische Gesundheitsakte" (ELGA),[3] die aber von einer echten digitalen Krankenakte noch weit entfernt ist. Datenschützer fürchten den Missbrauch im Falle einer Zusammenführung aller gesundheitlich relevanten Daten. Wie kann garantiert werden, dass die gesammelten Daten in der digitalen Krankenakte verbleiben und geheim bleiben? Niemand kann ausschließen, dass sie irgendwann als Teil der digitalen Identität der betreffenden Person öffentlich zugänglich werden.

---

1 https://www.oesterreich.gv.at/themen/dokumente_und_recht/handy_signatur_und_kartenbasierte_buergerkarte.html (18. Januar 2023).
2 Mierzwa: Digitalisierung, Ökologie und das Gute Leben, S. 37; Harari: Homo Deus, S. 425–426.
3 https://www.gesundheit.gv.at/gesundheitsleistungen/elga.html (18. Januar 2023).

Letzteres würde bedeuten, dass chronisch Kranken irgendwann Schwierigkeiten bei der Jobsuche entstehen könnten, weil potenzielle Arbeitgeber von ihrer Erkrankung erfahren. Oder noch schlimmer: dass sie von optimierenden Computerprogrammen von vornherein von jeder Bewerbungsliste gestrichen werden. Problematisch ist an dieser Tendenz, dass sie auf eine Individualisierung von Risiken hinausläuft, was dem Versicherungsprinzip, das auf einer kollektiven Absicherung des Einzelrisikos beruht, zuwiderläuft.[4] Vor diesem Hintergrund wird deutlich, dass Datenschutz ein hohes Gut darstellt.

Eine Gefahr besteht auch darin, dass persönliche Gesundheitsdaten zum Geschäftsfeld der einschlägigen Wellness- und Gesundheitsindustrie und der Kontrolle durch ihre Eigentümer entzogen werden.[5] Deutlich wird dies am Beispiel herzinfarktgefährdeter Menschen, die durch ein Notfallgerät am Handgelenk rund um die Uhr überwacht werden. Werden die Vitalwerte problematisch, verständigt das Gerät automatisch den Notarzt. Versicherungen gewähren Beitragsermäßigungen bei Verwendung solcher Technik. So weit, so gut. Die Frage ist aber, ob nicht im nächsten Schritt ein Risikoaufschlag für jene kommt, die sich diesem System entziehen, und am Ende gar ein gesetzlicher Zwang, es zu nutzen, weil Prävention im Interesse der Allgemeinheit liegt. Wo aber endet das allgemeine Interesse? Beim Nichtraucherschutz oder beim allgemeinen Rauchverbot? Eine allzu offensiv vorangetriebene Entwicklung würde, wie der ehemalige EU-Parlamentspräsident Martin Schulz sagt, zu einem „am Netz hängenden Menschen" führen, der immerzu überwacht und seine Selbstbestimmung verlieren würde.[6]

Ähnliches gilt für den Finanzsektor, nachdem finanzielle Transaktionen mittlerweile zu einem großen Teil digital erfolgen. Zahlungen und Überweisungen werden per Kredit- oder Bankomatkarte abgewickelt, auch von zu Hause aus. Banken bewerben das bargeldlose „E-Banking", weil es ihnen viel kostspieliges Personal in den Filialen und letztlich die Filialen selbst erspart. Auf der Strecke bleiben Kundinnen und Kunden. Sie verlieren bislang selbstverständliche Dienstleistungen und werden allein gelassen mit den Problemen, die das neue System aufwirft, wie auch mit den Risiken, die es mit sich bringt. Dennoch besteht kein Zweifel mehr daran, dass die Zukunft des Bezahlens digital ist. *Google* bietet in Zusammenarbeit mit *Mastercard* und *Visa* ab 2015 mit *Google Pay* einen eigenen Bezahldienst an, der über das Smartphone funktioniert.[7]

In Staaten wie Schweden verschwindet Bargeld weitgehend aus dem öffentlichen Leben. Das bargeldlose Bezahlen beschleunigt die Vorgänge an der Supermarktkas-

---

4 Brodnig: Die Übermacht im Netz, S. 122.
5 Palfrey/Gasser: Generation Internet, S. 80.
6 Schulz: Warum wir jetzt kämpfen müssen, a. a. O., S. 18–19.
7 https://de.wikipedia.org/wiki/Google_Pay (18, Januar 2023).

sa und macht Geldwäsche und Steuerhinterziehung schwieriger, Banküberfälle in der bisherigen Form unmöglich. Die schwedische Zentralbank warnt trotzdem vor dem völligen Verzicht auf Bargeld. In einem solchen Fall würde etwa ein Crash des Internets etwa durch einen Stromausfall jeglichen Geldverkehr schlagartig lahmlegen, was gravierende Schwierigkeiten in der Versorgung der Bevölkerung haben könnte.[8] Abgesehen davon ist zu befürchten, dass die bargeldlose Gesellschaft die endgültige Auslieferung des Finanzsystems an eine kapitalistische Finanzwirtschaft und wohl auch an die mächtigen Datenkonzerne bedeuten würde.

Ein abschreckendes Beispiel für die Angreifbarkeit des Systems liefert das Start-Up-Unternehmen *Wirecard*. Das 1999 gegründete Unternehmen vollzieht einen sagenhaften Aufstieg als Zahldienstleister im Internet. Zu Beginn erledigt es die Verrechnung von im Netz angebotenen Pornodiensten und Onlineglücksspielen. Nach und nach erschließt es sich auch seriöser wirkende Klientel, etabliert es sich als Schlüsselunternehmen des digitalen Zahlungsverkehrs, des Blutkreislaufs der globalen Wirtschaft. *Wirecard* arriviert zu einem milliardenteuren *DAX*-Unternehmen, das sich sogar am Sprung wähnt, die *Deutsche Bank* zu übernehmen. Doch dann folgt der tiefe Fall. Nach Aufkommen atemberaubender Betrugsvorwürfe folgt im Jahr 2020 die Insolvenz des von dem österreichischen Wirtschaftsinformatiker Markus Braun geleiteten Unternehmens. Zurück bleibt einer der größten Betrugsfälle im Finanzgeschäft mit düpierten Kontrollorganen und Milliardenverlusten für zahllose Anleger.[9]

Hochgradig spekulativ sind auch Kryptowährungen wie die seit 2009 von Satoshi Nakamoto geschaffene Einheit *Bitcoin*. *Bitcoin*, die „digitale Münze", stellt einen virtuellen Wert dar, der ursprünglich von jedermann auf seinem Computer in einem aufwändigen Verfahren erzeugt werden konnte. Mittlerweile ist die Erzeugung derart energieintensiv, dass es sich für Privatpersonen nicht mehr lohnt und nur noch auf spezieller Hardware auf großen Serverfarmen erfolgt. Zudem ist die festgelegte Maximalmenge von 21 Millionen *Bitcoins* bereits annähernd erzeugt, sodass dem Erzeugen, dem „Mining", keine so große Bedeutung mehr zukommt. Die erzeugten *Bitcoins* können von Interessenten, die über einen „Bitcoin-Client" verfügen, erworben, in ihrer persönlichen digitalen Geldbörse („Wallet") gebunkert und als Zahlungsmittel verwendet, aber auch gegen echtes Geld getauscht werden. Ab 2010 existieren offizielle Wechselkurse. Zahlungen mit *Bitcoins* erfolgen verschlüsselt. Der Empfänger wird durch seine individuelle *Bitcoin*-Adresse angeschrieben, bleibt aber anonym und kann nicht kontaktiert werden. Getätigte Überweisungen lassen sich nicht rückgängig machen. Absolute Anonymität ist jedoch nicht garantiert, da im Zentrum des Systems eine Datenbank steht, die „Blockchain" genannt wird und

---

8 https://orf.at/stories/3135486/ (18. Januar 2023).
9 https://de.wikipedia.org/wiki/Wirecard (18. Januar 2023).

Abb. 28 *Dark Net* © Pete Linforth, Pixybay.

in der alle Transaktionen, die innerhalb des gesamten *Bitcoin*-Netzwerks erfolgen, verzeichnet und einsehbar sind.

Auch *Bitcoin* erweist sich als angreifbar. Obgleich am Beginn die Idee stand, ein vertrauenswürdigeres Bezahlsystem als das herkömmliche Bankensystem zu erschaffen, wird gerade das Vertrauen zunehmend zum Problem. Der Grund liegt darin, dass die Kryptowährung zu einem Objekt wilder Spekulation geworden ist. Der Wert eines *Bitcoins* stieg von anfangs 10 Dollarcent auf rund 65.000 Dollar in jüngster Vergangenheit. Im Kern stellt *Bitcoin* also weniger eine Währung dar als ein kapitalistisches Glücksspiel mit vielen Möglichkeiten für kriminelle Energien. Der vermeintliche Vorzug, wonach das System dezentral organisiert sei, trifft mittlerweile ebenfalls nur noch bedingt zu. Vor allem der Ausblick in die Zukunft lässt befürchten, dass große Player am Markt eine zunehmend dominantere Rolle im Handel mit *Bitcoins* einnehmen und in letzter Konsequenz vielleicht sogar die Weltwirtschaft manipulativ beeinflussen werden. Ein Großteil aller gegenwärtigen Miner ist im totalitär regierten China ansässig. Ganz zu schweigen von den Kosten. Das Erzeugen der Kryptowährung verbraucht Unmengen an Strom. Ein großer Teil des in China dafür verwendeten Stroms stammt zudem aus Kohlekraftwerken und belastet das Klima durch den hohen Kohlendioxydausstoß beträchtlich.[10]

Die fortschreitende Digitalisierung bringt auch eine Zunahme an Kriminalität mit sich. Cyberkriminalität ist ein Wachstumsmarkt – im Unterschied zu herkömmlicher Kriminalität, die in vielen Ländern stagniert oder sogar sinkt. Ein weites Tätigkeitsfeld im Netz bildet Erpressung. Hackerbanden brechen in Behörden- oder Firmennetzwerke ein und installieren Schadsoftware, genannt „Malware", also „Viren", „Würmer" oder „Trojaner", die ihr verhängnisvolles Eigenleben entfalten. Der Einbruch kann durch geknackte Passwörter erfolgen, durch softwaretechnische

---

10 https://de.wikipedia.org/wiki/Bitcoin (18. Januar 2023); https://science.orf.at/stories/3215308/ (18. Januar 2023).

Schwachstellen in Systemen, durch Mitschneiden des Netzwerkverkehrs, Vorspiegelung falscher Fakten („Spoofing") oder durch aktives Eindringen in das Telefonnetz („Phreaking") und drahtlose Netze („Wardriving").[11] Nach dem Eindringen wird oft geheime Software, genannt „Ransomware", installiert, die alle Daten des betroffenen Betriebs verschlüsselt. Den Code zur Entschlüsselung gibt es gegen Zahlung eines entsprechenden Lösegeldes in Kryptowährung.

Im Dark Net ist derartige Schadsoftware zu bekommen, die es ermöglicht, in fremde Computer einzudringen, sie lahmzulegen oder zu zerstören.[12] Und hier werden auch die Lösegelder in Form von nicht nachverfolgbaren Zahlungen transferiert. Der inoffizielle Zahlungsweg wird auch für allerlei Illegitimes und Illegales von Pornografie und Glücksspiel über Drogen-, Waffen- und Menschenhandel, Betrugsdelikte, Datendiebstahl bis hin zu Auftragsmorden genutzt. Dort hinterlassen Transaktionen nicht die sonst obligatorischen Datenspuren, was die Strafverfolgung sehr schwierig macht.[13] Um als Anbieter tätig werden zu können, müssen Neulinge eine Empfehlung von Alteingesessenen vorweisen können, die besagt, dass sie im Sinne der Geheimhaltung vertrauenswürdig sind. Kaufinteressierte benötigen ebenfalls ein derartiges Leumundszeugnis und müssen Kaution zahlen, bevor sie etwas erwerben können.[14]

Eine besonders widerliche Form von Internetkriminalität stellt Kinderpornografie dar. Im Frühjahr 2021 fliegt ein Kinderpornoring auf, der im Dark Net 400.000 Mitglieder unter dem Titel „BoysTown" mit Bild- und Videomaterial versorgt hat, das schwersten Missbrauch von Kindern, vor allem Jungen, zeigt. Daneben gibt es auch biedere Aufnahmen von Kindern, die die Täter von Social-Media-Plattformen gestohlen haben. Koordiniert von *Europol*, der Polizeibehörde der EU, und in Zusammenarbeit mit Strafverfolgungsbehörden in den Niederlanden, Schweden, Australien, den Vereinigten Staaten und Kanada gelingt der entscheidende Schlag.[15] Einer der Betreiber, ein gebürtiger Deutscher, wird in einer unscheinbaren Holzhütte in Paraguay von der Polizei überrascht, als er gerade als Administrator auf der Plattform eingeloggt ist; das erlaubt den Behörden den direkten Zugriff auf die Seite. Insgesamt vier Deutschen wird daraufhin in Frankfurt am Main der Prozess gemacht.

Dass die Anonymität des Dark Net neben Extremisten, Kriminellen und Pädophilen auch anonym arbeitende Journalisten, politische Dissidenten und Hacker

---

11 Androsch/Knoll/Plimon (Hg.): Technologie im Gespräch, S. 22.
12 https://de.wikipedia.org/wiki/Schadprogramm (18. Januar 2023).
13 https://de.wikipedia.org/wiki/Darknet (18. Januar 2023); Jaekel: Die Macht der digitalen Plattformen, S. 3.
14 https://www.kaspersky.de/resource-center/definitions/darknet (18. Januar 2023).
15 https://www.tagesschau.de/inland/kinderpornografie-boystown-zit-101.html (18. Januar 2023).

von *Anonymous* lockt,[16] für die Anonymität ebenfalls von entscheidender Bedeutung sein kann, macht die Ambivalenz des Internets als eine „Zone des Zwielichts"[17] deutlich.

Cyberkriminalität findet auch zwischen Staaten statt. Die aufstrebende Großmacht China, die ihren globalen Einfluss auszubauen trachtet, fordert den Westen nicht nur mit Verkehrswegen, Logistikzentren, Hafenanlagen und Militärstützpunkten an verschiedenen Orten der Welt heraus, sondern auch im Cyberspace. Die USA verdächtigen China seit geraumer Zeit der systematischen Industrie-, Diplomatie-, Rüstungs- und Militärspionage.[18] Dem Regime in Peking wird unterstellt, westliche Konzerne und Forschungsinstitute systematisch zu hacken, um geistiges Eigentum abzusaugen. Es sind Hacker wie die so genannte „Shanghai Group", die nach der Gewohnheit, in gehackten Dokumenten versteckte Codes zu hinterlassen, auch „Comment Crew" genannt werden.[19] Solche Gruppen führen Angriffe auf amerikanische Einrichtungen aus, hacken etwa Ölkonzerne und erbeuten Erkenntnisse aus Erkundungsmissionen für neue Lagerstätten und damit überaus wertvolle Informationen im globalen Energiepoker.[20] Aber auch amerikanische Stromnetze, Banken, Fluggesellschaften und Rüstungsbetriebe werden Ziel von – vermutlich chinesischen – Hackern. Der *NSA*-Direktor Keith Alexander sagt:

> Die Vereinigten Staaten befinden sich in einer Art asymmetrischem Krieg mit China. Im Kalten Krieg haben wir einst mit Sorge die nuklearen Kommandozentralen rund um Moskau beobachtet. Heute müssen wir uns Sorgen machen um die Computerserver in Shanghai.[21]

Dem in Shenzhen sitzenden Konzern *Huawei* wird Nähe zur chinesischen Regierung nachgesagt. *Huawei* gewähre chinesischen Nachrichtendiensten Zugang zum weltweiten Datentransfer.[22] Es wird nachdrücklich gewarnt: „Wo Huawei Marktanteile gewinnt, wächst auch der Einfluss Chinas."[23] Dem Konzern, der von Glasfaserkabeln und Netzwerkroutern bis zu Smartphones und Tablets so gut wie alles herstellt, was die Internetkultur verlangt, soll laut dem amerikanischen Inlandsgeheimdienst *National Security Agency* bei der Errichtung des weltweiten 5G-Netzes

---

16 Aust/Amann: Digitale Diktatur, S. 130, S. 259–260.
17 Androsch/Knoll/Plimon (Hg.): Technologie im Gespräch, S. 144.
18 Aust/Amann: Digitale Diktatur, S. 277.
19 Ebd., S. 298.
20 Ebd., S. 300–301.
21 Zit. n.: Ebd., S. 304–305.
22 Androsch/Knoll/Plimon (Hg.): Technologie im Gespräch, S. 68.
23 Zit. n.: Schmidt/Cohen: Die Vernetzung der Welt, S. 165.

(für 5. Generation) keine zentrale Rolle zukommen, die ihm Verfügungsgewalt über die Daten der Welt geben würde.[24]

Abgesehen davon, dass *Huawei* die Vorwürfe vehement bestreitet, ist die Situation nicht ganz frei von Ironie, wenn die bislang fleißigsten Internetspione der *NSA* nun fürchten, selbst ausspioniert zu werden. Denn der Spionagevorwurf kann wohl auch den Amerikanern nicht erspart werden, auch wenn Präsident Barack Obama verspricht: „Wir sammeln keine Informationen, um amerikanischen Firmen oder der amerikanischen Wirtschaft einen Wettbewerbsvorteil zu verschaffen".[25] Diese Behauptung erscheint angesichts umfangreicher geheimdienstlicher Aktivitäten der *NSA* im Netz nicht zwingend glaubwürdig. Was nach außen hin als Terrorbekämpfung dargestellt wird, stellt sich intern oft als reine Wirtschaftsspionage dar.[26] Auch so mancher europäische Geheimdienst hat diesbezüglich keine weiße Weste.

Große Gefahr droht auch von Russland. Nachdem Präsident Wladimir Putin offenbar beschlossen hat, ein neues russisches Imperium zu errichten und die Westintegration ehemaliger Sowjetrepubliken zu revidieren, sind Staaten wie die baltischen und die skandinavischen aufs Höchste alarmiert. In diesen Ländern leben beträchtliche russische Minderheiten, die aus Russland mit Propaganda bestrahlt werden. *Russia Today* ist ein aus offizieller Quelle finanzierter, international tätiger Fernsehsender, der offenkundig den Auftrag hat, Putin und dessen Politik in gutem Licht und dessen westliche Widersacher entsprechend ungünstig darzustellen. *Russia Today* fungiert als eine von Russlands „Interkontinentalraketen der Propaganda", wie Fritz Jergitsch sagt.[27]

Um die Bevölkerung zu immunisieren, setzen viele europäische Staaten Maßnahmen. Die finnische Regierung veranstaltet spezielle Programme, um der Bevölkerung, beginnend bei den Kleinsten, „Media Literacy Skills" zu vermitteln. Schulen gelten als die erste Verteidigungslinie gegen Falschinformation.[28] In den baltischen Staaten betätigen sich angesichts der steten Bedrohung aus dem Netz tausende Aktivistinnen und Aktivisten in ihrer Freizeit als „Elfen" und widerlegen Desinformation, die von russischen Trollen im Netz verbreitet wird.[29]

Die kleine vormalige Sowjetrepublik Estland, die mittlerweile Mitglied der *Europäischen Union* ist, muss 2007 bittere Erfahrungen machen. Umfangreiche Hackerangriffe legen nahezu das ganze Land lahm. Solche Angriffe gelten zumeist der kritischen Infrastruktur wie der Energieversorgung, Verkehrsnetzen, Transport-

---

24 Aust/Amann: Digitale Diktatur, S. 281.
25 Zit. n.: Ebd., S. 279.
26 Ebd., S. 285.
27 Jergitsch: Die Geister, die ich teilte, S. 167.
28 Jankowicz: How to Lose the Information War, S. 218.
29 Ebner: Radikalisierungsmaschinen, S. 293.

und Finanzsystemen oder der öffentlichen Verwaltung. Sie sollen die Bevölkerung einschüchtern, die gesellschaftliche Ordnung erschüttern und die Regierung zu einem bestimmten Vorgehen nötigen.[30] Doch Estland wehrt sich und reagiert mit einer gehörigen Aufrüstung auf digitaler Ebene. Das kleine Land wird Vorreiter der Digitalisierung und nennt sich bald stolz „E-Stonia". Fast alle Verwaltungsangebote des 1,3 Millionen Einwohner zählenden Staates sind im Netz verfügbar. Jeder Bürger, jede Bürgerin verfügt über eine digitale Identität, worüber sich alle staatlichen Dienstleistungen abwickeln lassen. Die digitale ID ist Führerschein, Ausweis und Krankenakte in einem. Längst sind alle Schulen mit dem Internet verbunden, lernen bereits Grundschüler Programmieren. Es gibt seit Langem eine digitale Signatur, Online-Banking sowie die digitale Steuererklärung. Selbst die Wahl von Kommunalvertretern erfolgt online. Zum Schutz der persönlichen Daten werden diese ausschließlich dort gespeichert, wo sie benötigt werden. Ein Austausch erfolgt nur zwischen autorisierten Datenbanken. Die „X-Road" genannte Plattform, auf der all dies geschieht, steht jeder Person offen; für unrechtmäßige Zugriffe drohen Strafen. Es ist ein System des Datenschutzes, das auf Transparenz und nicht auf Verhinderung setzt, so Robert Krimmer, Professor für E-Governance an der Technischen Hochschule in Tallinn.[31]

In extremer Weise betroffen von russischen Cyberangriffen ist auch die Ukraine. Die vormalige Sowjetrepublik hat ebenfalls einen demokratischen, pro-europäischen Kurs eingeschlagen, was spätestens mit den Protesten am Maidan an der Jahreswende 2013/2014 deutlich sichtbar wird.[32] Dafür zieht das Land den Zorn des russischen Nachbarn auf sich. Der Cyberkrieg beginnt mit Aktivitäten zur Destabilisierung der ukrainischen Regierung in Kiew, wobei Putins Trolle gute Dienste leisten. Deren Auftrag ist es, unaufhörlich des russischen Präsidenten Sicht der Dinge zu verbreiten und gleichzeitig den Westen als Schutzmacht der Ukraine zu diskreditieren.[33] Es wird das Bild einer von Polizeigewalt und Rassismus gezeichneten US-Gesellschaft gezeichnet, einer von materieller Ungleichheit geprägten britischen Gesellschaft und einer von Migrationswellen überforderten *Europäischen Union*.[34] Im Gegenzug installieren westliche Regierungen professionelles Kommunikationspersonal in Kiew, um der russischen Propaganda durch Faktenchecks zu begegnen.[35] Es ist ein Kampf um das Bewusstsein des Publikums, ein Kampf um die Wahrheit.

---

30 Androsch/Knoll/Plimon (Hg.): Technologie im Gespräch, S. 24, S. 26.
31 https://www.ferchau.com/de/de/blog/12-11-2020-willkommen-in-e-stonia-4872 (19. Januar 2023).
32 Jankowicz: How to Lose the Information War, S. 125.
33 https://de.wikipedia.org/wiki/Troll-Armee (18. Januar 2023).
34 Jankowicz: How to Lose the Information War, S. xxvi.
35 Ebd., S. xxiii–xxiv.

In weiterer Folge annektiert Russland die ukrainische Halbinsel Krim und zettelt im Osten der Ukraine einen militärischen Aufstand an. Hacker-Attacken auf das ukrainische Stromnetz legen die Energieversorgung lahm. Vollkommen unerwartet gehen am 23. Dezember 2015 in vielen ukrainischen Wohnungen die Lichter und Heizungen aus. Dahinter wird eine geheim operierende Hackergruppe vermutet, die dem russischen Militärdienst zugerechnet und „Sandworm" genannt wird.[36] Die Hacker haben mittels Phising-Mails mit vermeintlich harmlosen Dokumenten die Schadsoftware bei einigen Stromversorgern eingeschleppt und sich über mehrere Monate hinweg vom Verwaltungsnetzwerk zur Netzleittechnik hochgearbeitet, bevor sie den Angriff durchführten. Jetzt legen sie die Leittechnik lahm und koppeln mehrere Umspannwerke ab. Gleichzeitig werden Dateien gelöscht, die zum Wiederhochfahren des Systems dienen. Selbst das Callcenter wird lahmgelegt, um zu verhindern, dass Betroffene den Stromausfall melden können. Trotzdem schaffen es die ukrainischen Stromversorgungsunternehmen innerhalb weniger Stunden, die Versorgung wiederherzustellen. Man geht von einem russischen Racheakt aus, nachdem ukrainische Nationalisten wenige Wochen zuvor Strommasten gesprengt haben, um die Stromversorgung auf der von Russland annektierten Halbinsel Krim zu unterbrechen.[37]

Der Cyberterror geht fließend in den Cyberkrieg über. Im Februar 2022 überfällt die russische Armee die Ukraine mit dem Ziel, die Regierung in Kiew abzusetzen und einen russlandfreundlichen Vasallenstaat zu etablieren. Die Militäraktion wird in staatlichen russischen Medien zur Befreiungsaktion stilisiert. Der eigenen Bevölkerung gegenüber spricht der Kreml von einer speziellen Militäroperation; das Wort „Krieg" zu verwenden, wird gegen Androhung von Gefängnis untersagt. Um zu verhindern, dass sich die Wahrheit Bahn bricht, werden unabhängige Medien wie *TV Dorschd* und *Radio Echo Moskau* geschlossen. Auch der Zugriff der russischen Bevölkerung auf *Facebook* und *Twitter* wird eingeschränkt, später werden beide Plattformen in Russland gesperrt.[38] *Facebook* wird zur extremistischen Organisation erklärt, nachdem sich deren Verantwortliche dazu entschlossen haben, Aufrufe zu Gewalt gegen die russische Invasion fortan nicht mehr zu löschen. Die Sperrung von *Instagram* erfolgt ebenfalls mit der Begründung, auf der Plattform werde zu Gewalt gegen russische Bürger und Soldaten aufgerufen. Doch mag dies als Vorwand gelesen werden, um unliebsame Wahrheiten zu unterdrücken. Die

---

36 https://de.wikipedia.org/wiki/Hackerangriff_auf_die_ukrainische_Stromversorgung_2015 (18. Januar 2023).
37 https://www.sueddeutsche.de/digital/ukraine-bundesamt-geht-von-hackerangriff-auf-ukrainisches-stromnetz-aus-1.2830197 (18. Januar 2023).
38 https://orf.at/stories/3251199/ (18. Januar 2023).

Zensurbehörde *Roskomnadzor* droht, auch die russische *Wikipedia*-Seite zu sperren, da dort der Krieg in der Ukraine falsch dargestellt werde. In Belarus wird der *Wikipedia*-Autor Mark Bernstein verhaftet, nachdem er in Artikeln über den Krieg anti-russische Informationen verbreitet habe. Dafür drohen in Russland bis zu 15 Jahre Gefängnis.[39] Statt der westlichen Plattformen soll die Bevölkerung mit russischen Pendants vorliebnehmen.[40] Mit *Rossgram* geht ein Dienst ans Netz, der das populäre *Instagram* ersetzen soll.[41]

Trotz aller Repressionen zeigt sich vereinzelt Widerstand. So wird offenbar die regierungsnahe russische Nachrichtenagentur *TASS* gehackt und anstelle der regulären Seite eine Antikriegsbotschaft samt Aufrufen, die Invasion in die Ukraine zu stoppen, gesetzt.[42] Auch die Webseite mancher Zeitung wird gehackt und mit einem eindringlichen Aufruf versehen. In einem mit dem Symbol von *Anonymous* versehenen Aufruf heißt es:

> Liebe Bürgerinnen und Bürger.
> Wir bitten sie dringend, diesen Wahnsinn zu stoppen. Schicken sie ihre Söhne und Ehemänner nicht in den sicheren Tod. Putin lässt uns lügen und bringt uns in Gefahr. Wir wurden von der ganzen Welt isoliert, sie haben aufgehört, Öl und Gas zu kaufen. In ein paar Jahren werden wir wie in Nordkorea leben. Was ist das für uns? Um Putin in die Lehrbücher zu bringen? Das ist nicht unser Krieg, stoppen wir ihn!

Es folgt ein Hinweis darauf, dass diese Nachricht wohl bald gelöscht werde und manche „von uns" entlassen oder eingesperrt würden: „Aber wir können es nicht mehr ertragen."[43]

Die Fernsehjournalistin Marina Owsjannikowa – Tochter einer Russin und eines Ukrainers – postet ein Video, in dem sie den Krieg, den Russland als Aggressor gegen die Ukraine führt, aufs Schärfste verurteilt. Als Schuldigen benennt sie freimütig den russischen Präsidenten. Sie ruft die Bevölkerung zum Widerstand auf: „Fürchtet euch nicht. Sie können uns nicht alle einsperren."[44] Danach stört sie eine laufende Nachrichtensendung *Wremja* des *Perwy kanals* des russischen Staatsfernsehens und hält ein selbst geschriebenes Schild in die Kamera. Darauf steht zu lesen,

---

39 https://www.msn.com/de-at/nachrichten/scienceandtechnology/wikipedia-autor-der-%C3%BCber-russland-schrieb-in-belarus-verhaftet/ar-AAUZO36 (18. Januar 2023).
40 https://orf.at/stories/3253184/ (18. Januar 2023).
41 https://www.msn.com/de-at/nachrichten/other/nach-sperre-in-russland-rossgram-soll-instragram-alternative-werden/ar-AAV9s9v (18. Januar 2023).
42 https://orf.at/live/5105-Neuer-Luftalarm-in-Kiew-und-weiteren-Staedten/ (18. Januar 2023).
43 https://www.tagesspiegel.de/internationales/liveblog/sirenen-im-ganzen-land-ausgelost-eu-ukraine-gipfel-in-kiew-beginnt-unter-luftalarm-4309180.html (18. Januar 2023).
44 https://de.wikipedia.org/wiki/Marina_Wladimirowna_Owsjannikowa (18. Januar 2023).

die Bevölkerung werde von der Regierung belogen und solle dagegen aufbegehren. Die nur wenige Sekunden dauernde Sequenz geht um die Welt. Zugegeben, der Widerstand der Fernsehjournalistin kommt spät, nachdem sie jahrelang für den Propagandasender gearbeitet und auch geschwiegen hat, als Russland 2014 die Krim annektiert hat. Doch zumindest setzt sie jetzt ein mutiges Zeichen.

In der westlichen Welt wird der russische Überfall aufs Schärfste verurteilt und sanktioniert. Unter anderem werden die russischen Staatsmedien *Russia Today* und *Sputnik* verboten, die wichtigsten Träger russischer Propaganda, die ihre vergifteten Inhalte über Kabelfernsehen, Internet und Soziale Medien kolportieren.[45]

In der Ukraine entbrennt ein hybrider Krieg, der am Schlachtfeld, aber auch im Cyberspace geführt wird. Der stellvertretende ukrainische Ministerpräsident Mykhailo Fedorov ruft via *Twitter* die anonyme internationale Hackergemeinde dazu auf, sich einer ukrainischen Cyberarmee anzuschließen, organisiert über eine *Telegram*-Gruppe mit hunderttausenden Mitgliedern. Zu den Aufgaben dieser Cyberarmee gehört die Abwehr russischer Cyberangriffe auf kritische Infrastruktur wie Kraftwerke und Wasserversorgungssysteme.[46] Darüber hinaus soll sie selbst Angriffe auf russische Ziele führen: Banken, Energie- und Internetkonzerne sowie Regierungsseiten.[47] Internationale Fachleute melden jedoch Zweifel an der Schlagkraft einer solchen Organisation an.[48] Die Aktionen haben wohl eher symbolische Bedeutung.

Die Mitglieder der Cyberarmee sollen überdies flächendeckende militärische Aufklärungsarbeit leisten, die Bewegungen der ins Land eingedrungenen fremden Truppen verfolgen, Informationen sammeln und der Staatsführung zur Verfügung stellen. Mit der App *E-Enemy* kann die Bevölkerung russische Truppenbewegungen melden.[49] Russische Kriegsverbrechen können auf einer offiziellen Webseite *warcrimes.gov.ua* mit Angaben zu Ort und Zeitpunkt samt Bildern und Videos hochgeladen werden, auch, um die Verantwortlichen später zur Rechenschaft ziehen zu können. Im Netz zirkulierende *YouTube*-Videos zeigen im Übrigen Bilder, die ansonsten ungesehen bleiben würden: Impressionen der Zerstörung vor allem, die russische Bombardierungen anrichten. Webcams in umkämpften Städten wie der Hauptstadt Kiew machen die Weltöffentlichkeit zu Augenzeugen der schrecklichen Geschehnisse. Wird ein Gebiet von russischen Truppen erobert, verschwinden

---

45 Brodnig: Lügen im Netz, S. 98.
46 https://futurezone.at/netzpolitik/ukraine-hacker-cyberangriffe-krieg-russland/401917792 (18. Januar 2023).
47 https://futurezone.at/netzpolitik/ukraine-it-armee-cyberangriffe-auf-russiche-unternehmen-banken/401920411 (18. Januar 2023).
48 https://orf.at/stories/3250147/ (18. Januar 2023).
49 https://www.derstandard.de/story/2000135051471/wie-die-ukrainische-bevoelkerung-sich-mit-handys-und-apps-gegen (18. Januar 2023).

jedoch die Kameras, die solche belastenden Einblicke bieten, umgehen, um weitere Zeugenschaft zu verhindern.[50]

In der schwer getroffenen ostukrainischen Stadt Charkiw lebt die Politologin Maria Avdeeva, die Leiterin des Thinktanks *European Experts Association*, die bislang über russische Desinformation geforscht hat. Sie bleibt während der Kampfhandlungen in der Stadt, um die Zerstörungen und Kriegsverbrechen, die die russische Armee anrichtet, zu dokumentieren, und stellt die Videos ins Netz, um die Weltöffentlichkeit zu informieren. Ihr Leitspruch lautet: „Mein Smartphone ist meine Waffe."[51]

Mit dem Ziel, die russische Öffentlichkeit davon zu überzeugen, dass ihre Armee in der Ukraine einen brutalen Angriffskrieg mit abertausenden Todesopfern führt und nicht eine bloße militärische „Spezialoperation", richtet die ukrainische Regierung zudem ein Webportal ein, auf dem die Namen russischer Gefangener und Gefallener aufgelistet werden. Junge Gefangene werden in Videos vorgeführt. Die Seite verschwindet in Russland umgehend aus dem Netz. Wenn auch die Wirkung von solchen Maßnahmen schwer einzuschätzen ist, so kann man attestieren, dass es der ukrainischen Seite seit den ersten Tagen des Krieges gelingt, das Narrativ „David gegen Goliath" zu etablieren, eines Kampfes der schwachen Ukraine gegen den russischen Riesen. In vielen Ländern kommt es zu Sympathiekundgebungen für die erbittert kämpfenden Ukrainerinnen und Ukrainer,[52] und etliche westliche Staaten organisieren umfassende Unterstützung auf militärischer und finanzieller Basis.

Der Krieg findet auch in der digitalen Landschaft selbst statt. Die Nutzung von *Google Maps* nimmt sprunghaft zu. Aus Häusern und Dörfern Vertriebene versuchen damit sichere Fluchtwege oder Schutzbunker bei Luftangriffen zu finden. Und natürlich ist *Google Maps* auch ein wichtiges Instrument der Militärführung zur Verfolgung feindlicher Truppenbewegungen[53] und zur Planung eigener Operationen. Die Auswertung der Satellitenaufnahmen aus dem All bringt militärische Vorteile. Diesbezüglich erhält die ukrainische Seite von westlichen Staaten wertvolle Informationen.

Im Gegenzug legen russische Truppen in den Gebieten, in die sie einmarschieren, das Internet lahm. In der Stadt Cherson wird der Internetverkehr über die Halbinsel

---

50 https://futurezone.at/digital-life/ukraine-russland-angriff-webcams-ukraine-live-stream-video/401918662 (18. Januar 2023).
51 https://www.profil.at/ausland/maria-avdeeva-mein-smartphone-ist-meine-waffe/401943409 (18. Januar 2023).
52 https://orf.at/stories/3249913/ (19. Januar 2023).
53 https://futurezone.at/digital-life/google-maps-ukraine-russland-app-tracking/401919406 (19. Januar 2023).

Krim in Richtung Russland umgeleitet, was deutlich macht, dass Russland künftig den gesamten Internetverkehr kontrollieren will.[54] Angesichts der drohenden Abklemmung von der Weltöffentlichkeit wendet sich der ukrainische Ministerpräsident Fedorov mit der Bitte an Elon Musk, für die Ukraine einen Terminal seines Satelliten-Internets einzurichten. Musks Raumfahrtunternehmen *Space-X* in Hawthorne, einer Vorstadt von Los Angeles, hat als größter Satellitenbetreiber der Gegenwart das Satellitennetzwerk *Starlink* mit einigen tausend Satelliten errichtet, um weltweit – auch in abgelegenen Weltgegenden, wo kaum Empfang besteht – Internetverbindungen möglich zu machen.[55] In Kriegsgegenden wie der Ukraine hat dies besondere Bedeutung. Wenn Kabelleitungen am Boden zerstört und Netze durch Hacker lahmgelegt sind, kann *Starlink* die Verbindung mit dem Rest der Welt aufrechterhalten.[56] Nur Stunden nach der Anfrage antwortet Musk persönlich, dass ein erster Internet-Satellitenterminal für die Ukraine aktiv sei und weitere folgen würden.[57] Einige Wochen danach gelangen mit Unterstützung der US-Regierung 5000 *Starlink*-Terminals in die Ukraine.[58] Die Aufforderung, russische Nachrichtenkanäle auszuschließen, weist Musk jedoch als „Absolutist der freien Meinungsäußerung" zurück.[59] Ungeachtet dessen versucht die russische Seite, der die Verbindung zur Außenwelt ein Dorn im Auge ist, die Satellitenverbindungen durch Störfunk zu beeinträchtigen. Nachdem dies erfolglos bleibt,[60] droht Russland damit, Musks Satelliten abzuschießen.[61]

Im Zuge dieser Kontroverse wird Musk von Dmitri Rogosin, dem Leiter der russischen Raumfahrtbehörde *Roskosmos*, auch persönlich bedroht. Musk unterstütze faschistische Kräfte in der Ukraine und werde sich dafür „wie ein Erwachsener" verantworten müssen. Musk teilt den *Telegram*-Eintrag auf *Twitter* und macht sich in seiner Antwort darüber lustig: „Wenn ich unter geheimnisvollen Umständen ster-

---

54 https://orf.at/stories/3280365/ (19. Januar 2023).
55 https://de.wikipedia.org/wiki/Starlink (19. Januar 2023).
56 https://www.msn.com/de-at/nachrichten/digital/warum-elon-musk-nicht-der-retter-des-ukrainischen-internets-ist/ar-AAUXT0e (19. Januar 2023).
57 https://nypost.com/2022/02/27/elon-musk-activates-starlink-in-ukraine/ (19. Januar 2023); https://www.businessinsider.de/politik/elon-musk-aktiviert-starlink-satelliten-fuer-die-ukraine/ (19. Januar 2023).
58 https://www.msn.com/de-at/nachrichten/other/us-regierung-hat-millionen-f%C3%BCr-starlink-terminals-f%C3%BCr-ukraine-bezahlt/ar-AAW5ozO (19. Januar 2023).
59 https://orf.at/stories/3251373/ (19. Januar 2023).
60 https://www.msn.com/de-at/nachrichten/digital/starlink-widerstand-russischen-jammer-attacken-in-der-ukraine/ar-AAWrlEo (19. Januar 2023).
61 https://www.derstandard.at/story/2000140397350/russland-koennte-starlink-satelliten-abschiessen (19. Januar 2023).

ben sollte – war gut, euch gekannt zu haben."[62] Der Hintergrund dieser Anspielung ist jedoch bitterernst. Seit Beginn der Kriegshandlungen in der Ukraine kommen mehrere russische Oligarchen und ehemalige Vertraute Putins unter mysteriösen Umständen ums Leben. Offiziell ist von Selbstmorden und Unfällen die Rede.

---

62 https://futurezone.at/digital-life/russland-ukraine-krieg-starlink-internet-elon-musk-drohung-roskosmos-chef/402001050 (19. Januar 2023).

Gegen den Kontrollverlust – New Deal on Data

Zu den grundlegenden Menschenrechten gehört das auf Privatsphäre, also auf jenen geschützten Bereich, in dem man buchstäblich mit sich allein sein kann, mit Gefühlen und Bedürfnissen, die nicht für die Allgemeinheit bestimmt sind. In diesen geschützten Bereich fallen körperliche Intimitäten wie Sexualität und Krankheit, aber auch Partnerschaft, Familie und Freundeskreis. Diese Bereiche sollten keineswegs öffentlich einsehbar werden.[1] Tatsächlich ist dieses letzte Stück Geheimnis, das das moderne Individuum gegenüber einer datenhungrigen Gesellschaft wahrt, höchst bedroht. In der unkontrolliert vor sich gehenden Sammlung von Daten durch kommerziell agierende Konzerne, autoritäre Staatsverwaltungen und Geheimdienste droht lückenlose Überwachung. Diese Entwicklung basiert darauf, dass das moderne Individuum lebenslang in Datenbanken vom Geburten- über das Melde- bis zum Sterberegister aufscheint. Dazwischen wird es in der Sozial- und Krankenversicherung geführt, damit es seiner Abgabenpflicht nachkommt, aber auch die ihm zustehenden Leistungen erhält. Die digitale Erfassung macht die Gesellschaft zusehends gläsern in dem, was ihre Mitglieder sind und tun. Der Aufenthalt am Arbeitsplatz wird durch elektronische Zeiterfassungssysteme minutengenau registriert, das Freizeitverhalten durch Überwachungskameras, die in großer Zahl an öffentlichen Plätzen montiert sind. Gesichtserkennungssoftware macht es möglich, aus dem bunten Treiben eines bevölkerten Platzes einzelne Personen herauszufiltern und zu identifizieren, sofern ihre Gesichtsmerkmale in einer zentralen Datenbank gespeichert sind. Kameras an den Schaltern auf Flughäfen dienen der Sicherheit der Reisenden, heben aber die Unschuldsvermutung auf. Unterwegs mit dem Auto kann in vielen Ländern die Abbuchung der Maut vollautomatisch durch eine Betreiberfirma erledigt, theoretisch aber auch Auskunft über die Wege des Fahrzeugs – letztlich aller Fahrzeuge – gegeben werden. Smartphones öffnen staatlichen wie kommerziellen Datensammlern Zugang zu einer Unzahl an privaten Daten ihrer Besitzerinnen und Besitzer und jederzeit auch zu ihrem aktuellen Standort. In der biometrischen Erfassung bieten sich weitere Möglichkeiten. Elektronischer Fingerprint und Iris-Scan ermöglichen eine eindeutige Identifikation einer Person. Digitale Identitäten machen ein Entkommen aus dem Überwachungssystem nahezu unmöglich.

Im autoritär regierten China ist die Entwicklung dorthin bereits weit fortgeschritten. Das von der Kommunistischen Partei geführte Regime in Peking nutzt die im Zuge der Verwaltung anfallenden Daten zur Durchsetzung seiner Herrschaft.

---

1 Schertz/Höch: Privat war gestern, S. 23.

Dank der hochgradigen Vernetzung unterliegen weite Teile des Alltags der Beobachtung und der Beurteilung durch den chinesischen Big Brother. 2014 wird von der Staatsführung beschlossen, die Gesellschaft einem restriktiven Sozialkreditsystem („Citizen Score") zu unterwerfen, im Zuge dessen jedes Individuum durch Vergabe digitaler Punkte bewertet werden soll. Kriterien wie Zahlungsfähigkeit und Strafregister, die Haltung gegenüber der Partei, aber auch das Verhalten im Alltag – am Arbeitsplatz, beim Einkaufen wie im Verkehr – werden durch Punkte belohnt oder durch Punkteabzug bestraft. Ziel ist es, eine vorbeugende Selbstkontrolle zu installieren. Negatives Verhalten von Staatsbürgerinnen und Staatsbürgern soll auf diese Weise verhindert und vorbildliches, am Gemeinwohl orientiertes Verhalten gefördert werden.[2] Betrieben wird das System durch Konzerne wie den Online-Versand *Alibaba* und *Tencent*, den Betreibern aller sozialen Netzwerke in China, denen unermessliche Mengen an Daten zur Verfügung stehen. Auf einer Webseite kann jedes Mitglied der Gesellschaft seinen aktuellen Score einsehen. Auch die Scores von Freunden und Feinden sind einsehbar, sodass „jeder zum Blockwart des anderen" wird, wie Harald Welzer sagt.[3]

Für unerwünschtes Verhalten drohen Sanktionen wie die Verweigerung von Reisen oder Einschränkungen in der Bildungs- oder der Berufskarriere. Im Rahmen des Pilotprojekts „Goldener Schild" verweigert die chinesische Regierung die Ausstellung von Millionen Flug- und Eisenbahntickets an Personen, die über zu wenige Punkte verfügen.[4]

Verstärkte Überwachungstendenzen sind nach der Jahrtausendwende allerdings auch in den Staaten der westlichen Welt zu verzeichnen. Diese wurzeln in einem einschneidenden Ereignis, kurz „9/11" genannt. Am 11. September 2001 verüben islamistische Terroristen Anschläge auf das *World Trade Center* in New York und das *Pentagon* in Washington, die 3000 Menschenleben fordern. Der Terror von Usama bin Ladens islamistischer Terrorgruppe *al-Qaida* führt drastisch vor Augen, wie verwundbar freie Gesellschaften sind. Zwar führen Überwachungsbilder rasch zur Identifikation der Attentäter um Mohammed Atta, doch effiziente Möglichkeiten der Vorhersage und der Verhinderung der Anschläge existieren nicht. Vor diesem Hintergrund erfolgt eine drastische Verschärfung der Überwachungsmaßnahmen. Die Regierung von George W. Bush erlässt im Zuge des von ihr ausgerufenen „War on Terror" am 26. Oktober 2001 den *Patriot Act* („Provide Appropriate Tools Required to Intercept and Obstruct Terrorism"), ein Gesetz, das die Behörden unter bestimmten Umständen ermächtigt, auf die gesammelten Daten von privaten

---

2 https://www.ionos.de/digitalguide/online-marketing/web-analyse/was-ist-das-social-credit-system/ (18. Januar 2023).
3 Welzer: Die smarte Diktatur, S. 25–26.
4 https://de.wikipedia.org/wiki/Projekt_Goldener_Schild (18. Januar 2023).

Firmen zuzugreifen.[5] Der Inlandsgeheimdienst *National Security Agency* (NSA) nutzt dieses Gesetz als Freibrief für die Überwachung der Vereinigten Staaten und später der ganzen Welt. Mit dem Spionageprogramm *Prism* („Planning tool for Resource Integration, Synchronization, and Management"), das Codierungen knackt, werden Kundendaten zu Millionen direkt bei Internetprovidern abgeschöpft.[6] Die *NSA* kann die Unterstützung der großen Internetfirmen wie *Apple*, *Google*, *Microsoft*, *Facebook*, *YouTube* und *Yahoo* erzwingen und sie zur Herausgabe ihrer Daten nötigen.[7] Jacob Appelbaum, amerikanischer Journalist und Netzaktivist, erhebt gegenüber den Konzernen den Vorwurf des Verrats an ihrer Klientel. Sie würden sich zu Komplizen der Überwachungskultur machen.[8] William Binney sieht den Albtraum eines totalitären Polizeistaates wahr werden, etwas, was die Gründerväter der Vereinigten Staaten von Anfang an verhindern hätten wollen. Binney kündigt seinen Job – als Direktor der *NSA*![9] Er wechselt die Seiten, wird zum Whistleblower und legt öffentlich Zeugnis über die umfassende geheimdienstliche Bespitzelungstätigkeit ab.[10]

In weiterer Folge wird in amerikanischen Regierungskreisen ein rigoroses Überwachungssystem diskutiert, das Anfang des Jahres 2003 Gestalt annimmt. Das Programm trägt den Titel „Total Information Awareness" und soll sämtliche Transaktionsdaten wie Kontobewegungen, Einkäufe mit Kreditkarten sowie weitere private Daten von Staatsbürgern zusammenführen. Intelligente Software soll aus verdächtigen Mustern die Aktivitäten von Terroristen herausfiltern. Doch als Details bekannt werden, regt sich Widerstand in der Bevölkerung. Das System schränke die individuelle Freiheit zu sehr ein, heißt es. Das Programm wird beendet, wenngleich einzelne Aktivitäten in diversen Ministerien weiterlaufen.[11] Die Intention, derart umfassende Datenpools anzulegen, stößt auf Kritik, bemerkenswerterweise auch bei Vertretern von *Google*:

> Ein voll integriertes Informationssystem, das Daten aus allen erdenklichen Quellen bezieht und mit Hilfe von komplizierten Algorithmen Verhaltensweisen interpretiert und prognostiziert, ist möglicherweise derart mächtig, dass man gar nicht verantwortungsbewusst damit umgehen kann, selbst wenn man es wollte. Und wenn ein solches System

---

5 Speck/Thiele: Google, Gossip & PR-ostitution, a. a. O., S. 189; https://de.wikipedia.org/wiki/USA_PATRIOT_Act (19. Januar 2023).
6 https://de.wikipedia.org/wiki/PRISM (19. Januar 2023); Aust/Amann: Digitale Diktatur, S. 100.
7 Aust/Amann: Digitale Diktatur, S. 103; Zuboff: Die neuen Massenausforschungswaffen, a. a. O., S. 43.
8 Aust/Amann: Digitale Diktatur, S. 161.
9 Ebd., S. 64.
10 https://de.wikipedia.org/wiki/William_Binney (18. Januar 2023).
11 Schmidt/Cohen: Die Vernetzung der Welt, S. 254–255.

einmal eingerichtet worden ist, wird es nie mehr verschwinden. Welche Regierung würde schon freiwillig ein derart leistungsstarkes Instrument zur Verbrechensbekämpfung aus der Hand geben, selbst wenn sich die Sicherheitslage wieder entspannte?[12]

Gegen solche Entwicklungen in Richtung Überwachungsstaat wenden sich so genannte „Whistleblower". Sie sind in der Regel Insider und verfügen über brisante geheime Informationen, die sie auf anonymem Weg veröffentlichen, um die Wahrheit ans Licht zu bringen. Einer dieser Whistleblower ist der Amerikaner Edward Snowden. Zunächst linientreuer Geheimdienstmitarbeiter, mutiert er aus Gewissensgründen zum Landesverräter. Er lanciert im Juni 2013 Artikel im Londoner *Guardian* und in der *Washington Post* über die illegitime Spionage- und Überwachungstätigkeit der *NSA*, die an Dutzenden Knotenpunkten des internationalen Glasfasernetzes wie etwa auf Hawaii und Guam, in Miami, oder aber in Frankfurt, Amsterdam und Kopenhagen den globalen Kommunikationsverkehr kontrolliert und auf Supercomputern geheimer Serverfarmen speichert.[13] Die *NSA* liest im Namen der nationalen Sicherheit öffentliche Maildienste mit, sammelt Handydaten aus aller Welt und fängt SMS-Nachrichten auf. Das Smartphone bildet in solchen Fällen das wichtigste Einfallstor für die Überwachung. Neben privaten Nachrichten, Fotos, Notizen und Kontaktdaten liefert es immer auch den aktuellen Standort einer Person.[14] Smartphones lassen sich zudem fernsteuern und als Abhörgeräte zum Belauschen ihrer Besitzerinnen und Besitzer umfunktionieren. Beinahe jede Person könne jederzeit von der *NSA* ins Visier genommen und ausgespäht werden, sagt Snowden.[15] Er begründet seinen folgenschweren Schritt an die Öffentlichkeit damit, nicht in einer Welt leben zu wollen, in der alles, was man tut und sagt, aufgezeichnet wird.[16]

Snowdens Offenbarung erntet harsche Kritik. Präsident Barack Obama meint, wenn jeder mit der Regierungspolitik Unzufriedene geheime Dokumente veröffentlichen würde, wären der Schutz der Bevölkerung und eine angemessene Außenpolitik nicht mehr möglich. Ein ehemaliger *CIA*-Direktor will Snowden wegen Hochverrats verurteilen sehen und hinrichten lassen.[17] Um der Verurteilung zu entgehen, geht Snowden, von der amerikanischen Regierung verfolgt, nach Russland ins Exil. Ironie der Geschichte: Er sucht den Schutz eines Staates, der selbst für sein brutales Vorgehen gegen politische Opposition und freien Journalismus durch seinen Geheimdienst *FSB* schwer in der Kritik steht.

---

12 Ebd., S. 256.
13 Aust/Amann: Digitale Diktatur, S. 36–37.
14 Ebd., S. 11.
15 Ebd., S. 29.
16 Stiftung Deutsches Technikmuseum Berlin (Hg.): Netz-Dinge, S. 128.
17 Aust/Amann: Digitale Diktatur, S. 70, S. 72–73.

Snowdens Beichte erschüttert das Vertrauen ins Netz, bildet so etwas wie die „Lehman-Pleite des Internets",[18] wie die EU-Kommissarin Neelie Kroes anmerkt. Das Internet verliert seine Unschuld. All die Vermutungen, die sich im Laufe der Jahre angesammelt haben, wonach es nicht nur Paradies, sondern auch Hölle sein könne, werden zur bedrückenden Gewissheit. Dazu gehört die Erkenntnis, dass es auch für den so genannten „Drohnenkrieg" gegen den islamistischen Terror genutzt wird,[19] was eine euphemistische Umschreibung für reihenweise Ermordungen vermeintlicher Terroristen darstellt. Durch Akkumulation unterschiedlicher Datenströme, so Sascha Lobo, suchen Geheimdienste im Netz unentwegt nach Mustern, die auf Zielpersonen hindeuten; überschreiten die Indizien eine bestimmte Schwelle, firmiert die Person als Terrorist und kann der Ermordung durch eine der von der Welt unbemerkt tötenden Drohnen anheimfallen. Ohne Anklage, ohne Schuldspruch und oft genug wohl auch unschuldig.[20] Gesteuert werden die todbringenden Drohnen von Militärbasen aus tausenden Kilometern Entfernung, via Computerbildschirm, mithilfe der Augen eines Satelliten und eines Joysticks zum Auslösen der Rakete – wie in einem Ego-Shooter-Kriegsspiel, fern jeglicher menschlichen Nähe, wenn auch mit echten Toten.

Über die Frage der geheimdienstlichen Überwachung von Datenströmen hinaus stellt sich die Frage, inwieweit der Staat in der Bevölkerung aktiv private Daten beschaffen darf. Damit ist Schadsoftware gemeint, so genannte „Trojaner", welche heimlich auf Computer von Verdächtigen installiert wird, um die Geräte auszuspionieren und eigenständig Daten unbemerkt hinauszusenden.[21] Die US-Regierung gilt als der größte Käufer von „Zero Day"-Software zum Einbrechen in fremde Computer und Netzwerke, die auf einem grauen Markt von Sicherheitsfirmen und Hackern angeboten wird.[22] Solche Spitzelsoftware wie die aus Israel stammende Software *Pegasus* wird von einer Reihe von Staaten – auch von europäischen Demokratien genutzt.[23] Bekenntnisse, dass dies nur zur Terrorismusbekämpfung geschehe oder zur Bekämpfung von Menschenhandel, erweisen sich mitunter als Lippenbekenntnisse.

Neben Geheimdiensten bedrohen in der westlichen Welt indes auch die großen Internet-Konzerne – die „Big Five": *Amazon*, *Apple*, *Facebook*, *Google* und *Microsoft* – Freiheiten der Gesellschaft. Eric Schmidt, Vorsitzender der 2015 als Dachgesell-

---

18 Kroes: Ich bin nicht naiv, a. a. O., S. 97.
19 https://orf.at/v2/stories/2304467 (3. Februar 2023).
20 Lobo: Daten, die das Leben kosten, a. a. O., S. 109.
21 Aust/Amann: Digitale Diktatur, S. 142.
22 Coleman: Hacker, Hoaxer, Whistleblower, Spy, S. 158.
23 https://orf.at/stories/3292919/ (18. Januar 2023).

schaft für *Google* und seine Firmen gegründeten, börsennotierten *Alphabet Inc.*,[24] gibt sich überzeugt davon, dass die Konzerne „weitaus mächtiger sind, als die meisten Menschen ahnen" und dass die Zukunft durch ihre weltweite Nutzung geprägt sei:

> Ihre Macht beruht auf der Fähigkeit, exponentiell zu wachsen. Mit Ausnahme von biologischen Viren gibt es nichts, was sich mit derartiger Geschwindigkeit, Effizienz und Aggressivität ausbreitet wie diese Technologieplattformen, und dies verleiht auch ihren Machern, Eigentümern und Nutzern neue Macht.[25]

Dank ihrer Marktmacht handeln sie allerorts Sonderkonditionen aus und zahlen in vielen Staaten, in denen sie aktiv sind, kaum Steuern. *Amazon* schließt einen lukrativen Steuervermeidungsdeal mit der Regierung von Luxemburg, *Apple* mit jener in Irland. Die Länder bieten sich selbst als Steueroasen an, um die Konzerne anzulocken.[26] Doch durch die Sonderkonditionen gehen öffentlichen Haushalten wichtige Einnahmen verloren und es entsteht eine Marktverzerrung zu Ungunsten des örtlichen Handels. *Amazon* ist in vielen Regionen der Welt zum Quasi-Monopolisten des Online-Handels geworden. *Google*, dessen Suchmaschine in Ländern wie Deutschland mehr als 90 Prozent des Markts abdeckt, hat ganze Branchen – etwa Verlage mit ihren Online-Medien – in hoffnungslose Abhängigkeit gebracht. Mathias Döpfner vom *Axel-Springer-Verlag* verweist darauf, dass hier Wettbewerb kaum mehr stattfinde.[27] Verschiedene europäische Verlagshäuser und Internet-Unternehmen reichen deshalb bei der *Europäischen Kommission* in Brüssel Wettbewerbsbeschwerde ein.[28] EU-Kommissar Joaquín Almunia konstatiert, „dass die Marktmacht von Google in vielerlei Hinsicht eine Herausforderung für unsere Wirtschaft und unsere Gesellschaft darstellt".[29] Er leitet 2010 ein kartellrechtliches Verfahren ein. Dabei geht es um *Googles* Geschäftspraktiken, eigene Dienstleistungen in den Suchergebnissen an prominenter Stelle erscheinen zu lassen. Dadurch werde Internetverkehr unrechtmäßig zu *Googles* Dienstleistungen umgeleitet und Wettbewerber würden benachteiligt. *Google* macht daraufhin ge-

---

24 https://de.wikipedia.org/wiki/Alphabet_Inc. (18. Januar 2023).
25 Schmidt/Cohen: Die Vernetzung der Welt, S. 22.
26 https://www.diepresse.com/5296989/amazon-soll-250-mio-an-steuern-nachzahlen (18. Januar 2023).
27 Döpfner: Lieber Eric Schmidt! A. a. O., S. 144.
28 Ebd., S. 147.
29 Zit. n.: Pinto Balsemão: Der Wettbewerbskommissar irrt, a. a. O., S. 233.

genüber der Kommission Reformvorschläge,[30] doch zeigen sich die Kritiker mit diesen Zugeständnissen nicht zufrieden.[31]

Forderungen nach grundsätzlichen Veränderungen werden laut. Der deutsche Bundeswirtschaftsminister Sigmar Gabriel fordert 2014 ein umfassendes ordnungspolitisches Reformprogramm, um die Soziale Marktwirtschaft ins digitale Zeitalter zu transponieren:

> Die Vertragsfreiheit und der freie Wettbewerb drohen zur Schimäre zu werden, wo die Ungleichheit zwischen den Wirtschaftssubjekten absurde Ausmaße annimmt, wo in neufeudaler Selbstherrlichkeit auftretende Monopolisten sich rechtsstaatlichen Regeln entziehen und notwendige Informationen verweigern. Der klassische Eigentumsbegriff bekommt Risse, wo Gratisangebote ganze auf bezahlten Gütern fußende Märkte zerstören oder die unautorisierte Kopie und Verfügbarmachung von Inhalten den Urheber enteignet.[32]

Auch in den USA gibt es Versuche einzelner Bundesstaaten, die Macht der Internet-Konzerne gesetzlich einzuschränken. Die ehemalige Harvard-Professorin und Senatorin von Massachusetts, Elizabeth Warren, macht sich für Rechte von Konsumenten stark und warnt in einer Rede 2016, dass der Wettbewerb in der amerikanischen Wirtschaft im Sterben liege. Konzerne wie *Amazon* und *Google* würden ihre dominierende Marktposition nutzen, um konsumwilliges Publikum im Netz in Richtung ihrer eigenen Produkte und Dienstleistungen zu lenken. Zur Lösung dieses Problems fordert sie drei Jahre später die Zerschlagung der Konzerne.[33] In der Folge wird eine Kartellklage der US-Regierung zugelassen, die das Ziel verfolgt, Mark Zuckerbergs Konzern (wie einst Rockefellers *Standard Oil*) aufgrund von Wettbewerbsverzerrung aufzulösen und *Facebook* von *WhatsApp* und *Instagram* zu trennen.[34]

Dem gegenüber stehen die Vertreter der libertären Weltsicht, zu denen viele Verantwortliche der Internet-Konzerne gehören, die maßgeblich die digitale Revolution unter kapitalistischem Vorzeichen vorantreiben. Sie schätzen das Monopol, wenn es ihren Unternehmen ungehinderte Entfaltung erlaubt, und bekämpfen staatliche Administrationen, die mit ihren Gesetzen wie jenen zum Datenschutz als

---

30 Almunia: Ich diszipliniere Google, a. a. O., S. 196–197.
31 Maier: Angst vor Google, a. a. O., S. 128; Döpfner: Lieber Eric Schmidt! A. a. O., S. 148–149.
32 Gabriel: Die Politik eines neuen Betriebssystems, a. a. O., S. 212–213.
33 Stone: Amazon, S. 413.
34 https://www.handelsblatt.com/technik/it-internet/tech-konzern-us-bundesstaaten-wollen-ihre-kartellklage-gegen-facebook-retten/27977960.html (18. Januar 2023); https://orf.at/stories/3243310/ (18. Januar 2023).

Hindernisse gelten und als Bremser der wirtschaftlichen Entwicklung. Der *Google*-Gründer Larry Page träumt von einem Ort ohne Datenschutzgesetze und ohne hemmende Demokratie: „Es gibt eine Menge Dinge, die wir gern machen würden, aber leider nicht tun können, weil sie illegal sind".[35] Mathias Döpfner meint, man müsse kein Verschwörungstheoretiker sein, um die von Page angesprochenen Pläne besorgniserregend zu finden.

Tatsächlich erscheinen im *Google*-Weltbild die Grenzen zum Totalitarismus fließend. Die amerikanische Wirtschaftswissenschaftlerin Shoshana Zuboff attestiert dem *Google*-Granden Eric Schmidt ein absolutistisches Selbstverständnis, das demokratische Kontrolle als plumpe Regulierung diskreditiere. Zuboff erkennt in diesem Selbstverständnis etwas Neues und Gefährliches, das weit über Wirtschaft hinausreiche.[36] Was sie damit meint, machen die *Google*-Verantwortlichen in einem visionären Buch deutlich.

Gemeinsam mit seinem Co-Autor Jared Cohen entwirft Schmidt in *Die Vernetzung der Welt. Ein Blick in unsere Zukunft* eine Vision der künftigen durchdigitalisierten Gesellschaft, die eine Optimierung der gegenwärtigen Staatsform anstrebt. Um zu vermeiden, dass ungeeignete Persönlichkeiten für politische Ämter kandidieren, sollen künftig Politikberater aus der Informatik oder der Kognitionspsychologie dank ihrer technischen Fähigkeiten und auf der Grundlage von Daten politische Persönlichkeiten von Grund auf aufbauen. Dabei würde ihnen die Technik erlauben, deren politisches Potenzial zu erkennen, durch Computerprogramme ließen sich ihre Reden und Texte analysieren, durch Hirnscans ihre Reaktionen auf Stress und Versuchung und durch Diagnoseverfahren die Schwächen ihres politischen Repertoires freilegen.[37] Am Ende bliebe eine digitale Auslese, blieben Politiker aus der Retorte!

Durch wachsende Transparenz, so die *Google*-Manager, werde zudem die Demokratie insgesamt gestärkt.[38] Laut Harald Welzer ist unter der versprochenen digitalen Basisdemokratie aber nicht mehr eine repräsentative Demokratie überkommenen Typs zu verstehen, vielmehr gehe es „um eine Art akklamativer Beteiligung in sogenannten Sachfragen", um eine ständige „Bürgerbeteiligung", exekutiert durch Smartphones und Internet.[39] Flankiert würde dies durch einen permanenten digitalen Pranger. Als erste Generation mit einer unauslöschlichen, weil in der Cloud gespeicherten Akte bekämen Bürgerinnen und Bürger die Totalität dieses Systems in voller Härte zu spüren. Sämtliche ihrer Beziehungen im Netz würden

---

35 Döpfner: Lieber Eric Schmidt, a. a. O., S. 154.
36 Zuboff: Schürfrechte am Leben, a. a. O., S. 170.
37 Schmidt/Cohen: Die Vernetzung der Welt, S. 198.
38 Ebd., S. 91.
39 Welzer: Die smarte Diktatur, S. 191–192.

protokolliert, alle Freundschaften und Kontakte. Niemand könne seine Vergangenheit bereinigen, jeder müsse jederzeit darauf gefasst sein, damit konfrontiert zu werden,[40] so Schmidt und Cohen:

> In einer Demokratie, in der freie Meinungsäußerung und Bürgerbeteiligung zu Veröffentlichungen ermuntern, werden Bürger zunehmend zu Richtern ihrer Mitbürger. Je mehr Daten über jeden Menschen verfügbar sind, umso stärker wird dieser Trend.[41]

Den Fluchtpunkt bildet die völlige Transparenz zur absoluten Kontrolle des Individuums:

> Da Informationen dazu tendieren, ans Licht zu kommen, sollten Sie also nichts abspeichern, das Sie nicht irgendwann in einer Anklageschrift oder auf der Titelseite einer Zeitung lesen wollen, wie es so schön heißt. In Zukunft wird dies nicht nur auf jedes geschriebene und gesprochene Wort zutreffen, sondern auch auf jede Internetseite, die Sie besuchen, auf jeden ‚Freund' in Ihrem Netzwerk, auf jedes ‚Like', und auf alles, was Ihre Freunde tun, sagen und veröffentlichen.[42]

Die völlige Offenlegung aller Daten wird zur ultimativen Drohung. Big Google is watching you!

Betroffen macht, dass die Drift in die Digitaldiktatur scheinbar ohne nennenswerten Widerstand seitens der Betroffenen geschieht. Welzer nennt es die „freundliche Übernahme der Demokratie durch die Daten- und Überwachungsindustrie",[43] zugelassen durch ein jahrzehntelang auf Konsum dressiertes Wahlvolk. Die deutsche Autorin und Juristin Juli Zeh verweist auf schwindende Sensibilität gegenüber der allgegenwärtigen Massenüberwachung und warnt davor, dass das Individuum letztlich seine Autonomie verlieren werde:

> Wer gezwungen ist, die mit jeder Lebensregung erzeugten Daten permanent preiszugeben, kann nicht mehr allein entscheiden, was er isst, liest oder kauft, wie schnell er fährt, wie viel er arbeitet und wohin er reist. Seine Welt verengt sich auf ein Spektrum aus vorsortierten Möglichkeiten.[44]

---

40 Schmidt/Cohen: Die Vernetzung der Welt, S. 85.
41 Ebd., S. 87.
42 Ebd., S. 86.
43 Welzer: Die smarte Diktatur, S. 134.
44 Zeh: Schützt den Datenkörper! A. a. O., S. 30.

Um das selbstbestimmte Individuum vor der Unterwanderung zu bewahren, müsse die digitale Identität einen rechtlichen Schutz erhalten, ähnlich wie auch die Unversehrtheit des Körpers und die Unverletzlichkeit des Privateigentums gewährleistet würden.[45]

Shoshana Zuboff prägt den Begriff des „Überwachungskapitalismus", der auf dem massenhaften Sammeln von Daten basiere. Menschliches Verhalten wird dabei in Daten umgewandelt und zu einem Rohstoff, der sich profitabel verwerten lässt. Dieses System löse aber keines der Probleme der Gesellschaft, im Gegenteil, es zerstöre die innere Natur des Menschen. Zuboff fordert deshalb, das Sammeln und Vermarkten von privaten Daten zu verbieten, wie ja auch der Handel mit Menschen oder Organen verboten sei.[46] Mehr noch: die Bevölkerung müsse sich zurückholen, was man ihr genommen habe.[47]

Die italienische Internetexpertin und EU-Beraterin Francesca Bria begreift Daten als ein öffentliches Gut. Weder kommerzielle Konzerne hätten das Recht, diese für ihre Zwecke auszubeuten, noch autoritäre Staaten. Als Gründerin einer Initiative zur Wiederherstellung der Datenhoheit von Bürgerinnen und Bürgern[48] schlägt sie vor, Europa solle den Datenschatz im Sinne der Öffentlichkeit nutzen und einen demokratischen Weg zwischen amerikanischem Kapitalismus und chinesischem Totalitarismus gehen. Sie plädiert für einen Sozialpakt für Daten, der bürgerliche Privatsphäre garantiere und informationelle Selbstbestimmung. Es bedürfe eines „New Deal on Data":

> We must challenge the current narrative dominated by Silicon Valley's leaky surveillance capitalism and dystopian models such as China's social credit system. A New Deal on data, based on a rights-based, people-centric framework, which does not exploit personal data to pay for critical infrastructure, is long overdue.[49]

Stefan Aust und Thomas Amann fordern für das Individuum ebenfalls das Recht auf die eigenen Daten zurück und wollen dies europaweit festschreiben. Ein Einwilligungsvorbehalt zur Auswertung und Weitergabe von persönlichen Daten soll als Vorstufe eines „New Deal on Data" gelten.[50] Das digitale Ich solle künftig dieselben Rechte genießen wie das reale. Dazu zähle die vollständige Kontrolle über

---

45 Ebd., S. 34.
46 https://de.wikipedia.org/wiki/Shoshana_Zuboff (18. Januar 2023).
47 Zuboff: Die neuen Massenausforschungswaffen, a. a. O., S. 47.
48 https://de.wikipedia.org/wiki/Francesca_Bria (18. Januar 2023).
49 https://www.theguardian.com/commentisfree/2018/apr/05/data-valuable-citizens-silicon-valley-barcelona (18. Januar 2023).
50 Jaekel: Die Macht der digitalen Plattformen, S. 242.

die eigenen Daten wie auch das Recht auf Vergessenwerden – eine Möglichkeit der Löschung.[51]

Auch der österreichische Datenschützer Maximilian Schrems kämpft seit Jahren für den Schutz persönlicher Daten. Als Student hat er einst im Zuge eines Auslandssemesters in den USA an der Universität von Santa Barbara einen Vortrag eines *Facebook*-Mitarbeiters zum Thema „Facebooks Privacy Policy und das europäische Datenschutzrecht" gehört. Irritiert vom sorglosen Umgang mit europäischen Gesetzen, der darin zum Ausdruck gekommen ist, gründet er in der Folge den Verein *Europe versus Facebook*. Schrems fordert von *Facebook* die Aushändigung seiner Nutzerdaten. Es ist mühsam und dauert lang, bis der Konzern liefert. Am Ende erhält der Datenschützer eine CD zugeschickt mit 500 Megabyte an Inhalt, was ausgedruckt mehr als 1200 Seiten ausmacht. Schrems wird dadurch klar, dass persönliche Daten bei den Plattformen dauerhaft gespeichert bleiben, auch wenn sie von ihren Urhebern längst gelöscht worden sind. Er zeigt den Konzern wegen unterschiedlicher Formen des Datenmissbrauchs an.[52] Was folgt, ist ein langwieriger juristischer Kampf gegen einen ungreifbaren und mächtigen Gegner.

Allmählich setzt sich in Europa die Forderung nach informationeller Selbstbestimmung durch. Im Jahr 2018 wird mit der *Datenschutzgrundverordnung* (DSGVO) für die Mitgliedsstaaten der *Europäischen Union* festgeschrieben, dass personenbezogene Daten nicht von Konzernen nach Belieben benutzt, sondern nur noch mit Einverständnis der betroffenen Person erhoben und verarbeitet werden dürfen.[53] Damit soll die Position des Individuums gestärkt werden, so Fritz Jergitsch: „Das Internet ist kein Wilder Westen, wo der Stärkere gewinnt und der Schwächere – in diesem Fall wir User – kommerziellen Interessen vollends ausgeliefert ist."[54] Besonders geschützt werden Informationen zur ethnischen Herkunft, zu politischen, religiösen und weltanschaulichen Überzeugungen, zu Gewerkschaftszugehörigkeit, Gesundheit, genetische und biometrische Daten sowie Daten zum Sexualleben und zur sexuellen Orientierung.[55] Ein explizites Recht auf Vergessenwerden soll dem Individuum die Möglichkeit einräumen, die Löschung aller seiner Daten zu verlangen, wenn der ursprüngliche Zweck der Datenspeicherung nicht mehr vorliegt.[56] Voraussetzung dafür bildet der Umstand, dass Daten europäischer Nutzerinnen und Nutzer auf Servern in Europa liegen und nicht irgendwo auf der Welt, sodass europäisches Datenschutzrecht zur

---

51 Aust/Amann: Digitale Diktatur, S. 343.
52 Stiftung Technikmuseum Berlin (Hg.): Netz-Dinge, S. 123.
53 https://de.wikipedia.org/wiki/Datenschutz-Grundverordnung (18. Januar 2023).
54 Jergitsch: Die Geister, die ich teilte, S. 203.
55 https://dsgvo-gesetz.de/art-9-dsgvo/ (18. Januar 2023).
56 https://dsgvo-gesetz.de/art-17-dsgvo/ (18. Januar 2023).

Anwendung kommt.⁵⁷ Das sind gravierende Eingriffe ins Geschäftsmodell der amerikanischen Konzerne. Der *Meta*-Konzern droht für den Fall, dass die Daten nicht mehr in den USA gespeichert werden könnten, dass *Facebook* und *Instagram* in Europa bald nicht mehr nutzbar sein könnten ...⁵⁸

Doch der in Europa in Gang gekommene Reformprozess geht weiter. Ein *Digital Services Act* der EU soll im Netz all das verbieten, was auch in der realen Welt verboten ist. Die Macht der Internet-Konzerne soll beschränkt werden, sie sollen mehr Verantwortung übernehmen müssen für die Inhalte, die sie transportieren, um freie Meinungsäußerung zu gewährleisten, Hass im Netz zu unterbinden und die Rechte von Nutzerinnen und Nutzern zu wahren. Auch geht es um Kontrolle politischer Werbung. Man will das schmutzige Geschäft der Wahlbeeinflussung im Internet unterbinden, nachdem eine Umfrage zutage gebracht hat, dass vier von zehn Europäern angesichts von Online-Inhalten nicht sagen konnten, ob es sich um Wahlwerbung handelte oder nicht.⁵⁹ Minderjährige sollen zudem nicht mehr für Werbezwecke getrackt werden dürfen und auch bei Erwachsenen soll personalisierte Werbung eingeschränkt werden. Auch sollen Nutzerinnen und Nutzer selbst entscheiden können, was ihnen auf den Startseiten diverser Sozialer Medien angezeigt wird. Die Plattformen sollen überdies ihre Algorithmen offenlegen müssen, damit die Forschung die wirkenden Mechanismen besser untersuchen kann. Dies soll leichter erkennen lassen, wo und wie sich Menschen politisch radikalisieren, um effektiver dagegen eintreten zu können. Behörden sollen die Möglichkeit haben, Löschungen zu verlangen. Neben dem Löschen soll das Melden bedrohlicher Inhalte wie Hetzreden beim Plattformbetreiber einfacher werden. Außerdem soll erleichtert werden, gegen unberechtigte Löschungen vorzugehen. Bei Zuwiderhandeln drohen dem Konzern Strafen zwischen 20 Prozent des Jahresumsatzes und Zerschlagung.⁶⁰

Ein weiteres Gesetz der EU, der *Digital Markets Act*, soll künftig unlautere Geschäftspraktiken unterbinden. Es ist die Rede davon, dass Europa damit ein Stück Souveränität zurückgewinne und einen wichtigen Schritt in Richtung eines Wandels in der digitalen Landschaft weltweit setze.

Wenig überraschend mobilisieren die Internetkonzerne auch in Brüssel ein stark forciertes Lobbying mit Legionen von Anwälten, um die geplanten Gesetze abzuwenden oder zumindest zu verwässern. Milliarden Euro werden dafür investiert.⁶¹

---

57 https://dsgvo-gesetz.de/art-3-dsgvo/ (18. Januar 2023).
58 https://www.diepresse.com/6096009/droht-das-aus-fuer-facebook-und-instagram-in-europa (24. Februar 2023).
59 https://orf.at/stories/3236370/ (18. Januar 2023).
60 https://orf.at/stories/3243537/ (18. Januar 2023).
61 https://orf.at/stories/3239591/ (18. Januar 2023).

Trotzdem kommt es im Frühjahr 2022 zu einer Einigung zwischen dem *Europäischen Parlament*, dem *Europäischen Rat* und der *Europäischen Kommission* über den *Digital Services Act* (DSA). Er soll in der zweiten Hälfte des Jahres 2023 in Kraft treten.[62] Schimmert Licht am Ende des Tunnels?

---

62 https://orf.at/stories/3261745/ (18. Januar 2023).

Schöne neue Medienwelt: Paradies *Metaverse* und Gott *Google*

Nach den Jahren der Corona-Pandemie, in denen die Internet-Konzerne stark expandiert haben, geraten sie schwer unter Druck. Die erfolgsverwöhnte Branche erlebt herbe Rückschläge. Umsätze und Erträge gehen zurück, woraufhin Heere an Angestellten entlassen werden.[1] So rasend schnell die Unternehmen gewachsen sind, so schnell werden sie jetzt rückgebaut. *Twitter* gerät nach Übernahme durch Elon Musk wegen eines radikalen Kündigungsprogramms, dem mit 3700 Angestellten die Hälfte der Belegschaft zum Opfer fällt, gehörig ins Schlingern.[2] Aber auch *Google*, *Amazon*, *Microsoft* und *Facebook*, das in *Meta* umbenannt wird,[3] streichen zigtausende Jobs. Strategien gegen den Abwärtstrend sind gefragt. Neue Technologien sollen die Unternehmen auch in Zukunft groß und profitabel halten.

Zuckerberg vollzieht eine Flucht nach vorn und beginnt mit dem Aufbau eines dreidimensional animierten Metaversums, genannt *Metaverse*, in dem er die Zukunft sieht. *Metaverse* ist eine virtuelle Welt und für ihn die logische Weiterentwicklung von *Facebook*, das einst auf der Basis von Texteinträgen begonnen, sich in der Smartphone-Ära um Fotos und Videos erweitert hat und jetzt an der Schwelle zum dreidimensionalen virtuellen Raum steht. In dieser Welt würde das Smartphone durch eine Bildschirmbrille ersetzt, um den Mitgliedern Zugang zu eröffnen. Zur Erhöhung des Komforts sollen neue, leichte Brillen die bislang recht klobigen Modelle ersetzen, um die Illusionskapazität zu steigern.[4] Für diese Vision hat Zuckerberg 2014 um 2,3 Milliarden Dollar die VR-Firma *Oculus* gekauft, die Interfaces entwickelt. *Meta* bietet mit seinem Modell *Oculus Quest* ein klassisches Headset für „Virtual Reality"-Applikationen. Die Übersetzung der Körperbewegungen in den virtuellen Raum sowie das Geben von Operationsbefehlen erfolgt durch angeschlossene Handteile, so genannte „Controller".[5] Man setzt das Headset auf und wird mittels eingebautem Bildschirmdisplay in die virtuelle Welt entführt. Für die reale Welt wird man hingegen blind.

---

1 https://orf.at/stories/3293098/ (18. Januar 2023).
2 https://www.tagesschau.de/wirtschaft/unternehmen/twitter-elon-musk-mitarbeiterin-kuendigung-101.html (18. Januar 2023); https://www.derstandard.at/story/2000140561719/kuendigungen-bei-twitter-angelaufen-ausmass-vorerst-unklar (23. Januar 2023).
3 https://orf.at/stories/3234566/ (18. Januar 2023).
4 https://orf.at/stories/3272117/ (18. Januar 2023).
5 https://de.wikipedia.org/wiki/Meta_Quest (18. Januar 2023); https://de.wikipedia.org/wiki/Meta_Quest_2 (19. Januar 2023).

Abb. 29   Zutritt zum Cyberspace (VR Headset Facebook Oculus Gamescom 2019, Köln) © Wikimedia Commons, CC BY 2.0, dronepicr.

Im Gegensatz dazu arbeitet *Apple* an „Mixed Reality-Headsets", die es ermöglichen, ins Virtuelle abzutauchen, aber auch umzuschalten, um in die digital überlagerte Realität zu blicken. Aufgeschoben wird die Entwicklung einer Brille für „Augmented Reality", die beides gleichzeitig zeigt, die reale und die virtuelle Welt, und die den ganzen Tag über getragen werden kann, also buchstäblich alltagstauglich ist. Die Vision ist es, dass diese Brille irgendwann das *iPhone* als Portal zum digitalen Kosmos ersetzt.[6] Doch die Umsetzung bereitet große technische Schwierigkeiten.

Zuckerberg konzentriert sich indes auf den abgeschlossenen Raum von *Metaverse*. Menschen könnten in dieser neuen virtuellen Welt direkt miteinander kommunizieren und interagieren: „Statt auf einen Bildschirm zu schauen, werden sie mittendrin in diesen Erlebnissen sein."[7] *Metaverse* verspricht in einem „World Sharing" weitaus intensivere Erfahrungen, vor allem das Gefühl, im jeweiligen virtuellen Raum präsent zu sein, mit anderen, die gerade dort sind, unmittelbar interagieren zu können. Man schlüpft in die digitale Haut eines Avatars, den man

---

6   https://www.msn.com/de-at/lifestyle/other/apple-will-mit-billigerem-mixed-reality-headset-die-breite-masse-erreichen/ar-AA16trPt (19. Januar 2023).
7   https://orf.at/stories/3234566/ (18. Januar 2023).

nach Belieben und je nach Gelegenheit auch unterschiedlich erscheinen lässt, und baut sich mit „Horizon Home" ein gemütliches Heim nach Wunsch, wo man Freunde treffen und Spaß haben kann. In „Horizon Worlds" lassen sich nach eigenen Vorstellungen und gemeinsam mit anderen Teilnehmenden virtuelle Welten bauen und in „Horizon Workrooms" Arbeitsplätze. In „Horizon Venues" besucht man per Datenbrille etwa ein Konzert, das von einer befreundeten Person am anderen Ende der Welt ebenfalls besucht wird.[8] Wenn beide den Zugang über *Metaverse* wählen, können sie einander in Gestalt ihrer Avatare treffen und das Konzert gemeinsam genießen. Und natürlich bietet sich *Metaverse* als Plattform an für Spiele, Sport, Arbeit und Bildung. *Metaverse* entführt Wissbegierige in weit entfernte Galaxien oder in längst vergangene Zeiten. Schulkinder können Exkursionen ins alte Rom unternehmen und die pulsierende Stadt buchstäblich erleben. Chirurgen können Operationen wiederholt durchführen, bis sie diese gut genug beherrschen, um sie an lebenden Patienten zu vollziehen. *Metaverse* ist eine gigantische „Shared Experience" in einem naiv gedachten, virtuellen Paradies, das alle Wünsche zu erfüllen verspricht, erschaffen vom menschlichen Prothesengott. Zuckerberg sagt: „Isn't that the ultimate promise of technology. To be together with anyone, to be able to teleport anywhere, and to create and experience anything?"[9] Innerhalb weniger Jahre werde eine Milliarde Menschen in *Metaverse* aktiv sein, hofft er. Tatsächlich ist der Zustrom anfangs spärlich.[10] Warum auch soll die Menschheit in die virtuellen Welten übersiedeln? Warum die physische Welt hinter sich lassen? Dieser Glaube an die Unwiderstehlichkeit des Virtuellen entbehrt nicht einer gewissen Naivität. Es sei denn, dahinter steckt das berechnende Kalkül, in Zeiten der Klimakatastrophe als Rückzugsort für die Menschheit ein virtuelles Paradies zu schaffen, wo eine intakte Umwelt zumindest zum Schein noch existiert…

Klar scheint, warum *Meta* die Menschheit dort versammeln will. Dem Konzern geht es darum, einen nie dagewesenen Datenmarkt zu schaffen, der märchenhafte Profite verspricht. Es ist eine Art Wiederbelebung von *Second Life* auf hohem Niveau, wenngleich Angela Gifford von *Meta* meint, dass *Metaverse* keinesfalls in ein neues *Second Life* abgleiten werde. Dieses Dementi hat wohl zu bedeuten, dass *Metaverse* nicht zum Tummelplatz für Sextouristen und Spekulanten verkommen soll. Man will sein Publikum mit seriösen Anwendungen beglücken und rund um die Uhr vermarkten. Natürlich geht es auch um E-Commerce,[11] um virtuelle

---

8 https://www.bing.com/videos/search?q=Facebook+Connect+2021+-+Bing+video&view=detail&mid=9725CDBA9BA6F56D117E9725CDBA9BA6F56D117E&FORM=VIRE (18. Januar 2023).
9 https://www.youtube.com/watch?v=Uvufun6xer8 (18. Januar 2023).
10 https://www.msn.com/de-at/nachrichten/other/kaum-jemand-will-ins-metaverse/ar-AA133Cub (18. Januar 2023).
11 https://futurezone.at/digital-life/facebook-europa-angelika-gifford-metaverse-meta-second-life/401788055 (18. Januar 2023).

Shops aller Art. Modelabels könnten hier ihre Kollektionen optimal vermarkten. Abonnements für Sport- und Spielanwendungen wären kongeniale Möglichkeiten, in der neuen Welt Umsatz zu machen. Influencer ließen eine bizarre künstliche Konsumwelt erstehen, die selbst zum Objekt der Spekulation würde. Investoren würden in dieser virtuellen Shopping Mall Eigentum erwerben, um am neuen Goldrausch teilzuhaben.[12]

Bill Gates hält Utopien wie *Metaverse* oder *Web 3.0* (eine neue, dezentralisierte Generation des Internets) allerdings für nicht bahnbrechend, im Gegensatz zu Künstlicher Intelligenz.[13] Der von ihm gegründete Konzern *Microsoft* investiert eine Milliarde Dollar in die Firma *Open AI*, die sich mit der Entwicklung von KI befasst. Anfang 2023 macht deren intelligente Software *ChatGPT* („Chat Generative Pre-trained Transformer") Furore. Sie ist in der Lage, aus einer beigestellten Datenbank heraus eigenständig Texte zu verfassen. Die künstlich fabrizierten Texte wirken so echt, dass sie oft nicht als Produkt einer seelenlosen Maschine erkannt werden. Außerdem liefert der Chatbot verblüffende Antworten zu allen möglichen Fragen, liegt aber auch immer wieder mal fürchterlich falsch. Auch verbreitet er mangels Moral mitunter Ratschläge von zweifelhaftem Wert, etwa wie man stiehlt oder eine Leiche vergräbt.[14] Nichtsdestoweniger sei dies der Weg in die Zukunft, meint Gates, der schon in den vergangenen Jahrzehnten gutes Gespür für bevorstehende Entwicklungen bewiesen hat. Insbesondere standardisierte Bereiche wie die Bürowelt würden sich stark verändern. Programme wie *ChatGPT* könnten viele Jobs wie das Schreiben von Briefen oder Rechnungen effizienter erledigen.[15] Gates prophezeit, dass Menschen in Zukunft viel weniger arbeiten würden müssen.

Werden durch *ChatGPT* also Menschen der Schreibenden Zunft verzichtbar? Möglicherweise im Bereich von Gebrauchstexten, aber wohl nicht im Bereich des intellektuellen Reflektierens und des kreativen Schaffens. Hier liegt die magische Grenze, die Künstliche Intelligenz nicht so leicht zu überwinden vermag.[16] Der Computerpionier Steve Wozniak, der sich von *ChatGPT* ebenfalls beeindruckt zeigt, meint, dessen größtes Manko liege darin, Menschen nicht zu kennen, nicht so

---

12 https://orf.at/stories/3244814/ (18. Januar 2023).
13 https://futurezone.at/digital-life/bill-gates-chatgpt-kuenstliche-intelligenz-metaverse-web-30-reddit-ama/402288773 (15. Februar 2023).
14 https://futurezone.at/produkte/chatgpt-chatbot-open-ai-test-hausuebungen-stackoverflow-grenzen-gefahren-ki-kuenstliche-intelligenz/402250050 (15. Februar 2023).
15 https://futurezone.at/digital-life/bill-gates-chatgpt-buerojob-automatisierung-ki-beruf/402325569 (15. Februar 2023).
16 https://futurezone.at/digital-life/bill-gates-chatgpt-buerojob-automatisierung-ki-beruf/402325569 (15. Februar 2023).

richtig einschätzen zu können, wie dies andere Menschen könnten.[17] Als Trennlinie zwischen Mensch und Computer gilt gemeinhin die Eigenschaft über Bewusstsein zu verfügen. Computer erlangen Intelligenz, aber kein Bewusstsein ihrer selbst.[18] Aber bleibt es dabei?

Jedenfalls eröffnet *ChatGPT* einen neuen Horizont im Kosmos der Suchmaschinen. Die Software könnte schon in naher Zukunft die Art und Weise wie das Internet funktioniert und wie man darin etwas findet grundlegend verändern. Suchende könnten konkrete Fragen stellen und erhielten nicht nur Links, sondern ausformulierte Antworten. Nachdem *Microsoft* die Software in seine Suchmaschine *Bing* zu integrieren plant,[19] schrillen bei *Google* die Alarmglocken.[20] *Google* verfügt mit *LaMDA* („Language Model for Dialogue Applications") zwar über eine eigene KI, die dem Vernehmen nach sogar besser funktioniert als *ChatGPT* und nach Einschätzung des *Google*-Technikers Blake Lemoine sogar über so etwas wie ein eigenes Bewusstsein verfügen soll.[21] Allerdings wird *LaMDA* noch zurückgehalten. Der Grund liegt wohl darin, dass die Konzernführung fürchtet, damit ihr eigenes Geschäftsmodell zu untergraben. Für den Fall, dass *ChatGPT* zu einer starken Konkurrenz werde, würde man *LaMDA* aber öffentlich zugänglich machen, heißt es.[22] Und auch *Meta* verfügt über eine vergleichbare Software, die unter *LLaMA* („Large Language Model Meta AI") firmiert, aufgrund diverser Fehlfunktionen aber auch noch nicht öffentlich zugänglich gemacht wurde.[23] Man hält sich bedeckt, doch hinter den Kulissen ist das Wettrüsten der Giganten um die Zukunft der digitalen Welt längst in Gang.

In der EU rüstet man sich dahingehend auch. Ein *AI Act* soll diverse KIs in die Schranken weisen. Das in Vorbereitung befindliche Gesetz unterscheidet nach Gefährdungskategorien. Systeme zur Manipulation und Massenüberwachung wie sie in China existieren, sollen generell verboten werden. Hochrisikosysteme wie vorausschauende Polizeiarbeit oder Grenzverkehrskontrollen sollen ein Mindestmaß an Transparenz und Sicherheit erfüllen und von menschlichen Kontrollinstanzen

---

17 https://futurezone.at/digital-life/steve-wozniak-chatgpt-chatbot-kuenstliche-intelligenz-apple/402327573 (15. Februar 2023).
18 Harari: Homo Deus, S. 419.
19 https://www.handelsblatt.com/technik/it-internet/chatgpt-was-kann-die-ki-von-openai/28941524.html (15. Februar 2023).
20 https://futurezone.at/digital-life/chatgpt-google-alarmglocken-suchmaschine-ki-chatbot-kuenstliche-intelligenz/402269442 (15. Februar 2023).
21 https://futurezone.at/digital-life/google-lamda-kuenstliche-intelligenz-bewusstsein-blake-lemoine/402040587 (20. Februar 2023).
22 https://futurezone.at/b2b/warum-chatbot-google-lamda-zurueckhaltung-gruende-openai-chatgpt-ki-maschinelles-lernen/402255315 (20. Februar 2023).
23 https://www.computerbase.de/2023-02/ki-sprachmodell-llama-meta-praesentiert-konkurrent-fuer-chatgpt-und-google-bard/ (27. Februar 2023).

überwacht werden. Aber auch für Anwendungen mit begrenztem Risiko ist eine gewisse Transparenz Pflicht. Nikolett Aszodi von der NGO *Algorithm Watch* ist das zu wenig. Sie spricht von „Wildem Westen", was den gegenwärtigen Einsatz von KI betrifft. Die Gesellschaft wisse nicht, welche Systeme verwendet würden. Sie fordert deshalb eine Verschärfung der Gesetzesvorlage. Konzerne wie *Google* und *Microsoft* hingegen lobbyieren in Brüssel einmal mehr gegen Regulierung.[24]

Google ist freilich nicht mehr nur auf seine Suchmaschine angewiesen, wenngleich sie nach wie vor das Zentrum der unternehmerischen Aktivitäten darstellt. *Google* sondiert längst auch andere Terrains. Im Projekt *Google X* wird allerlei visionäre Technik entwickelt. Shoshana Zuboff vermutet, dass sich *Google* in Zukunft nicht mit Daten begnügen werde. Es gehe um das Geschäft mit der Realität, darum, das Verhalten von Milliarden Menschen zu kontrollieren. *Google* kauft Unternehmen auf, die sich mit lernenden Maschinen und Robotik beschäftigen, um das „größte Laboratorium der Welt für künstliche Intelligenz" zu schaffen, verschafft sich Knowhow zur Drohnen- wie zur smarten Haushaltstechnik.[25] Zuboff:

> Es geht nicht nur darum, wie Gott alles zu sehen; es geht um eine gottgleiche Macht, die Realität zu gestalten und zu kontrollieren. Google Glass, intelligente Kleidung und selbststeuernde Autos dienen einem eindeutigen Ziel: Sie sollen darüber informieren, wo man war und wo man ist, und sie sollen Einfluss darauf nehmen, wohin man geht. So hat ein Wissenschaftler den Vorschlag gemacht, dritte Parteien könnten für eine Programmierung zahlen, die den Wagen zu ihrem Restaurant, ihrem Laden oder ihrer politischen Veranstaltung fährt.
> Das Internet der Dinge bietet gewaltige Möglichkeiten zum Reality-Mining und zur Beeinflussung der Realität. Damit ist das wachsende Netz aus intelligenten Sensoren und mit dem Internet verbundenen Geräten gemeint, die eine intelligente Infrastruktur für alle Objekte und sogar Körper bilden sollen. Von den Windeln für Ihr Baby bis hin zu Ihrem Kühlschrank, von der Heizung über die Matratze, die Wände und die Kaffeetasse bis hin zum künstlichen Knie – all das wird das intelligente neuronale Netzwerk bilden, in dem Sie atmen, essen, schlafen, reisen und arbeiten. Es wird zahllose Konfigurationen aus Aktionen, Beobachtungen, Vorschlägen, Mitteilungen und Eingriffen ausführen, die alle auf eine neue Art von Produkt ausgerichtet sind: die Realität. Google und andere werden ihr Geld damit verdienen, dass sie diese Realität kennen, manipulieren, kontrollieren und in kleinste Stücke schneiden.[26]

---

24 https://orf.at/stories/3308939/ (20. März 2023).
25 Zuboff: Schürfrechte am Leben, a. a. O., S. 178.
26 Ebd., S. 178–179.

Der israelische Historiker Yuval Noah Harari spricht von einem neuen Zeitalter des „Dataismus", der den Humanismus der vergangenen Jahrhunderte ablöse. Anstatt des Prinzips, auf seine Gefühle zu hören, gelte nunmehr, auf die Algorithmen zu hören: „Sie wissen, wie du dich fühlst."[27] Und wenn man den Datenkonzernen all seine Daten, Likes und Klicks ausliefere, würden „die großen Algorithmen des Internets aller Dinge" einem sagen, wen man heiraten und welchen Beruf man ergreifen werde und ob man „einen Krieg anzetteln" solle.[28] Das Individuum droht seine persönliche Souveränität vollends zu verlieren. Harari formuliert als eine der zentralen Fragen der Zukunft: „Was wird aus unserer Gesellschaft, unserer Politik und unserem Alltagsleben, wenn nichtbewusste, aber hochintelligente Algorithmen uns besser kennen als wir uns selbst?"[29]

Der Informatiker Stuart Russell meint, Algorithmen hätten mittlerweile mehr Macht über Wahrnehmung und Denken der Menschen als je ein Diktator hatte. Sie kontrollieren, was Menschen lesen, sehen und lernen und unterliegen dabei selbst keinerlei Kontrolle.[30] Es ist zu befürchten, dass *Google* zunehmend an politischer Macht gewinnen wird. *Googles* Datenbanken werden größer, die Statistiken genauer, Algorithmen ausgefeilter. Je mehr zutreffende Entscheidungen *Google* fällen wird, umso mehr Anerkennung wird man ernten und umso mehr Macht wird die Öffentlichkeit dem Konzern und seiner Methodik der Gesellschaftsorganisation zugestehen.[31] Das ist nicht mehr die Demokratie des Humanismus, sondern eine des Dataismus. Gewählt würde statt einer Regierung eine KI.

In technischer Hinsicht stehen Umbrüche bevor wie das „Ubiquitous Computing".[32] Dies meint, dass neben zahllosen Gegenständen des Alltags auch das Mitglied der Mediengesellschaft selbst künftig mit Kamera, Mikrofon und Sensoren ausgerüstet sein und permanent seine Lebensumgebung aufzeichnen wird. Das Ziel scheint klar: Maximierung des Datenpools, um die Wünsche des Volks vorauszuahnen und umgehend zu erfüllen – zumindest die, die systemkonform sind. Alle Mitglieder würden mittels ihrer am Körper getragenen Devices unausgesetzt Daten generieren, die den Konzernen bereitstünden, um die Gesellschaft unaufhörlich auszuwerten und in die gewünschte Richtung zu lenken. Alle würden mitbauen an der digitalisierten Überwachung und einer Welt, die keinen Raum mehr für Privatsphäre böte. Es wäre ein Paradies der Datenkonzerne, ein pervertiertes Paradies für die Menschen, die sich endgültig in einer real gewordenen Dystopie wiederfänden. Jeder würde seine Nächsten überwachen und gleichzeitig durch alle

---

27 Harari: Homo Deus, S. 530.
28 Ebd., S. 531.
29 Ebd., S. 537.
30 https://science.orf.at/stories/3216369/ (18. Januar 2023).
31 Harari: Homo Deus, S. 458.
32 Roßnagel: Persönlichkeitsentfaltung, a. a. O., S. 276.

anderen ununterbrochen überwacht werden. Die schöne neue Medienwelt wäre zu einer smarten Diktatur der Daten mutiert, einer vollendeten Digitatur.

Abbildungsnachweise

Abb. 1 Höhlenmalerei: Steinzeitlicher Cyberspace (Höhlenmalerei aus der Chauvet-Höhle, Nachbildung) © Wikimedia Commons, CC BY-SA 2.0, Thomas T., https://upload.wikimedia.org/wikipedia/commons/0/0d/Chauvet%C2%B4s_cave_horses.jpg (09.02.2023).
Abb. 2 Der Personal Computer von IBM © Technisches Museum Wien.
Abb. 3 Der Mac von Apple © Technisches Museum Wien.
Abb. 4 Steve Jobs und Bill Gates, Pioniere des digitalen Zeitalters (2007) © Wikimedia Commons, CC BY 2.0, Joi Ito, https://upload.wikimedia.org/wikipedia/commons/a/a2/Steve_Jobs_and_Bill_Gates_%28522695099%29.jpg (09.02.2023).
Abb. 5 Handymasten schaffen Verbindung (hier: Berlin-Lichtenrade) © Wikimedia Commons, CC BY 3.0, Srittau, https://upload.wikimedia.org/wikipedia/commons/b/b4/Handymast_in_Lichtenrade_20140509_79.jpg (09.02.2023).
Abb. 6 Steve Jobs und das iPhone (2010) © Wikimedia Commons, CC BY-SA 3.0, Matthew Yohe, https://de.wikipedia.org/wiki/IPhone#/media/Datei:Steve_Jobs_Headshot_2010-CROP.jpg (09.02.2023).
Abb. 7 Das iPhone mit Box © Technisches Museum Wien.
Abb. 8 Das Leben verschwindet hinter dem Display © Foto: Andrzej Nowak, Pixabay.
Abb. 9 „Girlie-Star" Ariana Grande: Kindlichkeit als Stil © picture alliance / AP Invision | Jordan Strauss.
Abb. 10 Amazon Kindle 3: Ganze Bibliotheken in einer Hand © Wikimedia Commons, CC BY-SA 3.0, NotFromUtrecht, https://upload.wikimedia.org/wikipedia/commons/0/00/Amazon_Kindle_3.JPG (09.02.2023).
Abb. 11 Amazons Echo lauscht mit © Technisches Museum Wien.
Abb. 12 Beide Welten am Schirm: Google Glass © Wikimedia Commons, CC BY-SA 3.0, Tim.Reckmann, https://upload.wikimedia.org/wikipedia/commons/9/95/Google_Glass_Model.jpg (09.02.2023).
Abb. 13 Smart Home: alles unter Kontrolle? © Foto: Gerd Altmann, Pixabay.
Abb. 14 Das Auto neu erfinden: Tesla © Wikimedia Commons, CC BY 2.0, Steve Jurvetson, https://de.wikipedia.org/wiki/Tesla_Model_3#/media/Datei:First_Model_3_production_cars_ready_for_delivery.jpg (09.02.2023).
Abb. 15 Computer auf Rädern © Wikimedia Commons, CC BY-SA 4.0, Leo Nguyen, https://de.wikipedia.org/wiki/Tesla_Model_3#/media/Datei:Interior_of_Model_3.jpg (09.02.2023).
Abb. 16 Zugang zum Musikuniversum (iPod Docking Station) © Technisches Museum Wien.

Abb. 17 Ego-Shooter (Red Orchestra Sniper) © Wikimedia Commons, CC BY 3.0, Tripwire Interactive, https://upload.wikimedia.org/wikipedia/commons/9/93/Red_Orchestra_13Shot00195.jpg (09.02.2023).

Abb. 18 Fliegen lernen ohne Risiko (Flugsimulator Ausstellungsstück der DASA in Dortmund, 2014) © Wikimedia Commons, CC BY-SA 3.0, Itti, https://upload.wikimedia.org/wikipedia/commons/1/13/Flugsimulator_DASA_Dortmund.JPG (09.02.2023).

Abb. 19 Weltspielkultur: World Cyber Games (2004) © Wikimedia Commons, CC BY 2.0, Peter Kaminski, https://de.m.wikipedia.org/wiki/Datei:World_Cyber_Games_2004_Auditorium.jpg (09.02.2023).

Abb. 20 Junge Influencerin winkt zu Hause in ihr Smartphone © picture alliance / Westend61 | NOVELLIMAGE.

Abb. 21 Ein Laptop für jedes Kind (selbst gebaute OLPC-Laptop-Ladestationen im Klassenzimmer) © Wikimedia Commons, CC BY-SA 3.0, Rudolf Simon, https://de.wikipedia.org/wiki/OLPC_XO-1#/media/Datei:OLPC_laptop_charging.JPG (09.02.2023).

Abb. 22 Hinter den „Ohren" des 100-Dollar-Laptops verbirgt sich die W-LAN-Antenne © Technisches Museum Wien.

Abb. 23 Julian Assange, Staatsfeind (2014) © Wikimedia Commons, CC BY-SA 2.0, David G. Silvers, https://upload.wikimedia.org/wikipedia/commons/c/c4/RUEDA_DE_PRENSA_CONJUNTA_ENTRE_CANCILLER_RICARDO_PATI%C3%91O_Y_JULIAN_ASSANGE_%28cropped%29.jpg (09.02.2023).

Abb. 24 Immer zur Stelle: Citizen Journalists © Wikimedia Commons, CC BY 2.0, Kuba Bożanowski, https://en.wikipedia.org/wiki/Citizen_journalism#/media/File:Female_using_a_smartphone_to_take_photographs.jpg (09.02.2023).

Abb. 25 QAnon-Gefolgschaft (Jake Angeli, Qanon Shaman am 15. Oktober 2020 in Peoria, Arizona) © Wikimedia Commons, public domain, TheUnseen011101, https://de.wikipedia.org/wiki/QAnon#/media/Datei:Jake_Angeli_(Qanon_Shaman),_seen_holding_a_Qanon_sign_(cropped).jpg (09.02.2023).

Abb. 26 Ruft Trump zum Sturm des Kapitols auf? © Wikimedia Commons, public domain, Voice of America, https://de.wikipedia.org/wiki/Sturm_auf_das_Kapitol_in_Washington_2021#/media/Datei:2021_United_States_Capitol_VOA_1.jpg (09.02.2023).

Abb. 27 Suche nach den Tätern im Netz (FBI-Plakat zur Suche nach den Täters des Sturms auf das US-Kapitol am 6. Januar 2021) © Wikimedia Commons, public domain, Federal Bureau of Investigation, https://de.wikipedia.org/wiki/Sturm_auf_das_Kapitol_in_Washington_2021#/media/Datei:FBI_Seeking_Information_Capitol_Violence_Poster.jpg (09.02.2023).

Abb. 28 DarkNet © Pete Linforth, Pixabay.

Abb. 29 Zutritt zum Cyberspace (VR Headset Facebook Oculus Gamescom 2019, Köln) © Wikimedia Commons, CC BY 2.0, dronepicr, https://upload.wikimedia.org/wikipedia/commons/5/5c/VR_Headset_Facebook_Oculus_Gamescom_2019%2C_Cologne_%2848605657501%29.jpg (09.02.2023).

Literatur

Joaquín Almunia: Ich diszipliniere Google; in: Schirrmacher (Hg.): Technologischer Totalitarismus, S. 196–204.

Amadeu Antonio Stiftung (Hg.): „Geh sterben!" Umgang mit Hate Speech und Kommentaren im Internet, Berlin o. J. In: https://www.amadeu-antonio-stiftung.de/wp-content/uploads/2015/04/Geh_sterben_web.pdf.

Hannes Androsch/Wolfgang Knoll/Anton Plimon (Hg.): Technologie im Gespräch. Sicherheit im Cyberraum, Jahrbuch anlässlich der Alpbacher Technologiegespräche 2019, Wien 2019.

Stefan Aust/Thomas Ammann: Digitale Diktatur. Totalüberwachung, Datenmissbrauch, Cyberkrieg, Berlin 2014.

Francisco Pinto Balsemão: Der Wettbewerbskommissar irrt; in: Schirrmacher (Hg.): Technologischer Totalitarismus, S. 231–237.

Sigrid Baringhorst: Politischer Konsumerismus im Netz – Chancen und Probleme demokratischer Protestpolitik; in: Bieber/Eifert/Groß/Lamla (Hg.): Soziale Netze in der digitalen Welt, S. 179–202.

John Perry Barlow: Wein ohne Flaschen. Globale Computernetze, Ideen-Ökonomie und Urheberrecht; in: Bollmann (Hg.): Kursbuch Neue Medien, S. 83–112.

Gerald Bast: Die Kultivierung von Ungewissheit; in: Universität für angewandte Kunst Wien (Hg.): Digitale Transformationen, S. 12–35.

Christiane Benner: Wer schützt die Clickworker? In: Schirrmacher (Hg.): Technologischer Totalitarismus, S. 90–95.

Christoph Bieber/Martin Eifert/Thomas Groß/Jörn Lamla (Hg.): Soziale Netze in der digitalen Welt. Das Internet zwischen egalitärer Teilhabe und ökonomischer Macht, Frankfurt am Main 2009.

Christoph Bieber/Martin Eifert/Thomas Groß/Jörn Lamla: Soziale Netzwerke in der digitalen Welt; in: Dies. (Hg.): Soziale Netze in der digitalen Welt, S. 11–22.

Karen Blumenthal: Steve Jobs. Think Different – Die Welt anders denken, Berlin 2012.

Helga Böhm: Gegenöffentlichkeit im Internet. Indymedia.org; in: Lehmann/Schetsche (Hg.): Die Google-Gesellschaft, S. 127–132.

Stefan Bollmann (Hg.): Kursbuch Neue Medien. Trends in Wirtschaft und Politik, Wissenschaft und Kultur, Hamburg 1995/1996.

Stefan Bollmann: Einführung in den Cyberspace; in: Ders. (Hg.): Kursbuch Neue Medien, S. 163–166.

Karlheinz Brack (Hg.): Harold A. Innis – Kreuzwege der Kommunikation. Ausgewählte Texte, Wien 1997.

Ingrid Brodnig: Der unsichtbare Mensch. Wie die Anonymität im Internet unsere Gesellschaft verändert, Wien 2013.

Ingrid Brodnig: Hass im Netz. Was wir gegen Hetze, Mobbing und Lügen tun können, Wien 2016.

Ingrid Brodnig: Lügen im Netz. Wie Fake News, Populisten und unkontrollierte Technik uns manipulieren, Wien 2018.

Ingrid Brodnig: Übermacht im Netz. Warum wir für ein gerechtes Internet kämpfen müssen, Wien 2019.

Ingrid Brodnig: Einspruch! Verschwörungsmythen und Fake News kontern – in der Familie, im Freundeskreis und online, Wien 2021.

Rodney A. Brooks: Künstliche Intelligenz und Roboter-Entwicklung; in: Heinz Nixdorf Museumsforum (Hg.): Computer.Gehirn, S. 14–37.

Jürgen W. Brückmann: Datennetze; in: Bollmann (Hg.): Kursbuch Neue Medien, S. 167–191.

Birte Brügmann: Wirkt sich negative Medienpräsenz eines Online-Versandhandels auf das Kaufverhalten der Kunden aus? – Eine Untersuchung am Beispiel des Online-Buchhandels von Amazon, Bachelorarbeit Hamburg 2015.

Peter Burke: Papier und Marktgeschrei. Die Geburt der Wissensgesellschaft, Berlin 2001.

Peter Burke: Die Explosion des Wissens. Von der Encyclopédie bis Wikipedia, Berlin 2014.

Charta der Bürgerrechte für eine nachhaltige Wissensgesellschaft; in: Lehmann/Schetsche (Hg.): Die Google-Gesellschaft, S. 163–168.

Gabriella Coleman: Hacker, Hoaxer, Whistleblower, Spy. The Many Faces of Anonymous, London – New York 2015.

Hannes Diedrich: Wissensvernetzung. Chancen neuer Prozesse; in: Lehmann/Schetsche (Hg.): Die Google-Gesellschaft, S. 83–88.

Mathias Döpfner: Lieber Eric Schmidt! In: Schirrmacher (Hg.): Technologischer Totalitarismus, S. 143–157.

Michael Domsalla: Wissensmanagement und neue Wirtschaftsprozesse; in: Lehmann/Schetsche (Hg.): Die Google-Gesellschaft, S. 171–180.

Julia Ebner: Radikalisierungsmaschinen. Wie Extremisten die neuen Technologien nutzen und uns manipulieren, Berlin 2019.

Erik Eichhorn: Virtuelle Realität – Medientechnologie der Zukunft? In: Bollmann (Hg.): Kursbuch Neue Medien, S. 207–225.

Elizabeth L. Eisenstein: Die Druckerpresse. Kulturrevolutionen im frühen modernen Europa, Wien 1997.

Elektronik im Büro. Eine Sonderbeilage der Salzburger Nachrichten vom 18. März 1988, S. VI.

Murad Erdemir: Realisierung der Staatsaufgabe Jugendschutz im Web2.0; in: Bieber/Eifert/Groß/Lamla (Hg.): Soziale Netze in der digitalen Welt, S. 285–299.

Charlotte Erdmann: „One more thing". Apples Erfolgsgeschichte vom Apple I bis zum iPad, München 2011.

Sheera Frenkel/Cecilia Kang: Inside Facebook. Die hässliche Wahrheit, Frankfurt am Main 2021.
Sigmund Freud, Das Unbehagen in der Kultur, in: Kulturtheoretische Schriften, Frankfurt am Main 1974.
Michael Friedewald: Der Computer als Werkzeug und Medium. Die geistigen und technischen Wurzeln des Personal Computers, Berlin 1999.
Lutz Frühbrodt, Annette Floren: Unboxing YouTube. Im Netzwerk der Profis und Profiteure, Otto-Brenner-Stiftung, Frankfurt am Main 2019; in: https://www.otto-brenner-stiftung.de/wissenschaftsportal/informationsseiten-zu-studien/unboxing-youtube.
Markus Gabriel: Die Revolution der Digitalisierung; in: Universität für angewandte Kunst Wien (Hg.): Gesellschaft, Bildung und Arbeit im Umbruch, S. 78–97.
Sigmar Gabriel: Die Politik eines neuen Betriebssystems; in: Schirrmacher (Hg.): Technologischer Totalitarismus, S. 205–216.
Joachim Gartz: Die Apple-Story. Aufstieg, Niedergang und „Wieder-Auferstehung" des Unternehmens rund um Steve Jobs, Kilchberg 2005.
Bill Gates: Der Weg nach vorn. Die Zukunft der Informationsgesellschaft, Hamburg 1995.
Bill Gates, Vorwort von Insideout. Microsoft – In Our Own Words, New York 2000.
André Gauron: Das digitale Zeitalter; in: Bollmann (Hg.): Kursbuch Neue Medien, S. 24–41.
Michael Giesecke: Von den Mythen der Buchkultur zu den Visionen der Informationsgesellschaft. Trendforschungen zur kulturellen Medienökologie, Frankfurt am Main 2002.
Monique Goyens: Türhüter des Netzes; in: Schirrmacher (Hg.): Technologischer Totalitarismus, S. 224–230.
Stephen R. Graubard (Hg.): Probleme der Künstlichen Intelligenz, Wien 1996.
Thomas Groß: Soziale Netzwerke und die Transformation des Urheberrechts; in: Bieber/Eifert/Groß/Lamla (Hg.): Soziale Netze in der digitalen Welt, S. 203–213.
Harald Haarmann, Universalgeschichte der Schrift, Frankfurt am Main/New York 1991.
Katie Hafner/Matthew Lyon: Arpa Kadabra. Die Geschichte des Internet, Heidelberg 1997.
Wolfgang Hagen: Smartphones und ihre soziale Sensorik. Zur Medienarchäologie des zellularen Mobilfunks; in: Titze (Hg.): Geschichte der elektrischen Kommunikation, S. 257–270.
Wolfgang Hagen: Anästhetische Ästhetiken. Über Smartphone-Bilder und ihre Ökologie; in: Ruf (Hg.): Smartphone-Ästhetik, S. 75–104.
Yuval Noah Harari: Homo Deus. Eine Geschichte von Morgen, München 2018.
Heinz Nixdorf Museumsforum (Hg.): Computer.Gehirn: Was kann der Mensch? Was können die Computer? Denken Sie, sie denken? Paderborn 2001.
Mario Herger: Der letzte Führerscheinneuling … ist bereits geboren. Wie Google, Tesla, Apple, Uber & Co unsere automobile Gesellschaft verändern und Arbeitsplätze vernichten. Und warum das gut so ist, Kulmbach 2020.
Sabine Herlitschka: „Push-Button" – So sind wir zukunftsfähig in der Disruption. Wissen und Veränderungswillen als Schlüsselkompetenzen der digitalen Transformation; in: Universität für angewandte Kunst Wien (Hg.): Gesellschaft, Bildung und Arbeit im Umbruch, S. 98–111.

Kevin Hughes: Zugang zum World Wide Web; in: Bollmann (Hg.): Kursbuch Neue Medien, S. 201–206.

IBM Personal Computer. For the home, office, classroom, IBM 1982.

Michael Jaekel: Die Macht der digitalen Plattformen. Wegweiser im Zeitalter einer expandierenden Digitalsphäre und künstlicher Intelligenz, Wiesbaden 2017.

Nina Jankowicz: How to Lose the Information War, London 2020.

Fritz Jergitsch: Die Geister, die ich teilte. Wie soziale Medien unsere Freiheit bedrohen, Salzburg/Wien 2021.

Andreas Jungherr: Twitternde Politiker: Zwischen buntem Rauschen und Bürgernähe 2.0; in: Bieber/Eifert/Groß/Lamla (Hg.): Soziale Netze in der digitalen Welt, S. 99–127.

Timo Kaerlein: Smartphones als digitale Nahkörpertechnologien, Bielefeld 2018.

Annegret Kehrbaum/Wolfgang Mathis/Anja Titze: Kulturtechnik Rechnen: ein Weg zum Smartphone; in: Titze (Hg.): Geschichte der elektrischen Kommunikation bis zum Smartphone, S. 203–236.

Neelie Kroes: Ich bin nicht naiv, und Europa darf es auch nicht sein; in: Schirrmacher (Hg.): Technologischer Totalitarismus, S. 96–106.

Rainer Kuhlen: Creative Commons. Im Interesse der Kreativen und der Innovation; in: Lehmann/Schetsche (Hg.): Die Google-Gesellschaft, S. 157–162.

Jaron Lanier: Wer die Daten hat, bestimmt unser Schicksal; in: Schirrmacher (Hg.): Technologischer Totalitarismus, S. 158–167.

Kai Lehmann/Michael Schetsche (Hg.): Die Google-Gesellschaft. Vom digitalen Wandel des Wissens, Bielefeld 2007.

Kai Lehmann: Der lange Weg zur Wissensgesellschaft; in: Lehmann/Schetsche (Hg.): Die Google-Gesellschaft, S. 33–39.

Kai Lehmann: Neuer Wein in neuen Schläuchen. 10 Jahre Online-Journalismus. Interview mit Markus Deggerich; in: Lehmann/Schetsche (Hg.): Die Google-Gesellschaft, S. 229–233.

Steven Levy: Google Inside. Wie Google denkt, arbeitet und unser Leben verändert, Heidelberg u. a. 2012.

Sascha Lobo: Daten, die das Leben kosten; in: Schirrmacher (Hg.): Technologischer Totalitarismus, S. 107–117.

Bö Lohmöller: Blogs sind? Blogs sind! In: Lehmann/Schetsche (Hg.): Die Google-Gesellschaft, S. 221–228.

Robert M. Maier: Angst vor Google; in: Schirrmacher (Hg.): Technologischer Totalitarismus, S. 118–129.

Herbert Marshall McLuhan, Die magischen Kanäle, Düsseldorf u. a. 1992.

Bruce Mazlish: Faustkeil und Elektronenrechner. Die Annäherung von Mensch und Maschine, Frankfurt am Main/Leipzig 1998.

Microsoft: Insideout. Microsoft – In Our Own Words, New York 2000.

Roland Mierzwa: Digitalisierung, Ökologie und das Gute Leben. Eine Ethik für Digitale Technologien, Baden-Baden 2021.

Franz Miller: Die MP3-Story. Eine deutsche Erfolgsgeschichte, München 2015.
Evgeny Morozov: Wider digitales Wunschdenken; in: Schirrmacher (Hg.): Technologischer Totalitarismus, S. 23–28.
Philippe Narval: Aufbruch zur Digitalen Republik; in: Universität für angewandte Kunst Wien (Hg.): Gesellschaft, Bildung und Arbeit im Umbruch, S. 142–153.
Nicholas Negroponte: Total Digital. Die Welt zwischen 0 und 1 oder die Zukunft der Kommunikation. München 1997.
Christoph Neuberger: Das Ende des „Gatekeeper"-Zeitalters; in: Lehmann/Schetsche (Hg.): Die Google-Gesellschaft, S. 205–212.
Isabell Otto: Interfacing als Prozess der Teilhabe. Zur Ästhetik von Smartphone-Gemeinschaften am Beispiel von Snapchat; in: Ruf (Hg.): Smartphone-Ästhetik, S. 105–122.
Georg Wilhelm Pabst: Der Film der Zukunft; in: Filmkunst H. 1/1949–1950, S. 8–11.
John Palfrey/Urs Gasser: Generation Internet. Die Digital Natives: Wie sie leben. Was sie denken. Wie sie arbeiten, München 2008.
Eli Pariser: Filter Bubble. Wie wir im Internet entmündigt werden, München 2012.
Oliver Passek: Open Access. Freie Erkenntnis für freie Wissenschaft; in: Lehmann/Schetsche (Hg.): Die Google-Gesellschaft, S. 337–344.
Klaus Patzwaldt: Suchmaschinenlandschaften; in: Lehmann/Schetsche (Hg.): Die Google-Gesellschaft, S. 75–82.
Wolfgang Pensold: Eine Geschichte des Fotojournalismus. Was zählt, sind die Bilder, Wiesbaden 2015.
Francisco Pinto Balsemão: Der Wettbewerbskommissar irrt; in: Schirrmacher (Hg.): Technologischer Totalitarismus, S. 231–237.
Neil Postman: Das Technopol. Die Macht der Technologien und die Entmündigung der Gesellschaft, Frankfurt am Main 1992.
Neil Postman: Wir amüsieren uns zu Tode. Urteilsbildung im Zeitalter der Unterhaltungsindustrie, Frankfurt am Main 1994.
Daniela Pscheida: Das Wikipedia-Universum. Wie das Internet unsere Wissenskultur verändert, Bielefeld 2010.
Gerald Reischl: Die Google-Falle. Die unkontrollierte Weltmacht im Internet, Wien 2008.
Kai-Hinrich Renner/Tim Renner: Digital ist besser. Warum das Abendland auch durch das Internet nicht untergehen wird, Frankfurt am Main 2011.
Enno Rey: Elektronisches Publizieren; in: Bollmann (Hg.): Kursbuch Neue Medien, S. 138–144.
Howard Rheingold: Die Zukunft der Demokratie und die vier Prinzipien der Computerkommunikation; in: Bollmann (Hg.): Kursbuch Neue Medien, S. 192–200.
Stefan Rieger: Anthropophilie. Das neue Gewand der Medien; in: Ruf (Hg.): Smartphone-Ästhetik, S. 123–141.
Helge Ritter: Die Evolution der Künstlichen Intelligenz; in: Heinz Nixdorf Museumsforum (Hg.): Computer.Gehirn, S. 38–61.

Martin Röll: „Am Anfang war das Wort". Weblogs, Google & Geschäftsbeziehungen; in: Lehmann/Schetsche (Hg.): Die Google-Gesellschaft, S. 89–93.

Alexander Roßnagel: Persönlichkeitsentfaltung zwischen Eigenverantwortung, gesellschaftlicher Selbstregulierung und staatlicher Regulierung; in: Bieber/Eifert/Groß/Lamla (Hg.): Soziale Netze in der digitalen Welt, S. 271–286.

Florian Rötzer: Interaktion – das Ende herkömmlicher Massenmedien; in Bollmann (Hg.): Kursbuch Neue Medien, S. 59–82.

Florian Rötzer: Das globale Gehirn. Eine Leitbotschaft; in: Lehmann/Schetsche (Hg.): Die Google-Gesellschaft, S. 11–14.

Oliver Ruf (Hg.): Smartphone-Ästhetik. Zur Philosophie und Gestaltung mobiler Medien, Bielefeld 2018.

Christian Schertz/Dominik Höch: Privat war gestern. Wie Medien und Internet unsere Werte zerstören, Berlin 2011.

Michael Schetsche/Kai Lehmann/Thomas Krug: Die Google-Gesellschaft. Zehn Prinzipien der neuen Wissensordnung; in: Lehmann/Schetsche (Hg.): Die Google-Gesellschaft, S. 17–31.

Michael Schetsche: Die ergoogelte Wirklichkeit. Verschwörungstheorien und das Internet; in: Lehmann/Schetsche (Hg.): Die Google-Gesellschaft, S. 113–120.

Frank Schirrmacher (Hg.): Technologischer Totalitarismus. Eine Debatte, Berlin 2018.

Christian Schlieker/Kai Lehmann: Verknüpft, verknüpfter, Wikis; in: Lehmann/Schetsche (Hg.): Die Google-Gesellschaft, S. 253–262.

Eric Schmidt/Jared Cohen: Die Vernetzung der Welt. Ein Blick in unsere Zukunft, Reinbek bei Hamburg 2013.

Martin Schulz: Vorwort von Schirrmacher (Hg.): Technologischer Totalitarismus, S. 9–12.

Martin Schulz: Warum wir jetzt kämpfen müssen; in: Schirrmacher (Hg.): Technologischer Totalitarismus, S. 15–22.

Christiane Schulzki-Haddouti: Bürgerrechte im Netz. Zwischen Informationsfreiheit und Datenschutz; in: Lehmann/Schetsche (Hg.): Die Google-Gesellschaft, S. 141–150.

Claus-Peter Sesín: Einführung in die Ausstellung „Computer.Gehirn"; in: Heinz Nixdorf Museumsforum (Hg.): Computer.Gehirn, S. 130–153.

Hendrik Speck/Frédéric Philipp Thiele: Google, Gossip & PR-ostitution. Das Geschäft einer Suchmaschine; in: Lehmann/Schetsche (Hg.): Die Google-Gesellschaft, S. 181–190.

Manfred Spitzer: Geist im Netz. Modelle für Lernen, Denken und Handeln, Heidelberg/Berlin/Oxford 1996.

Tom Standage: Das Viktorianische Internet. Die erstaunliche Geschichte des Telegraphen und der Online-Pioniere des 19. Jahrhunderts, St. Gallen/Zürich 1999.

Eckhard Stasch: „Smartphone futur". (Wie) geht die mobile Revolution weiter? In: Titze (Hg.): Geschichte der elektrischen Kommunikation, S. 291–299.

Gabor Steingart: Unsere Waffen im digitalen Freiheitskampf; in: Schirrmacher (Hg.): Technologischer Totalitarismus, S. 238–246.

Stiftung Deutsches Technikmuseum Berlin (Hg.): Netz-Dinge. 30 Geschichten vom Telegrafen bis zur Datenbrille, Berlin-Brandenburg 2018.

Christian Stöcker: Nerd Attack! Eine Geschichte der digitalen Welt vom C64 bis zu Twitter und Facebook, München 2011.

Brad Stone: Der Allesverkäufer. Jeff Bezos und das Imperium von Amazon, Frankfurt am Main 2019.

Brad Stone: Amazon unaufhaltsam. Wie Jeff Bezos das mächtigste Unternehmen der Welt erschafft, München 2021.

Natascha Thomas: Wissenschaft in der digitalen Welt; in: Lehmann/Schetsche (Hg.): Die Google-Gesellschaft, S. 313–322.

Anja Titze (Hg.): Geschichte der elektrischen Kommunikation bis zum Smartphone. Technik, Kultur, Gesellschaft, Essen 2019.

Sherry Turkle: Leben im Netz. Identität in Zeiten des Internet, Hamburg 1998.

Universität für angewandte Kunst Wien (Hg.): Gesellschaft, Bildung und Arbeit im Umbruch, Wien 2018.

Ashlee Vance: Elon Musk. Tesla, PayPal, SpaceX. Wie Elon Musk die Welt verändert, München 2017.

Charles Van Doren: Geschichte des Wissens, München 2000.

G. Günter Voß/Frank Kleemann: Arbeitende Kunden im Web2.0; in: Bieber/Eifert/Groß/Lamla (Hg.): Soziale Netze in der digitalen Welt, S. 141–160.

Martin Warnke: Nicht mehr Zahlen und Figuren. Oder: Die ozeanische Verbundenheit mit dem Smartphone; in: Ruf (Hg.): Smartphone-Ästhetik. Zur Philosophie und Gestaltung mobiler Medien, S. 63–73.

Peter Weibel: Dinge und Daten; in: Universität für angewandte Kunst Wien (Hg.): Gesellschaft, Bildung und Arbeit im Umbruch, S. 244–271.

John Hendrik Weitzmann: All you need is CC? Zum Verhältnis des Lizenzmodells Creative Commons zu den bestehenden Urheberrechtsregimen; in: Bieber/Eifert/Groß/Lamla (Hg.): Soziale Netze in der digitalen Welt, S. 245–252.

Harald Welzer: Die smarte Diktatur. Der Angriff auf unsere Freiheit, Frankfurt am Main 2017.

Gernot Wersig: Informations- und Kommunikationstechnologien. Eine Einführung in Geschichte, Grundlagen und Zusammenhänge, Konstanz 2000.

Margaret Wertheim: The Pearly Gates of Cyberspace. A History of Space from Dante to the Internet, Sydney/Auckland 1999.

Ranga Yogeshwar: Ein gefährlicher Pakt; in: Schirrmacher (Hg.): Technologischer Totalitarismus, S. 80–89.

Juli Zeh: Schützt den Datenkörper! In: Schirrmacher (Hg.): Technologischer Totalitarismus, S. 29–37.

Dieter E. Zimmer: Die Bibliothek der Zukunft. Text und Schrift in Zeiten des Internets, München 2001.

Pia Zimmermann: Generation Smartphone. Wie die Digitalisierung das Leben von Kindern und Jugendlichen verändert. Was wir wissen sollten und was wir tun können, Munderfing 2016.

Shoshana Zuboff: Die neuen Massenausforschungswaffen: in: Schirrmacher (Hg.): Technologischer Totalitarismus, S. 38–49.

Shoshana Zuboff: Schürfrechte am Leben; in: Schirrmacher (Hg.): Technologischer Totalitarismus, S. 168–182.